新经济　新思维

张国斌　著

经济日报出版社
THE ECONOMIC DAILY PRESS

序　一

去年年底召开的中央经济工作会议认真总结了我国2019年经济工作所取得的各项成就与经验，并对2020年经济工作提出了新的目标以及高标准、高质量方面的具体要求。2020年新年伊始，我国遭遇到前所未有的新冠肺炎疫情，这场突发疫情给国民经济的各个方面都造成了巨大的影响。目前，全国各地、各部门，特别是经济领域都在认真贯彻执行中央经济工作会议精神，都在密切结合各地区、各行业、各部门自身实际，寻找重振经济的新思路、新方法、新模式，最大程度地降低疫情所带来的冲击与影响。

作为中央财经媒体的一名资深新闻人，张国斌同志责无旁贷地承担起了职责范围内的应有责任，即在认真贯彻执行中央经济工作会议精神的同时，又在自身所涉猎的范围内不断发现新问题，不断探索解决问题的新办法、新途径。

根据中央经济工作会议精神的部署，2020年我国经济工作的总体要求是稳字当头，另一方面是确保收官。实际上，这也是中央决策层面根据目前世界经济发展格局以及我国经济总体走向的客观发展实际而制定的符合我国社会主义建设特色的战略之举、民生之举，具有极强的可操作性和极强的战略意义。在多次深入实际、深入基层的采访调研中，他本人深感这两句话的极端重要性。这是因为，一方面，由于当前我国经济下行压力加大，不仅国内多重问题相互交织，而且全球动荡和风险点显著增多，所以，稳定对于我们来说就显得弥足珍贵；另一方面，根据中央的战略部署，今年是全面建成小康社会和“十三五”规划的收官之年，对于我国的经济建设领域来说，今年也是一个十分关键的时间节点和坐标方位，为实现圆满收官的需要，必须确保经济、社会等各领域都平稳运行。

根据中央经济工作会议这一总体要求，他本人多次深入基层进行调查研究，对企业、基层干部、财经方面专家甚至于普通工人、农民等进行过多次采访，并从中获得了不少关于经济建设，特别是热点财经问题方面的第一手资料，并运用所学到的财经理论知识试图将这些热点问题、突出问题、疑难问题等用理论分析的形式呈现出来，其目的是总结经验、发现问题、解决问题，致力于为各级领导、决策部门在制定科学的有效的治理方案时提供一些力所能及的帮助。文中所涉及的一些经济建设方面的问题大都与新兴经济、热点经济、民生经济等有关，其中有些热点问题已被中央决策层所关注，比如区块链技术发展问题，有些则是由于运用广泛而被广大民众所关注，比如共享经济监管问题等。

目前，我国在经济建设领域虽然取得了十分辉煌的战果，但就某一方面或某一领域而言，仍然存在着问题。比如，部分企业甚至是一些上市公司，在目前国际国内环境压力下，都在发展之路中遇到了许多的问题，有的是管理方面遇到了瓶颈，有的是多种经营方面出现了偏差，有的是技术创新方面停滞不前，有的是收购、兼并方面失去了自我，有的是投资融资出现了十分严重的问题，有的是因为担保、互保走进了死胡同。总之，在新的竞争环境里或新的局面下都会出现同样的问题，那就是由于管理不善、经营不善而将企业治理得千疮百孔，濒临绝境。许多在当地曾是明星的企业或所在行业领头羊的企业，因为管理不善而昙花一现，成为名副其实的明日黄花，这种现象是令人痛心的，也是很有必要通过理论分析的形式去进行认真剖析的。正是基于上述目的，张国斌同志将近年来采访过程中所发现的问题进行了细致的归纳和总结，并结合所学理论将其归纳整理为民生经济、产业升级转型、脱贫致富、新型经济等几个方面，最终形成中国软件产业与数字经济增长的关系研究、产业转型升级对经济高质量发展的影响研究、共享经济发展中的政府监管问题研究 、中国与“一带一路”国家贸易潜力研究、区块链技术在企业财务体系中的应用研究等20篇文章。

我们党，我们国家，历来重视经济建设，可以毫不夸张地说，经济建设历来都是有中国特色的社会主义建设的中心任务，只有经济建设取得明显成效，我们才能安居乐业，才能国富民强，才能最终实现小康社会的宏伟目标。因此，经济建设问题、财经热点问题自始至终都应该是财经媒体人所要重点关注的问题。作为一名资深的财经媒体人，必须要始终把关心经济建设、关注财经热点作为自己的工作目标和奋斗目标。相信随着采访的逐步深入，他会发现越来越多的问题，会有越来越多的好作品呈现给大家。

钟朋荣

序　二

2020年春节刚过，我就得到了《新经济新思维》这本书的样稿，看过之后，心中不禁为之一震，这不仅是因为作者通过这本书让我一下子了解到了当前形势下众多的新经济行业、新经济层面、新经济热点，而且更重要的是这其中有不少新经济、新热点问题也是我本人十分感兴趣的话题。

说实话，作为一个区域经济领域内的专业研究人员，我一直对经济方面的问题尤其是新近表现出来的经济热点问题有着十分浓厚的兴趣。特别是那些新近涌现出来的对许多人相对来说还比较陌生的热门问题，我一直都愿意了解它、认识它、研究它，只是困于时间、精力等方面的局限，有些问题一直找不到合适的方式和渠道对其予以更加深入、细致的了解。而《新经济新思维》的作者运用平常采访过程中所收集到的第一手资料以及所接触到的企业和管理者，然后通过理论分析的形式找到问题、摆出问题并提出解决问题的办法，有问题、有论点、有论证方法，可以使我们通过短短的万字之内的文章就可以去认识某一方面的某一项或某一个热点经济问题，不费力、不费时，从某种层面上说，是大家利用有效时间和精力了解某一方面经济热点问题的一个比较好的办法和渠道。

当今时代，各国之间，国内各地区之间都在拼经济，拼实力，从某种意义上来说，经济实力就代表着某个国家、某个省份、某个地区的发展水平，过去我们强调以经济建设为中心任务，近年来又提出建设小康社会，实现中国梦，虽然说法不尽相同，表现形式也会有所差别，但最根本的实质问题还是发展经济，把经济实力搞上去。马克思主义经典学说认为：经济基础决定上层建筑，上层建筑反过来也会对经济基础发生反作用，可见在经济基础与上层建筑之间，经济基础是至关重要的。经济基础是什么？那就是体现在我们日常生活中的方方面面的经济问题，同时也是我们经常关注的一些经济方面的热点问题。《新经济　新思维》的作者正是抓住了这些经济方面的热点问题、重点问题、难点问题，透过现象看本质，不断地去发现、去思考、去解决、去应对，为我们展现了一幅新时代新经济新思维画卷，这是一个真正的财经媒体新闻人的观点，也是一个财经媒体新闻人的责任。

在《新经济新思维》一书中，作者比较全面地给我们展示了当代新经济的一些热点问题，比如“一带一路”沿线经济发展问题、共享经济发展问题、区块链技术及应用问题、中国软件产业与数字经济增长问题等，这其中的很多问题都与我们普通老百姓的日常生活息息相关，更为重要的是，作者通过对种种现象的深刻剖析，提出了不少解决问题的思路与办法，由浅入深、由表及里、由现象到本质、由纯粹的思考到一条条极具针对性的解决办法。其中不少案例都可以成为理论研究及教学实践方面的应用案例。

2020 年新年伊始，我国遭遇到前所未有的新冠肺炎疫情影响，继而疫情又迅速扩散到全世界。这场突如其来的新冠疫情给世界经济造成了巨大的影响。在以习近平同志为核心的党中央的坚强领导下，在全国人民的共同努力下，我国用科学的应对方法在较短的时间内就基本控制了疫情的大面积扩散与暴发，为发展经济，保持社会稳定等奠定了良好的环境基础。这场危机之所以能够得到迅速、及时的控制，除了党中央的坚强领导和全国人民的共同努力之外，还有一个重要的原因，那就是我们逐渐强大起来的经济，这也是我们长期以来重视发展经济、积极探索新经济、新业态的必然结果。目前，全国各地、各部门，特别是经济领域的各行各业都在认真贯彻执行党中央的号召，都在紧密结合各地区、各行业、各部门自身的实际情况，寻找新的提振经济的新思路、新方法、新模式，最大程度地降低疫情所带来的冲击与影响。而《新经济新思维》一书中所提及的部分观点则可以为各地各部门的决策者们在做出经济层面的重大决策前提供一些必要的思路与方法。

谷建全

目　录
CONTENTS

我国装备制造业的产业关联性及其对绩效的影响研究

摘要：近年来，随着我国装备制造业的飞速发展，该行业目前已经成为我国国民经济中一个最主要的组成部分。与此同时，国家的综合国力、国际竞争力等多个方面，都可以通过装备制造业进行比较与衡量，装备制造业的发展与优劣，从某些方面来说，已经直接对我国国民经济的增长、国防实力以及军事保障等方面产生了非常巨大的影响。除此之外，装备制造业的发展，与其他产业之间也有着非常密切的关联性，基于产业之间的差异，可以有效形成相互制约、相互依存的作用，正是有着这种关联性的存在，使其逐步成为支撑我国国民经济以及各行业发展的基础所在，因此，促进和优化我国装备制造业，促使装备制造业形成良好的发展态势，可以对我国国民经济各产业结构的发展和升级产生重要的支撑和促进作用，同时对我国国民经济形成稳定性增长也有着重要作用。

本文首先阐述了我国装备制造业的产业关联性及其对绩效的影响，在明确装备制造业的具体概念的同时对装备制造业进行分类，并在此基础上提出我国装备制造业与产业理论相关研究的新思路和新视角。在我国工业发展过程中，装备制造业是其中具有决定性作用的行业，但近年来，我国装备制造业的利润总额一直呈现出增长率放缓的趋势。研究中发现，在装备制造业发展过程中，那种依靠传统的扩大规模方式已经无法适应当今时代装备制造业的发展进程，基于此，相关企业必须要对自身产业结构进行相应的调整和升级，从而才可以在当今的国际竞争环境中有更好的适应能力。

关键词：装备制造业；产业关联性；绩效影响

在我国国民经济发展过程中，装备制造业一直都是重要的战略性行业，该行业不仅为我国各行各业的发展提供了重要的技术装备，并且还能够有效体现出我国的综合实力。1998 年，我国第一次提出全力发展装备制造业的构思，并对装备制造业进行理论上的定义，主要内涵是针对我国国民经济发展而进行的一系列扩大再生产，以及简单再生产等活动，是一种为我国国民经济发展提供生产技术装备的支柱型产业。以国民经济行业为基础进行分类，主要的产品范围包括专用设备、交通运输设备、通用装备等多种制造业。多年来，我国装备制造业的发展速度不断加快，大幅度提升了装备制造业的自主化水平，从而促使我国在全球技术市场、产品市场等方面都已经处于世界领先的地位，从而有效提升了我国整体的国际竞争力和水平。装备制造业的飞速发展，可以有效促进我国国民经济提高发展的速度，同时还可以有效地吸纳大量的社会劳动力，以此促进就业问题的解决。除此之外，还可以促进科技成果转化，实现经济增长方式的有效转变，提升我国国防和军事力量。对装备制造业的特点进行分析可以发现，其在国民经济发展中有着不可或缺的作用，这不仅是因为该行业有着非常广泛的涉猎范围，在所有行业中几乎都有所涉及，而且与其他产业都有着非常高的关联度。基于此，装备制造业的发展可以有效推动其他行业的发展，同时，装备制造业的发展，必须要以高新技术作为基础性支撑，在发展行业过程中应不断加大科技创新的力度，并以此大幅度增加装备制造业的经济附加值，提高关联产业和相关行业的经济收益，最终整体性提升我国经济发展水平和综合竞争实力。

1. 我国装备制造业的产业关联性及其对绩效的影响

近年来，我国装备制造业实现快速发展，工业总产值多年来一直都在不断增加，在全世界范围内，已经跃居到领先地位。装备制造业的快速发展，使其达到规模以上的企业总量目前已经超过 12 万个，已经达到规模以上工业企业的 32% 以上，企业数量的不断增多为我国解决就业人数已超过了 3500 万人，由此可以看出，无论是在容纳就业，还是在规模方面，装备制造业在我国国民经济发展中都有着不可或缺的重要作用。从我国装备制造业的利润总额方面来分析，平均每年都保持稳定的增长率，利润总额已经突破 3 万亿元；而从资产方面进行分析，我国装备制造业规模以上企业资产总值已经超过 35 万亿元，并且仍然保持不断上升的趋势。

我国装备制造业的发展，可以综合体现出我国在地区工业发展的水平，也可以说代表了国家的整体工业发展水平。近年来，我国装备制造业发展的速度越来越快，在保持发展速度的同时，还具备非常良好的发展态势。从2010年开始，国家已经将高端装备制造业作为我国七大战略性新兴产业中的主要产业，这也是以当今时代全球经济格局、趋势为基础，我国政府进行深入分析后而做出的最为重要的选择，由此也可以看出装备制造业在我国国民经济发展中的地位和作用。一个国家的社会进步程度，从某方面来说，也可以通过这个国家装备制造业的科技含量来决定，因此，如果可以促使高端装备制造业形成良好发展趋势，则可以带来更高的产品附加值，进而就可以为社会创造和提供更多、更好的就业机会。近年来，我国在高端装备制造业销售方面，已经取得了很好的经济收益，收入总值已经达到了9万亿元以上，已实现跨越式的增长和发展，由此可以看出我国高端装备制造业的发展前景一片大好，不仅告别了过往那种传统的重化工工业的发展模式，而且已经逐步走上绿色、高端的可持续发展之路。

国民经济主要是通过不同的经济部门，采取有机合作，并且形成默契的相互分工，最终构成社会经济系统，同时也是我国国民经济中重要的有机整体的一部分。在当今时代的整体社会分工中，不同的产业所形成的产出可以分为两部分，其中一部分被其他产业所消耗，而另外一部分产出则主要是其他产业生产过程中重要的要素供给，在相应的经济活动中，这种消耗、供给的关系形成协调发展的趋势，如此就在我国国民经济发展过程中构建出产出、投入之间的复杂关系。当产出变量及部门投入出现变化时，非但会直接影响具有直接投入产出关系的部门，同时还可以对其他产业部门产生非常明显的影响。对装备制造业进行分析，不仅是因为该行业具有非常显著的产业集群化特征，同时，与其他产业之间的较高产业关联度也十分明显，其与其他产业部门之间已经形成一种相互制约、相互促进的发展关系。

2. 产业关联理论的概述

所谓产业关联理论，可以说是针对产业在产出、投入两者之间产生的数量之间的关系，同时还可以反映不同产业在需求、投入之间的关系，并且可以准确量化不同产业的投入产出特征，究其本质，可以说是一种技术经济联系，主要是最终与中间产品产业之间的联系。此理论最早由美国经济学家

Leontief 提出，Leontief 通过将马克思在生产方面的理论以及 Walrus 的均衡理论，还有其他一些古典经济学等多方面理论进行有机结合，通过对这些理论的研究，从而将消费、生产等多个环节形成一个较为完整的整体，并通过这个整体可以对不同产业部门之间的经济活动进行更为准确、更为深入的研究和描述。在国际贸易核算、环境人口及经济发展问题等多个领域中，产业关联理论都有着十分广泛的应用，并且随着产业关联理论的发展，全世界各个国家也都以投入产出法为基本原理，对人口、能源、环境等多方面的问题进行研究，从而在各个国家国民经济发展中，通过对产业关联理论的应用，找到了一条高效的有关投入产出方面的研究分析方法。

3. 产业关联的类型及方式

无论任何产业，都无法以独立生产的方式完成一个全面完整的生产经营活动，都必须要通过劳务、生产要素之间的产业流转，以及通过相互供给与需求才可以完成自身的生产活动，只有通过这种关联才可以最终形成固定资产或产品等，或者是形成无形的劳动资本。

3.1 产业关联的方式

任何产业部门必须要与其他产业发生联系，才可以形成和开展生产活动，而产生联系的方式主要分为如下几种：

其一，劳务、产品之间的联系。在对产业部门之间的联系的本质进行研究分析发现，主要是产品、劳务之间形成的相互消耗，不仅表现在消耗的数量方面，同时在产品技术含量带动过程方面也有重要体现。

其二，生产技术联系。随着国民经济的发展，产业部门不仅提高了对产品质量的要求，也同时提升了对于技术方面的要求，继而就可以对相关产业劳务、技术、产品等方面的要求不断提升，进而在不同的产业部门之间，形成相应的生产技术联系。与此同时，不同部门也随着技术的发展和进步，生产效率的差异会促使部门之间的劳务选择、产品选择发生转移，最终致使产业结构发生改变。

其三，产业间的价格联系。这种联系主要是基于不同产业之间服务、产品的等价交换而形成的。

通过货币来表示服务以及相关产品，就可以在替代性产品之间形成明显的可比性，并且还可以引起不同产业之间的竞争性的不断增加，以此有效提升社会劳动生产率。

其四，产业间投资联系。如果产业之间想要实现良好发展，就必须不断提升产业间的生产能力，因此，必须要加大投资，从而促使生产能力的提高并同时吸纳更多的投资，有效扩大生产的规模，满足其他产业的需求，进而促使劳动数量、产业间产品形成均衡状态。

3.2 产业关联类型分析

对产业的关联方式进行分析，可以分为几种情况。第一种为单向及多向联系，第二种为产品间的顺方向与逆方向联系，第三种为直接与间接联系。

首先是单向和多向联系。所谓单向联系，主要是一种具有直线式特征的产业联系，在产品流转过程中，只能形成不可逆的单方向流转。例如棉花种植—纺织业—服装制造这样的单向联系，纺织业需要从棉花种植业获取原料，从而进行布匹的生产，而服装制造业会从纺织业得到布匹进行衣服的生产，不可逆则体现在服装无法返回到棉花种植业或纺织业之中；而所谓多向联系，则主要是针对不同的产业部门之间所拥有的要素、产品两者之间进行相应的流转，例如，在采矿业之中，矿石—冶炼业—金属—钢铁业—机械制造业—冶炼业生产设备，基于这种关系，在实际生产的过程中，不同部门就有着并非单一固定的关联方式，其中存在环向、单向、多向等多种关系，最终形成共同的作用。

其次是逆联系与顺联系。所谓顺联系，也就是以供给关系为主的相关产业部门两者之间的联系，例如，矿石被开采出来以后，需要经过冶炼、加工等程序，最终形成相应的设备和用品，这种联系就可以称之为顺联系，而在后续产品中，通过返回的方式与生产部门之间发生的联系称之为逆联系，例如，机械行业中的原材料，需要冶金行业为其提供，而机械行业通过生产，就可以为冶金行业提供冶金生产所需要的设备。

最后是间接与直接关联。所谓直接关联，主要是针对不同的两个产业部门来说，在两者之间形成产品、服务的提供，例如，在金属制造业、钢铁冶炼业两者之间的直接关联；而所谓间接联系主要是以其他产业部门作为基础，以此为中介，两个原本没有生产联系也不会直接发生生产联系的部门进行联系，例如，在机械制造业、采矿业两者之间，必须要以冶炼业等作为中介，最终形成产品流转。在我国整体国民经济系统之中，不同的产业部门之间，这种间接或者是直接的联系方式是普遍存在的。

4. 我国装备制造业发展现状

从战略层面讲，装备制造业是制造业的核心，因为其为其他经济部门进行生产、扩大再生产等提供了必要的工具，在我国国民经济发展、国家安全等方面也是提供装备与技术的支柱型产业。经过对相关文献的分析得知，从2012 年开始，我国已经将整体交通运输设备制造业进行划分，主要分为汽车制造业、航空铁路和其他运输设备制造业，并由此构成两大类产业部门，因此，在本文中也以此为基础，文中的交通运输制造业的指标数据也以此为主。

在我国工业经济发展中，装备制造业一直贡献着极其重要的力量，因此其地位一直非常显著，装备制造业的主要经济指标，在整体工业经济中比重已经超过 3 成，截止到 2016 年，我国装备制造业达到规模以上的企业数量已经超过了 12 万家，在整体工业经济中超过 3 成的占比，已经解决了超过 3500 万人的就业问题，同时，我国装备制造业每年的主营业务也在不断增加。

从我国装备制造业在通信设备、计算机、交通运输设备等方面的总利润分析看来，经过多年发展，这些产业已经成为主要支柱产业。从企业的构成方面来看，通用设备、电气机械及器材制造业企业达到装备制造业总量的20% 左右，其中交通运输设备、计算机制造业在这两个产业中从业人数超过装备制造业从业人数的半数，而我国电气机械及器材制造业有较大的企业单位数量占比，但在劳动力方面投入较少，总利润额度较比其他传统制造业却更高。

4.1 大而不强，增长动力不足

在过去的十多年里，我国装备制造业可以说是发展势头非常迅猛，已经成为我国整体工业经济发展的重要支柱型产业，无论是在产业的创新、研发，还是在利润、规模等多方面，都有着非常好的表现和发展趋势。但是，从总体利润额增长率方面看来，在 2005 年到 2010 年之间，我国装备制造业每年平均增长在 36% 左右，2011 年之后，我国装备制造业的利润总额增长率开始放缓，由高速增长逐步演变为中高速增长，每年的利润总额增长率保持在7.25% 左右。在装备制造行业的发展初期，虽然可以通过扩大企业规模的手段提升企业经济收益空间，但当规模扩大到一定程度后，就不能达到初期规模扩张阶段的利润收入，同时，发展的弊端也越来越明显。例如缺乏自主创新、低端产能过剩等多种问题相继出现，这些问题也严重阻滞了我国装备制造业的发展和提升。基于此，我国装备制造业必须要加快转型升级的步伐，努力提高企业的生产效率，以及提升产品的质量，从而能够满足当今市场更为专业化、精细化等多方面的要求。

4.2 自主创新供给不足，缺乏研发经费投入

2018 年，我国在装备制造业方面的研发投入曾一度达到了 1.52%，但与发达国家相比仍然有较为明显的差距。创新能力、研发等方面的不足，都对我国装备制造业的发展形成了较大的束缚，如果单纯地从经费投入方面进行分析，首先，在政府层面，针对研发经费投入仅有其中的 4.78%，足见，在进行研发过程中，多数资金基本来自企业自身，由此可以看出，我国政府及相关主管部门还没有对装备制造业的自主研发和创新力度给予足够的重视，因此，政府应该在对企业进行政策扶持的基础上，加大对装备制造业科技研发的投入和支持；其次，在科技研发、规模扩张方面，企业应该将两者的投资比例进行协调，通过加大技术创新方面的投入，来应对规模效益增速放缓的局面，在科技创新方面投入更多的财力、物力。除此之外，企业还应该投入更多的力量培养一批高新技术创新人才，从当前实际情况来看，在我国高校创新研发方面，对装备制造业方面的研发资金投入力度还明显不足，因此，无论是从企业方面来说，还是从政府方面来说，都应该加大科技创新及科技人才培养等方面的力度。如果单纯从创新技术研发成果的角度进行分析，在装备制造业之中，已经细分的行业具有不同的研发成果效率，其中，在电气机械及器材、运输设备等制造业中，新产品销售收入与开发经费支出两者之间的比值，一般情况下都比均值要大出很多，但是，在文化、金属制品业、专用设备制造业等方面所形成的比值却要低于均值。因此，政府应该提高细分行业创新研发经费的分配合理性，从而提升装备制造业整体研发投入的效率。

5. 装备制造业产业关联性对绩效的影响研究

5.1 变量选择与模型构建

通过对当前我国装备制造业的现状和问题的研究，同时基于指标计算，对装备制造业产业关联的动态变化情况进行考察，发现在产业关联方面，对于宏观绩效方面的研究文献不是很多，基于此，本文在研究过程中，通过对柯布道格拉斯的生产函数进行借鉴，用下式表现产出：

$Y=AKaL\beta$，其中 Y 用来代表产出，而 L 用来表示劳动投入，K 用来表示资本方面的投入，而 Y 主要由净利润代表行业所有产出，而 K 主要包括固定资产合计资本投入，L 则是行业平均就业人数，也就是代表人力方面的投入。其中将资产总额引入其中，用 N 来表示，而衡量行业绩效的因素，则需要用资产收益率 R 来进行衡量，在生产函数之中，将资产收益率 R 引入其中，最终获得以下公式：

$$\frac{Y}{N}=\frac{AK^{\alpha}L^{\beta}}{N}$$

分别在两边都要取对数，同时在模型之中还要将感应度、影响力两个系数引入其中，从而才可以对装备制造业产业关联对宏观绩效的影响进行考察，构建出的模型具体如下式所示：

$$\ln R_{it}=\beta_0+\beta_1\ln K_{il}+\beta_2\ln L_{it}-\beta_3\ln N_{it}+\beta_4\ln\lambda_{it}+\beta_5\ln\delta_{it}+\varepsilon_{it}$$

在上述模型中，行业的资产收益率，主要是通过 R_{it} 来表示，可以有效地将不同行业的绩效水平反映出来，而固定资产合计则需要用 K_{it} 进行表示，可以将不同行业的资本投入有效反映出来，而在行业中就业人数的平均数则需要用 L_{it} 进行表示，可以有效地将不同行业的人力投入反映出来，资产总额则是用 N_{it} 表现出来，行业所产生的影响力系数则用 λ_{it} 进行表示，行业的感应度系数用 δ 来表示，行业因素和实践因素分别为 i 和 t，随机干扰项则用 ε 来表示。

5.2 回归结果分析

表 1　实证回归结果

	行业资产收益率			
	模型 1	模型 2	模型 3	模型 4
K	−0.53	−0.66	−0.38	−0.18
	(−1.07)	(−1.29)	(−0.89)	(−0.38)
L	−0.55**	−0.58**	−0.03	0.14
	(−2.46)	(−2.57)	(−0.14)	(0.48)
N	1.01***	1.17***	0.66**	0.37
	(2.34)	(2.54)	(1.73)	(0.81)
λ		−1.19		1.43
		(−1.00)		(1.10)
δ			−0.71***	−0.91***
			(−3.23)	(−3.22)
常数项	−4.85***	−4.84**	−5.78***	−6.04***
	(−7.11)	(−7.09)	(−8.88)	(−8.74)
R_2	0.68	0.66	0.73	0.73
n	30	30	30	30

在上表的模型 1 是一种回归模型，其中没有加入感应度和影响力两种系数，而在模型 2 的回归模型中，则将影响力系数加入其中，而没有加入感应度系数，而在模型 3 之中的模型，与模型 2 相反，没有将影响力系数加入其中，而将感应系数加入其中，在模型 4 之中，将两种系数都加入其中。通过对回归结果的分析可以发现，在模型 1 之中，没有将两种系数加入其中，从而在行业资产收益率方面，受到资产总额、劳动的影响在 1% 水平上较为显著，行业资产收益率方面，受到劳动的影响显著为负，并且相应的弹性系数保持在 0.55 左右，如此就可以看出，资产收益率会随着劳动投入增加 1% 而同时降低 1.55%。由模型 2 的分析可以看出，行业资产收益率受到影响力系数的影响并非十分显著，在模型 3 之中研究发现，行业资产收益率受到感应度系数影响，一般只在 1% 水平上，具有非常显著的影响，同时，感应度系数对于装备制造业资产收益率方面的影响，也显著为负，分析得到其弹性系

数是 0.71，也就是说，资产收益率会随着感应系数增加 1% 而减少 0.71%。

在我国国民经济各部门发展的过程中，感应度是其中可以代表对产业需求程度的重要内容，如果相应的产业部门系数较低，就可以说是国民经济发展对于此产业具有较小的拉动作用，从而就很容易促使在国民经济发展过程中，此部门成为瓶颈部门；而国民经济的发展会随着感应度系数的增加，产生更强的拉动力，简单来说，对于该产业来说，不同产业部门都有更强的依赖度，从而在国民经济发展中，该产业就会成为核心产业，但是，也可以说该产业发展过程中，会面临比平均水平更高的需求方面的压力。

近些年来，在我国装备制造业的发展过程中，各行业的感应度系数普遍呈现出不断下降的趋势。对装备制造业的发展来说，如果感应度水平提升得越高，就会有更高的需求方面的压力，这对于装备制造业的发展来说十分不利。多年来，我国装备制造业已经在不断缩减产业之间的需求压力，特别是在交通运输设备、金属制品、电气机械及器材设备三个产业方面，感应度系数一直都在不断下降，已经达到了平均水平之下。

6. 对策与建议

6.1 加强装备制造业与其他产业协调发展

在我国国民经济飞速发展的过程中，装备制造业是其中最为关键的组成部分，装备制造业与国民经济不同部门或不同产业都有着非常广泛的关联性，装备制造业不仅可以对其他产业的发展进行协调，同时其他产业在发展过程中也可以对装备制造业的发展起到促进作用。而装备制造业与其关联效应最为直接的如化工产品、冶炼加工品等，通过对自身生产工艺进行改进，就可以有效提升企业产品的技术含量，并可以大幅度提升生产效率和产品质量，同时，将整体产能消耗降低，进而促进第二产业与装备制造业两者之间实现绿色、协同性的发展。比如将农业、林业部门的生产朝着自动化的方向或者是机械化的方向发展，无形中就强化了装备制造业与其之间的拉动作用。另外，应该强化第三产业与装备制造业的融合，从而可以在当今市场经济中产生全新的市场需求，并且提升整体产业附加值。例如，产业发展过程中，可以利用金融业进行融资，从而可以有效扩大其规模，同时产生良好的带动作用，促使零售业、批发业形成网络化格局。与此同时，通过仓储、交通运输等产业的发展，在促使装备制造业发展的过程中，可以迎来更多的发展机遇。

6.2 优化产业结构，强化装备制造业重点产业发展

在整体装备制造业之中，无论是哪种细分产业部门，对于不同方向的其他产业部门来说，其拉动水平都较高，因此，政府应该对相关细分产业部门进行分析，如果相关产业具有较高的经济效益，同时产业本身具有较高的增长速度和较大的拉动作用，就应该优先考虑给予该产业更多的支持，促进该产业更好、更快的发展。在装备制造业细分行业之中，交通运输业已经越来越体现出自身主导方面的优势，交通运输业的良好发展，有效带动了装备制造业整体利润额的提升，在整体行业中，交通运输业的研发创新投入回报率也处于领先的位置，因此，相比其他产业来说，都有较强的拉动作用和助推能力，从而也是其成为减弱经济制约力最多的产业，除此之外，从整体交通运输业未来发展的趋势可以看出，交通运输设备制造业在未来具有非常巨大的发展潜力，因此，政府在考虑发展装备制造业的规划中，应该将交通运输设备制造业作为其中首选的子行业。

其次，近年来机械及器材设备制造业、通信设备及电气制造业也有着非常良好的发展趋势，因此，对于这些产业来说，应该尽可能加大技术方面的整体投入力度，对这些产业的结构进行优化和调整，促使这些产业可以提升自身的自主创新能力和水平，最终可以促使装备制造业提升整体产业的竞争实力，促使我国装备制造业不断做大做强。另外还应该积极发挥出以上这些产业的带头作用，用政策的手段及经济的手段等千方百计促使我国装备制造业整体发展向更高效率和更高质量方面发展。

6.3 加强科技创新投入与人才培养

随着我国装备制造业的飞速发展，在科研创新方面虽然取得了较为满意的成果，但从整体装备制造业方面来说，其附加值仍然较低，并且产业部门也存在高投入的情况。对于装备制造业来说，政府应该尽最大能力提升投入的力度，并且应该采取更具合理性、科学性的投入结构，从而可以在装备制造业发展的过程中，有效避免和减少由于盲目扩增而产生的投资比重，同时应该对科技研发工作增加投入的力度，全面提升科研经费投资比例。实践证明，一个国家如若想要促进高端装备制造业的发展，必须要以足够的人才储

备作为基础性保障，在当今时代中，社会不断提升对于高新产品的需求，同时基于高新产业在管理方式、发展模式、科技含量等方面的发展，都会对于人才方面产生巨大的需求，因此，在我国高端装备制造业发展的过程中，如若想要实现高端、顺畅的发展，就必须从现在开始，培养并吸纳更多的具有高水平的专业技术人才，无论是政府还是企业，都应该尽快加大对高校创新研发的投入，给予高校创新鼓励和支持，从而通过高校这一渠道为高端装备制造业发展提供更多优秀的专业人才，为我国装备制造业发展注入源源不断的新鲜血液。

结语：综上所述，随着我国装备制造业逐步向越来越好的态势发展，该行业已经成为当今我国工业发展进程中最为重要的支柱型产业，其中的交通运输业更是成为占主导地位的产业。我国装备制造业无论在主营业务收入、企业数量还是利润总额等多方面的指标占比，都已经超过了30%。单纯从细分行业方面来看，在装备制造业增长过程中，交通运输设备以及电气机械器材制造业都有着非常明显的促进性作用，尤其是交通运输设备制造业，无论是从利润增长方面，还是从拉动装备制造业效益发展方面，都有着非常明显的优势。对于整个国民经济发展来说，装备制造业对于其中多个产业部门都存在巨大的促进和拉动作用，这种促进和拉动效应已经逐步渗透到所有的产业部门，并且伴随不同产业部门需求程度的不同而产生不同的作用。装备制造业在国民经济体系中的感应度、影响力水平等都在逐步加剧或提高，对于其他产业和部门来说，装备制造业都有着更为明显的带动和推动作用。装备制造业细分产业的拉动作用，基本都保持在平均水平之上，因此，在社会经济发展过程中，装备制造业会必然会对社会总体需求的增长起到良好的促进作用。基于此，本文对我国装备制造业促进我国国民经济整体发展进行了深入细致的分析，以期可以为我国装备制造业的发展提供更多的理论方面的参考建议。

参考文献

[1] 惠利，丁新新.我国装备制造业与生产性服务业的产融发展分析［J］.统计与决策，2019，35（11）：120-124.

[2] 李闪闪.我国装备制造业与高技术服务业融合发展研究［D］.山西财经大学，2018.

[3] 陈健.中国高铁制造业对关联制造业的技术溢出效应研究［D］.西南大学，2018.［4］

辛慧玲.我国装备制造业的产业关联性及其对绩效的影响研究［D］.安徽大学，2018.
［4］曾晓文.我国装备制造业产业关联效应分析——基于投入产出模型的国际比较［C］.广东经济学会.市场经济与供给侧结构性改革——2016年岭南经济论坛论文集.广东经济学会：广东经济学会，2016：39-48

我国新能源汽车投资的经济性评价

摘要： 我国的新能源汽车产业在最近几年取得了突飞猛进的发展，已经名副其实地成了经济领域中新兴的产业之一。新能源汽车产业发展过程中，政府发挥着重要的引导作用，但是，由于多重因素的影响，该行业在享受着政府方面给予的各种补贴及优惠时，也逐渐暴露出新能源汽车行业在发展过程中的一些漏洞，因此对新能源汽车行业的发展现状进行深入细致的投资分析就显得异常重要。本文试图在对新能源汽车行业的相关概念及理论进行阐述的基础上，对新能源汽车的发展问题，特别是对新能源汽车的投资经济进行评价，并得出建设性的结论。最后对我国新能源汽车的发展前景和投资前景进行分析，希望能够提出具有建设性的建议。

关键词： 新能源汽车；可持续发展；经济性评价

前言： 随着我国经济实力的增强，社会的发展以及人民群众生活的需求等都呈现出与过去有所不同的多元化与多样性，特别是经济水平的大幅度提升，使得人们更加重视生活质量。现代信息社会的不断发展，推动了国家工业化的进程，现代工业的发展呈现出低碳化、智能化和科学化的特点。在我们熟知的产业中，汽车产业的发展趋势完全表现出了现代工业的发展特点，由于交通工具的日益多样，使得人们对出行的方式也有了更多的需求。百姓生活水平的提高，一方面使得我国居民的私家车拥有量逐年增加，另一方面，也加剧了传统汽车行业的“负担”。

自人类进入二十一世纪以来，全球变暖的程度不断加大，而汽车的大量使用、汽车尾气的随意排放无疑是造成温室气体排放量增加的重要原因之一。伴随全球变暖而来的则是一系列问题：生态环境恶化、冰川逐渐融化、极端天气增加等现象，都给人类的生存发展带来新的挑战。目前全世界都在寻求新的发展思路，而我国一直是能源消耗大国，在能源越发紧张的情况下，面临着各种原油价格上涨的境况，这些问题给社会带来了安全性和经济性的问题，严重影响了国民经济的发展和社会的稳定。在这种形式下，新能源汽车应运而生，并逐步成为将来汽车产业的发展方向。

新能源汽车的制造使用符合现代社会发展的需求，因其燃料清洁环保，可以从源头上造成较少气体的排放，实现可持续发展。近年来我国大力发展新型科技产业，但在发展中也面临着一些窘境。如新能源汽车的投资和制造对于普通人民群众来说受益很大，但对于投资商和制造商来说，则面临着自身承担的成本过高的问题，这时候，政府的政策支持作用就显得尤为重要。本文将对新能源汽车的投资情况及相关支持政策等进行经济性评价，以期能够找到一条符合实际的可持续发展之路。

1. 新能源汽车行业的发展状况

我国新能源汽车的发展目前还处于初步阶段，正在不断探寻新的发展路线。通过对新能源汽车的理论探讨和现阶段国内国外新能源汽车的发展方向进行研究，大致可以了解到新能源汽车行业的发展状态。

1.1 我国新能源汽车产业的相关概念

一般来说，新能源汽车指的是使用新型能源来替代传统燃料，从而带动汽车工作的一种新型汽车模式。从理论上层面讲，是指不采用汽油柴油这类燃料作为汽车的动力来源，而是应用气体燃料、生物燃料等作为汽车的动力来源的新型汽车。新能源汽车在使用过程中比传统类型汽车更清洁环保。我国在 20 世纪末开始对新能源汽车进行重点研究，并取得了一定的成果。新能源汽车是伴随低碳经济时代而出现的，低碳经济也就是以可持续发展为发展理念，通过对产品或模式的升级转型以及技术的创新和新能源的开发等手段来减少有害气体的排放，维护生态环境，减少不可再生资源的消耗，从而达到经济发展和维护生态平衡同步进行之目标。低碳经济的发展模式是全世界各个国家都在积极倡导的消费模式，此种模式能够确保在日益恶化的生态中，尽可能减轻自然环境的负担，这与我们每个人都息息相关，希望人们的意识能够跟随时代的发展。

1.2 国内外新能源汽车的研究成果

先从国外方面来看，新能源汽车的研发制造主要集中在一些发达国家中，这也是由新能源汽车自身投资需求大的特点所决定的。目前在欧美一些发达国家，通过对新能源汽车的动力来源进行不断调研，发现氧虽然能够作为一种清洁能源，能减少温室气体的排放，但目前对氧的使用成本较高，使用环境不能保证绝对的安全，这些都是急需探讨研究的问题。亚洲一些学者的研究方向主要是在新型清洁能源的研发效率和基础能源建设方面，建议通过国家的政策支持，在市场中投入使用电动型汽车或者混合型的汽车，这样能够在一定程度上控制成本，并达到可持续发展的目标。一些发达国家在 20 世纪末已经加强了对新型清洁能源的重视和建设进程，目前的研究方向主要集中在电力汽车、混合型动力汽车和氧作为动力来源的汽车，在提出这些研发方向后，对相关的汽车制造商提出了新的生产计划。

我国在新能源汽车技术的研究方面起步较晚，发展模式和操作水平还很生疏，在进行相关内容研究方面，参考借鉴了国外的成熟经验，并充分地结合我国的实际情况，研究出适合我国国情的发展模式。目前，我国的一些专家总结了我国新能源汽车产业中存在的一些问题，如我国新能源汽车的制造技术还不成熟，从生产方来看，目前我国的新能源汽车制造商较少且分散，在实际生产中基本的设备设施不完善，生产的产品技术水平较低且没有特色；从消费者方面来看，人们对新能源汽车的意识不够，新能源汽车的需求较低。具体来看，我国的新能源汽车生产厂家的经营主要以电动式、插电式混合型汽车为主，我们熟悉的比亚迪和奇瑞都是这种类型的新型汽车，每年的生产产量也在不断上涨，在政府的支持下，生产规模不断扩大。在新型汽车生产的同时，还要注重汽车必需品的生产制造，像新能源汽车中使用的电池电机，相关电子设备，要建立完整的生产环节，我国目前的新能源汽车生产的主要突破点在电动汽车方面，并可通过其他类型汽车的研发来追赶国外的新能源汽车技术。

现阶段我国新能源汽车的生产能够满足大部分消费者的需求，但技术还需要不断地进步，相关设备设施如电池等还存在不足，不能很好地满足消费者的需求。随着我国的生活水准越来越高，人们对汽车功能和类型的需求也更加多样，新能源汽车的研发投入，满足了一部分的需求，使得新能源汽车的销售量不断增长，其中电动汽车占较大的比例。未来的汽车发展方向，新能源汽车一定占重要地位，国家对汽车燃料的研发也会不断发展进步，使其成为新时代下的“明星产业”。

2. 我国新能源汽车的发展现状

2.1 我国新能源汽车发展的优劣势分析

2.1.1 我国新能源汽车发展的优势分析

新能源汽车作为现阶段全世界都在竞相发展的新兴产业，发展的前景将是十分可观的。目前我国的新能源汽车产业发展技术虽还不成熟，但在生产中还是存在一定优势的。首先就是我国的制造业发展历史悠久，生产经验非常丰富。我国对新能源汽车的研究投入力量不断增加，在一些领域已经取得了瞩目的成绩，并得到了专业人士的认可和支持。如我国的新能源电池技术的研发成果在全世界范围都拥有重要位置，在相关保护技术的研发方面有了领先发达国家的水平，能够延长设备的使用期限，并在成本上取胜，这是一些国家未能实现的。同时我国国土面积大，各类资源丰富，对新能源汽车所需的各类金属非金属资源都储量丰富。新能源汽车是资源和技术导向型的产业，对各类资源的依赖程度较高，我国的金属和稀土资源能够为新能源汽车的产业发展提供最可靠的支持，并预留出大的利润空间，这时就凸显了我国在生产制造方面的优势。还有就是全世界都在窥探的我国巨大的市场需求。中国人口众多，各类消费需求高，而且我国的乘车量常年居世界首位，这说明了国人对汽车的使用量很大，对各类型汽车都存在巨大的需求，并对汽车种类和质量提出了新的要求。新能源汽车在市场中的投入，将会对人们带来新型汽车的吸引力，促进消费，推动产业经济发展。变化最明显的就是，国人的环保意识越来越强，人们的综合素质正在不断提升，也是由于我国人口众多的原因，使得提高全民素质水平是一个极其困难的过程，但目前我国在这一问题的解决方面已经取得了重大成果。

我国政府不断推出新的排放政策，为汽车排放提出了更为严格的限制标准，新标准的制定以及人们观念上的更新，带来的必然是新能源汽车的销售量，加上我国政府对环保型产业的扶持，使得新能源汽车在市场竞争中已经取得明显优势。在生产成本方面，由于传统汽车使用的柴油等燃料价格的上升，且石油是我们熟知的不可再生资源，性质是不可改变的，我国的石油需求量和进口量不断增加，会极大地增加生产成本，给传统汽车行业带来巨大的冲击和挑战，而新能源汽车的出现，能够缓解这一局面，同时也能够使本行业在自身的发展中获得更大的经济利益。

2.1.2 我国新能源汽车发展的劣势分析

我国新能源汽车产业的发展在面临机遇的同时也面临着许多的挑战，新能源汽车是全世界国家都在着力研究的新型产业，其发展道路一直受到全世界瞩目，一些发达国家为了能够更好地开拓新能源汽车的销售市场，会通过一些优惠政策来吸引人们的购买欲望，但目前我国还没有相关的支持政策，这在市场推广时会存在一定的发展劣势；再有就是传统汽车产业的发展历史悠久，经验丰富，在汽车市场中一直占据着主导地位，销售量虽受新型产业的影响，但每年还是呈上升趋势的，新能源汽车产业的发展将会面临与传统汽车的竞争，在短时间内，传统的汽车制造业将会一直处于主导地位，新能源汽车要突破的因素还有很多；同时我国的新能源汽车技术水平还不十分成熟，还处于不断学习阶段，发展的时间和经验的积累都受到一些限制，对该产业的研究也还停留在基础设施方面，因此需要通过不断地研发来完善自身的技术，丰富我们的经验。我国在发展中还要完善能源系统，要保证新能源的供应系统符合可持续发展的要求，还要尽量地降低成本，因此需要一定时间的调整，才能在我国建立起较为完善的供应系统。

2.2 影响我国新能源汽车发展的因素

影响我国新能源汽车发展最重要的因素就是我国相关产业的技术发展水平，科学技术一直是推动产业发展、促进产业升级转型的重要因素，能够通过最少的人力达到最大的效果，这是现代产业的共同特点。目前我国新能源汽车产业在技术方面还存在许多不足，对领域内的专业人才、科研的力度都不够重视，因此要想增强新能源汽车的技术水平，提高消费者的购买欲，就要不断地进行技术升级更新，如汽车电池寿命的延长能力，汽车的完整性和设备性能的升级，都是十分必要的，这些都是影响消费者选择的重要因素；再有就是国家和国民的经济实力，国家的经济实力强则能够带动新型产业的研发和投入，推动目标市场的发展，而国民的经济实力强大，则能够带来生活质量提高方面的变化，继而演变成为实实在在的购买行为。再有就是国家政策是否支持，国家政策的扶持代表国家认同这一产业的发展方向，目前我国关于新能源汽车的政策不断出台，可以看出我国对汽车产业的扶持已经从单一向多方面发展，这为新能源汽车的发展带来无限机遇，同时也带来一定的挑战；最后就是生产商之间的供求关系，供求关系是每个产品每个行业在市场发展中都要着重关注的问题，新能源汽车作为一种市场产品，自身的销售情况是受提供方和需求方影响的，若新能源汽车的生产厂家在进行生产前，没能对市场中供求关系进行分析，就可能导致在后期的市场销售中出现需求量过大而供给不足的问题，促使价格升高，或出现需求量不足导致新能源汽车销售不出去，继而冲击生产商和投资商的问题。因此，在新能源汽车投入市场前，要对目标市场中的供求关系有明确的认识，从中寻求立足点、利润点，并以此制定科学合理的销售方案，这样才能获得更大的利润空间。

3. 我国新能源汽车的政策扶持

我国新能源汽车的技术发展和配套设施的升级完善，离不开国家的重视特别是相关政策的支持，此前，国家对传统汽车的转型和新能源汽车的研发都出台过相关产业发展政策，这强化了政府的职能，为汽车产业的发展提供了坚实的支撑。

3.1 我国新能源汽车发展的相关政策

我国的工业化进程目前正处于升级转型的阶段，新能源汽车的出现将对其起到推动作用。在我国新能源汽车产业发展中，需要国家的正确引导和产业政策的精准扶持，这将会从根本上避免新能源汽车市场一开始就出现混乱的情况。二十一世纪以来，我国政府不断出台相关的扶持政策，以北京为例，北京作为我国经济文化的中心，是投入新能源汽车时间较早的一批城市，该市从国家的整体战略、经济发展、维护生态环境等方面出发，出台了多方面的产业支持政策，主要包含汽车的排放污染控制政策、空气清洁行动的计划政策、电动汽车的推广政策、保证电动汽车电能的供给政策、传统汽车的调控管理政策以及新能源汽车的相关补贴政策等内容。政府在进行政策颁布时，主要是通过资金的投入和设备的完善等方面去逐步实施，重点体现在维护相关技术的开发、汽车企业的升级和一些新兴技术的引进等方面，努力打造新能源汽车的研发平台，让企业的发展减轻资金方面的负担。

资金投入的另一方面体现在对消费者的资金补贴方面，国家对于购买新能源汽车的消费者给予多层面的补贴，一定程度上减轻了消费者的负担，刺激了人们的购买欲望。在设备完善方面，主要集中在公共设施的建设上，尽可能地在城市内设置多个充电装置，推动电动汽车的充电设施建设。在汽车企业方面，制定了严格的质量标准，要求新能源汽车和传统汽车的使用要按照相关的规章制度执行，以此保证汽车行业的稳定发展，避免行业混乱，促进经济发展。

3.2 我国新能源汽车政策中存在的漏洞和改进建议

3.2.1 我国新能源汽车产业发展中常见的问题

从国家层面来看，政府在对新能源汽车销售进行政策补贴时，虽然为大部分企业带来了福利，但并没有出现预想中销售量快速增长情况，相反还出现了一些不可避免的问题。一些汽车企业为了自身的利益，可能会选择违反法律法规的道路，存在骗取国家补贴的行为，这一行为直接影响到新能源汽车产业的稳定发展，加深新能源汽车和传统汽车产业之间的矛盾，造成汽车市场无秩序，乱竞争，带来巨大的经济损失。近些年来，国家已经发现了数家汽车制造企业存在骗取补贴行为，并将他们拉入黑名单，这些企业违反了市场经济的秩序，往往以较低的成本，获得较大的利益，一些企业在补贴的申请流程上做手脚，尽管国家不断调整补贴流程，对信息数据的核对也愈加严格，但这些措施并没有有效地杜绝骗取补贴的行为。

在人员的培养和引入方面，也存在不足。新能源汽车产业的大发展，需要大量的专业型技术人才，但目前我国汽车市场中的人才匮乏，岗位需求人员与实际在岗人员存在较大的差距，需要政府和企业必须重视人才的培养，从而推动新能源汽车产业的向前发展。从企业的生产管理方面来看，我国新能源汽车产业没有标准方面的严格要求，电池和充电设备在不同型号电动汽车中往往不能正常使用，这加大了新能源汽车基础设施的建设难度；新能源汽车的配套设施也存在一些漏洞，就目前情况来看，我国新能源汽车的普及率较低，使得其配套产业的发展跟不上，新能源汽车和零部件的产业链形成不了，极大地制约了新能源汽车产业的发展。

3.2.2 我国新能源汽车的发展建议

尽管我国的经济发展模式早已转变为市场经济发展模式，但政府的职能作用在市场竞争中也是十分重要的。政府出台的产业扶持政策往往是对行业的最有力支持，因此政府在现有的消费者补贴政策的基础上，可以对消费者实施一些进一步的优惠政策，这样就能够降低新能源汽车产业和相关供应商的成本，提高盈利空间，同时能够刺激消费者的购买欲望，使得消费者的购买行为得到充分释放；同时要完善国家新能源汽车的相关标准，相关人员应当对目标市场有充分的了解，并做好调研，通过这些理论和经验的支撑，来制定相应的产业标准，推动新能源汽车的分类和标准制定，应用有力的机制标准来约束新能源汽车产业的发展；再有就是加强对新能源汽车产业领域的人才培养，可以通过政府的一些政策来吸引人才，在国内要建立全面的人才培养机制，鼓励各地高校中设立相关专业，为相关专业的人才提供实习工作的机会，让年轻人觉得新能源领域是一个有发展前景的行业，并有理由、有兴趣加入，要重视行业内人员的专业培训，提高新能源汽车产业人员的专业水平，这样有利于新能源汽车技术的研发使用，增加经济收入；还需要强化新能源汽车产业的相关配套设施，这样能够有效地制定科学合理的发展规划，有利于形成更完备的产业链式发展。行业内人员要了解设施建设的主要流程，这样能够简化工作的程序，缩短工作时间，优化规划设计。

4. 我国新能源汽车投资经济评价

新能源汽车产业作为现代社会的新兴产业之一，具有投资大的特点，在进行相关项目投资的过程中，要注重初始投资和现金流的重要作用。从整体来看，新能源汽车的投资和收益是个复杂的过程，因为当前的市场地位不明确，不确定的因素较多，使得新能源汽车的商业价值模糊。随着国家政策的出台和人们观念的转变，新能源汽车的投资风险肯定会逐渐降低，投资者也会逐渐获益。现阶段我国的新能源汽车产业发展已经进入初步稳定阶段。在这一阶段，新能源汽车的投入能够为相关企业带来呈正向的收入和利润增长，这时政府的引导作用就显得极其重要，这一时刻，国家应当高度重视相关补贴和优惠政策的出台，与此同时，还要对那些违反可持续发展战略、生产过程中存在不环保现象的传统汽车企业加大惩戒力度，特别是在税收方面进行惩罚。在这一期间，新能源汽车的增长量和收入利润受政策、投资、风险和市场需求等因素的影响，可能会出现较同期传统汽车销售量少的情况，这是符合现代工业发展和市场规律的。当进入到稳定增长的阶段，新能源汽车的增长才会出现逐渐趋稳或快速发展状态，这时政府可适当减少或者取消补贴和优惠，只需正确引导，让新能源汽车在市场中自由竞争，政府在进行补贴投资时，可以通过相关测算模型对市场进行科学预测，以便能够较准确地规划好今后的发展方向。

通过对行业内专业人员研究成果的分析总结，可以得出政府的补贴政策可以在新能源汽车发展的初期实行，但当新能源汽车的销售量达到一定数值后，技术逐渐成熟，新能源汽车的产业模式和规模也将发生变化，这时政府可以选择适当减少补贴并逐渐减少到零。当政府对新能源汽车进行补贴时，企业能够积极发展；但当汽车的销售量不断增长并趋于平稳后，企业就需要通过提升自身来谋求进步，这时政府补贴的逐渐撤出，能够帮助企业正确认识市场，并使他们在缺少了政府的支持的情况下，通过各种努力不断地提高自身的技术水平，降低生产成本，这样才能在市场竞争中获得利润。再有就是企业应当明确政府补贴的目的，不是简单地进行经济扶持，是要新能源汽车产业在进入稳定发展后，不再依靠政府的扶持前行，根据新能源汽车项目的经济性分析，得出政府的补贴目的是稳定市场，推动新能源汽车较快地融入市场竞争，使得新能源汽车企业逐步实现自身的优化。最后，新能源汽车企业若想要盈利，就要树立正确的发展观和竞争观，结合政府的补贴，来提升自身的技术，从而达到高销量、低成本的发展目标。

5. 我国新能源汽车发展前景分析

通过对我国新能源汽车的投资经济评价，可以得出如下结论，即新能源汽车行业在得到来自政府方面的补贴或优惠时，一定要注重自身素质的提高和品牌的建设，要充分认识到，政府对其所进行的补贴是推动新能源汽车融入市场、稳定市场、促进经济发展的手段，企业要在有政府扶持的情况下，居安思危，迅速找到发展的正确思路，使得新能源汽车产业特别是本企业尽快获得经济效益。

5.1 我国新能源汽车的发展意义

汽车行业中的能源革命正在各国紧锣密鼓地进行中，随着经济和科技水平的不断提高，新能源汽车的低碳性、环保性使得它的发展潜力越来越大。从国家层面来看，新能源汽车的大量使用，能够对传统燃油型汽车造成一定的冲击，避免了传统汽车在汽车市场中一家独大的情况，并有效地减少二氧化碳的排放，维护了生态平衡，减少国家在生态维护方面的费用，新能源汽车技术的不断提升也将带来国家整体科技水平的进步，提高国家在国际中的地位；从企业层面来讲，政府对新能源汽车产业的政策支持，为投资者和企业的发展带来了生机，能够促进传统型汽车产业升级发展，提高竞争水平，对于新能源汽车产业来说，能够在政府的扶持和引导下，找到正确的发展思路，在现代信息社会中，在市场中占有一席之地，促进了企业经济的发展，据此实现可持续发展的目标；对于消费者来说，对购买汽车时可选择的余地更多了。

另外，新型能源的使用也可以使人们的环保意识提升，积极承担一定的社会责任。由上述这些方面看来，新能源汽车的研发投入只是时间的问题，国家的支持、市场的需求等都为新能源汽车的投入提供了机会。从国家经济发展来看，近些年我国经济的飞速发展，在一定程度上是以环境的过度消耗换来的，这不利于我国产业结构的升级发展，新能源汽车的大力发展能够在一定程度上维护我国的资源安全，改善能源结构，促使经济向着更科学合理、更环保的方向发展。

5.2 我国新能源汽车的产业前景

由以上种种方面可以看出，新能源汽车的发展前景是良好的。全球石油储量的不断减少，这种不可再生且使用广泛的资源的逐渐消失，为各个国家提出了新的发展难题。同时柴油等燃料燃烧排出的尾气将会造成环境污染，近年来全球变暖的趋势不断提升，使得人们的生存发展面临巨大的挑战。各个国家为了各自的发展，都在积极寻找可替代的、有经济收益的新型能源。长期以来，我国的资源消耗量大，使得环境的负担也在不断加重。新能源汽车使用燃料环保安全，能够在一些方面替代传统的燃料，使得新能源汽车的发展前景非常广阔；再有就是国家的政策措施，尽管从整体来看，我国在新能源汽车方面的国家补贴正在逐步减少至零，但对于新兴起的新能源汽车生产提供的保障，并对消费者进行了正确的消费引导。

目前我国在沿海一些城市已经设置了电动汽车的充电装置，设备的数量也在不断增加。在汽车购买的政策方面，也在逐步放宽，从目前的形势来看，这种举措很有可能在一定时间内在全国范围内推行；新能源汽车的发展前景良好还得益于消费者的环保意识、新兴事物的接受度提高，消费者的喜好往往是决定市场发展的一个重要因素，新能源汽车的研发和前景规划，代表着我国相关技术的逐步成熟。现阶段新能源汽车的发展水平不断提升，相关设备的使用寿命也不断增长，在价格水平相差不多的情况，消费者越来越多地选择新能源汽车，这为汽车企业的发展带来巨大的活力和发展动力，带来巨大的利润空间。

5.3 我国新能源汽车的投资前景

根据我国现阶段的规划，对新能源汽车的产量提出了要求，可以看出各界对新能源汽车发展前景的看好，抱有巨大的期待。但由于在政府补贴的过程中存在的种种问题，包括骗取补贴的问题，仍没有更好地解决方案，这限制了新能源汽车的市场扩大，使得新能源汽车的投入只集中在个别城市，使得前些年在新能源汽车的投资方面，表现出意欲强但收效较低的情况。近两年新能源汽车的产量虽有增加，但由于缺少标准的约束和环境的制约，新能源汽车的投资面临着较大的挑战，但国家对新能源汽车产业的扶持，现代工业社会的进程发展，都显示着新能源汽车产业的发展潜力，也许能源产业是一个新的突破点，投资商对能源产业的投资将会是一个充满机遇的过程。

结语：新能源汽车作为现代工业中发展潜力巨大的产业之一，促进了汽车产业的升级转型，实现了清洁环保的战略目标，还为新能源汽车产业带来较大的利润空间。本文对新能源汽车的相关概念进行了解读，包括新能源汽车的基本概念以及低碳经济下的新能源汽车产业，并对国内外的新能源汽车的研究成果进行了分析总结，一些发达国家的研究方向主要集中在清洁燃料和配套设施的研究上，提出了氧燃料的可研究性；而国内的研究方向是在电动汽车方面，通过对电动汽车类型的探讨，规划出电池的技术升级和城市内充电装置的设置。之后对我国新能源汽车的发展现状进行详细的分析，指出了我国新能源汽车的发展优劣势，如我国的汽车制造行业经验丰富，我国的市场需求量大，我国全民的环保观念普及率和接受率不断提升等发展优势，又如目前新能源的竞争是在全世界范围内进行的，我国的优势不明显、我国的传统汽车行业还处于稳步发展的阶段，及我国的技术水平和能源体系发展水平不够等劣势。提出了影响我国新能源汽车发展的主要因素，主要表现是国家的政策方面，行业内科技发展水平情况以及市场中供求关系等因素，都对我国新能源汽车产业的发展产生重要影响。接下来对我国新能源汽车发展中常见的问题进行分析并给出建设性建议，指出了新能源汽车在我国发展中存在配套设施不充足、缺少研发人才、未能拥有核心技术以及一些企业钻法律的漏洞，进行骗取政府补贴的行为，这都使得新能源汽车的发展充满挑战，依据经济学和行业内的相关理论和实践，本文总结出一些改进建议，包括提高新能源汽车市场的监管水平、重视人才的培养和引进以及完善配套设施等方面，来促进新能源汽车产业的蓬勃发展。本文的重点是对我国新能源汽车的投资经济性进行总体评价，得出在新能源汽车发展的初步阶段，政府可以加大补贴和优惠力度，为企业提供安全的发展环境；当新能源汽车的发展进入稳步阶段，政府可以逐步减少并撤出补贴，给企业一个自由竞争的环境。本文最后对我国新能源汽车的发展和投资前景进行了分析，认为新能源汽车产业作为一种既环保又能带来经济收入的产业，行业的发展前景广阔，投资前景虽还不明朗，但在低碳经济下，将呈现出一种新的形态。

参考文献

［1］张书桥．新能源电动汽车发展历程、现状以及制造技术［J］．金属加工（冷加工），2020（04）：8–13.

［2］王博，刘则渊，刘盛博．我国新能源汽车产业技术标准演进路径研究［J］．科研管理，2020，41（03）：12–22.

［3］王佳，孟顺．发展新能源汽车保障我国能源安全的路径研究［J］．汽车实用技术，2020（04）：7–9.

［4］谭逸萍，房德将．基于新能源汽车人才需求探讨高职院校新能源汽车技术专业建设对策［J］．内燃机与配件，2020（04）：289–291.

［5］霍雷刚．关于电子诊断技术在新能源汽车维修中的应用研究［J］．电子世界，2020（04）：184–185.

经济下行压力下商业银行中小企业信贷业务的风险管理

摘要：我国经济的飞速发展，使得大部分中小企业走上快速发展之路。企业数量的增加及生产规模的扩大使得这些企业对于贷款方面的需求也越来越大。在这种情况下，我国商业银行在中小企业信贷业务方面也得到了良好的发展机遇。目前我国商业银行对于中小企业贷款业务方面的要求是既要保证顺利完成贷款业务，又要确保风险管理。这两方面的要求看似一对儿矛盾体，但又确确实实是一个急需要解决的问题。现如今，随着中小企业信贷业务日益增多，监管部门出台了许多政策条例，不过针对商业银行如何在贷款业务方面进行风险管理的相关规范或制度还是比较缺乏，所以在现在经济发展进入瓶颈期之时，中小企业信贷业务的管理制度问题需要被各方面予以重点关注。

关键词：商业银行；信贷风险管理；中小企业

现阶段中小企业发展速度快、企业数量多，这是我国整体经济形势发展之下的大好趋势。不过在这些中小企业的发展过程中，由于他们对于资金的需求量十分巨大，所以在信贷业务中对于中小企业商业贷款业务就成为整个信贷企业中重要的一项内容。另一方面，大力发展中小企业信贷业务不仅仅是商业银行业务中的一项服务内容，更是金融机构转型的主要方向。对于中小企业的资金帮扶不只是从贷款方面，还涉及直接投资、建立基金等方面。不过在这些金融服务业务中，最简单有效的就是向中小企业提供贷款。但是，由于中小企业规模普遍较小且信用比较低，所以大部分商业银行不愿意进行风险投资，在这种情况下，解决商业银行对中小企业的贷款业务的风险识别问题就成为商业银行业务发展的重要课题。

1. 中小企业信贷风险管理的现状和存在的问题

2008 年以来，全球经济形势出现动荡，在这种情况下，为了稳定市场秩序，国家开始对中小企业提供贷款方面的支持，并及时推出“四万亿”投资来刺激市场经济的发展，这一举措使得众多企业得以生存。2012 年之后，我国市场经济再次出现下滑，大部分企业都面临着持续性的亏损，所以大部分中小企业的生存面临考验，市场经济形势的恶化、运输成本的提高以及企业大量使用能耗等都给企业正常运营带来极大负担，2012 年和 2013 年间，有关部门对宏观经济运行做了详细的调查之后，发现我国已经进入了经济下滑周期，虽然相应部门对企业都进行了帮扶，但是在企业生存发展中的资金问题才是企业生存发展重要的条件之一。

现在，我国中小企业数量已经超过 800 万家，占全国企业总数的 90%，中小企业是目前市场经济中最具有发展潜力的部分，所以我国中小企业是市场经济的“主力军”，根据中国银行最近的统计数据表明，我国现在中小企业的融资资金有 90% 以上是来自银行的信用贷款，但是现在我国大部分商业银行为中小企业提供的信用贷款业务只是占到企业总贷款业务中的一小部分，这就必然导致了民间的非法集资、不合法金融平台贷款业务以及地下钱庄等不断出现。这些现象的相继出现对我国的金融市场构成了极大的威胁，已成为影响广大中小企业融资贷款的重要负面能量，因此对于商业银行的正规信用贷款才是中小企业的正确选择。

在《国务院关于鼓励支持和引导非公有制经济的若干意见》中，国家明确提出了对中小企业的相应贷款问题。而且在《中小企业促进法》中也对中小企业的生存发展指明了道路。但是商业银行的信贷风险和经济周期之间是有一定联系的，经济周期对于银行的发展也是一个必要因素。不过对于商业银行对中小企业的信用贷款主要问题是如何进行信贷风险管理。现在的一些国有商业银行以及股份制银行，对于中小企业信贷业务都比较看中，对于近些年的中小企业信贷业务实例进行研究分析，可以看出对于贷款业务的需求正在呈现日益增多之势，而现在为中小企业提供贷款业务的主要银行大部分是农村合作社以及信用社等。但是这两个机构的规模一般都比较小，资金准备不如大的商业银行充实，所以在未来的商业银行业务发展中，对于中小企业的信贷将成为主要战略目标。现在最主要的问题就是在为中小企业提供信贷业务时常常会出现管理体制不规范的现象，信用贷款业务的主要方向是保证信用贷款投资的精准和额度的控制，这是为了让商业银行自身取得足够的利益。不过在传统商业银行经营模式的影响下，现在的商业银行对中小企业的信用贷款业务都存在一定的弊端，需要对此进行必要的改革，改革的主要内容就是改变传统经营模式中的那些弊端，使信用贷款尽可能成为一个具有行业规范、企业约束的经营项目。

每当经济形势出现巨幅动荡时，国家有关部门都会对中小企业的生存问题进行深入研究并精心布局，无数实践证明，对于中小企业的信用贷款业务往往是金融出现危机时能够满足中小企业生存需求的最有效的办法和渠道。不过由于在给中小企业进行信用贷款时总是会产生风险与利益不对等的现象，因此在实施贷款业务的同时，银行与企业都要做好风险管理工作，处处把风险控制放在工作的首位。大多数中小企业本身并没有足够的抗风险能力，在中小企业生存发展中，企业自身面临众多风险，因此商业银行在给中小企业提供的信用贷款业务时就会面临着风险高、收益小、责任和利润不能平衡等问题。以往，在银行对企业进行评估过程中，往往只能依靠基层人员对企业进行走访等简单的了解，不能对企业进行有效的真实的信息采集，也就增加了商业银行给中小企业的信贷风险，这很容易导致信贷方面的判断和决策出现重大失误，因此商业银行对中小企业的信用贷款的风险管理是一个需要长期研究并解决的问题。

2. 信贷风险理论

对于商业银行而言，一旦涉及贷款相关业务，就会含有一定的信贷风险。信贷配给理论从整体利益出发，认为在一定的条件之下，通过利率等因素的影响，信贷市场中的贷款业务如果供给小于需求，就会产生信息之间的不对等性，所以就算没有政府的参与，中小企业的信用贷款业务也会涉及配给的问题。对不同企业的资质审核和级别管理，这是在中小企业办理信用贷款业务的过程中必须要做的工作内容，在经济日益下滑的情况下，中小企业大部分都会受到种种限制，在道德和商业银行的风险管理方面，使得银行必须要在信用贷款工作中谨慎办理。信贷配给理论被提出之后，就从根源上降低了银行承担的信贷风险。但是对于信贷配给的过分依赖就会导致银行资金利用不完全，造成资金浪费，所以在银行进行信用贷款过程中，大部分的资金都会流入风险比较低的大型企业，中小企业则难以得到足够的资金帮扶，所以在中小企业的信用贷款业务中，总是会出现供求不能达到平衡的状况，一方面，中小企业需要大量资金维持企业正常运转，需要大量的资金作为后盾，另一方面，银行为了降低信贷风险，往往设置很多限制性的条件。

3. 中小企业综合信贷业务可能存在的问题

随着我国对中小企业的帮扶政策不断出台，使得很多中小企业找到了新的发展道路。由于中小企业在发展壮大过程中往往需要有强大的资金支持和政策帮扶，因此许多大银行为了自身经济效益也都开始为中小企业提供贷款业务，使得中小企业信用贷款在整个银行贷款业务中占有越来越大的比重。但随着中小企业贷款需求的不断增加，伴随的问题也源源不断被发现，其中最明显的问题就是中小企业在信用贷款过程中企业本身总是会出现一些财务方面的问题，另外还有商业银行贷款流程问题、商业银行对企业的审核考察问题、银行对企业的信用评价问题等。这些问题都是在中小企业的信用贷款业务进行过程中影响到企业和银行的重要问题。

3.1 产业关联的方式

中小企业自身信息的透明度一般都比较低，这些企业一般不能做到信息开放，而且在财务管理方面的制度并不健全，这也就导致了银行在为中小企业进行信用贷款审核时总是会出现一些阻碍性问题，伴之而来的就是银行方面不能完全对企业进行审核和风险识别。部分中小企业还会在申请信用贷款时涉及瞒报、谎报等情况，这些都对银行的信用贷款业务造成了无法预知的风险。

在新增的贷款业务方面，大部分都是上级总行根据下级分行所提供的企业资料进行系统评估，由于企业和下级分行对信用贷款业务的不规范，也就造成了总行的判断失误，继而造成一定经济损失。所以在商业银行系统中对于业务人员的管理必须要有一套比较规范的管理制度，特别是对于企业审核、放款等工作方面必须有严格的约束条例，否则就会给商业银行带来极大的风险，并最终给银行造成难以估量的损失。

3.2 商业银行缺少对中小企业信用评价等级定量分析

现在，我国的商业银行为了更好地给中小企业提供贷款业务开始实行定量管理工作，但是下级分行对中小企业的审核等工作并不完善，不能满足中小企业对于信用工作的需求，而且商业银行的评价系统大部分只是对中小企业的财务情况和收支问题进行调查，不能对企业进行整体评估，这就使得在中小企业中的信用贷款业务不能得到足够的保障，给银行增加了风险。

3.3 借款企业财务管理不规范

一些小微企业的财务工作并不能完整进行，大部分的财务工作都没有进行第三方审核，所以对小微企业进行信用贷款对银行来说风险比较高。在银行进行征信调查时，不能对小微企业进行彻底的调查，只是通过资料审核的办法来决定是否放款，这是对银行一种没有保障的放款，是给银行带来了极大的信贷风险，而且大部分小微企业为了得到银行贷款，使用假信息、瞒报、误报等来进行贷款，这就使得银行的资金得不到基本保障。大部分银行的业务人员缺乏对小微企业进行审核方面的专业知识，所以对小微企业的信贷业务总是面临着高风险。另一方面，由于小微企业的信用贷款一般都是持续两三年的时间，由于这些企业还无法对市场和经济发展形势进行那么长时间的有效性的评估，所以商业银行在对这些企业进行信用贷款时往往会因为高风险而选择关闭渠道，以保证商业银行的资金安全，于是便自然地产生出一些不规范的金融放贷机构，如地下钱庄、不法借款平台等，他们的出现自然又给小微企业带来了很高的风险。

3.4 中小企业收入下降

受世界经济形势影响，我国中小企业的生产经营出现困难，在得到银行的信用贷款之后，中小企业由于受到收入不稳定等方面的影响，往往不能按照约定的期限完成还款工作。在经济增速下滑的情况下，各个行业经济形势不容乐观，实体经济需求日益下降，作为大型企业配套的中小企业订单数量大幅缩水，销售业绩大幅度下滑，这就是中小企业面临的直接问题。随着这些问题的出现，许多中小企业面临破产边缘，一旦破产成为现实，银行则无法收回资金，造成大量的资金流失，并且这种情况越来越严重，已开始形成恶性循环的局面。

3.5 中小企业的高负债经营

就算在市场经济高速发展的时期，大部分企业也会选择负债经营，通过向银行进行贷款，完成企业的扩建、购买土地等相关业务，大力度地进行扩建，这就导致企业没有足够的资金储备，一旦市场出现问题，不能完成自保，在高额的贷款压力之下只能选择破产。而现在我国经济正处于下滑阶段，银行对中小企业信用的审核工作还不成熟，另一方面，大部分企业只能依赖多方借款贷款的方式才能完成企业的发展进程，这也就直接导致了现在我国经济出现下滑趋势之后，众多企业不能继续生产经营，因为没有足够的资金储备，直接造成银行贷款难以收回的结果，并直接导致没有足够资金对需要帮扶的企业进行有效贷款服务的连锁反应。

4. 经济下行压力下商业银行中小企业贷款业务风险的具体表现

对近些年的中小企业贷款记录进行研究分析，可以从中得到现在中小企业的贷款业务给商业银行带来的风险信息，这也就是在经济下行情况下总体环境影响的商业银行和中小企业的贷款风险。

4.1 中小企业的借新还旧

中小企业的“借新还旧”就是贷款的中小企业之前到期的贷款还没有结清，企业与银行又签署了新的借款协议，就是不能将原有欠款进行清算的情况下又进行了新的借款。在我国经济下行压力下，中小企业的贷款资金流动性大，不能按时完成还款的情况时有发生。这种贷款形式大部分都是划定在“关注类”中，商业银行对于这种情况目前还没有足够的管理办法，甚至有些企业进行多次的“借新还旧”，形成的原因就是银行的工作人员在对企业进行审核时，不能有效地对未结清的贷款进行全面、细致的审核，包括借款企业是否能持续生产和经营等方面，因为大部分中小企业在进行“借新还旧”的贷款过程中，企业提供的信息资料往往缺乏真实性，所以银行贷款的风险由此而生。

在一些借款记录材料中可以发现，在经济下行压力下，连续的“借新还旧”行为往往都会制造出盲目乐观的假象，就是表面上给企业一种自我安慰，这种情况也给中小企业戴上了面具，使得银行的信用贷款调查往往不能够通过现象看本质，这在一定程度上推迟了企业缺陷的暴露时间，这就使得企业的信贷风险不断累积，最终给银行造成损失。中小企业在不断地贷款之后，极易造成财务混乱，而且中小企业几乎不会使用第三方财务审核，这也就使得企业的财务缺陷一旦暴露出来就是致命问题。这种情况会给商业银行带来极大风险，对于中小企业的影响也是非常大的，一是给中小企业造成了盈亏不真实的情况，不能给企业一个良好的生产经营环境，在不良贷款转变成为正常贷款之后，企业财务账面上承认了借款人的还本付息能力，但是真实情况上不能反映出真实的资金情况，很大一部分应该算入表外的应收未收利息转到了表内，这也就给企业财务增加了虚假信息，造成了财务混乱。第二就是加大了企业的不良记录，为了完成贷款，企业进行多方面信息重整，给银行以不真实信息，但是在持续贷款的情况下，银行对于企业的真实情况逐渐了解，最终影响企业的不良信用，甚至在部分企业进行以贷款养贷款，这就使得信贷资金使用情况不能真实反馈，直接影响银行的经济效益。

4.2 中小企业的还旧借新

“还旧借新”是企业在涉及贷款方面的财务问题时经常使用“拆东墙补西墙”的办法处理问题，即使用拼凑的资金进行还款之后，再向银行重新贷款。在经济下行压力下，中小企业生产经营越来越困难，借款企业不能及时向银行进行还款，而且不履行借款协议的情况越来越多，这也就使得企业开始从各个方面解决借款问题，这也就出现了还旧借新，这种办法一般是为企业进行短期融资，但实际上是增加了企业的负担，因为反复贷款给企业带来的必定是巨大的利息费用负担，使得本来就经营困难的企业雪上加霜，不能将企业生产经营顺利完成，大部分精力都放在了贷款问题上，企业所得收入也都给了银行的贷款利息费。

4.3 中小企业保证担保能力

中小企业贷款一般都不会通过担保进行，保证人一般都是企业相关人员，所以在此之中涉及大量的信息失去真实性，不能给银行的资金安全提供保障。在现在经济下行压力下，大部分企业难以自保，一旦出现问题企业本身和担保人不能对银行履行还款协议，这种贷款是极具风险的，很容易给银行造成大量的资金损失。

5. 中小企业信贷业务风险管理的建议

在经济下行压力下，整体市场经济环境不容乐观，消费需求严重不足，很多中小企业难以生存，企业的投资难以得到回报，也就要求商业银行在对中小企业进行信用贷款审核工作中要具有保护自身资金安全的意识，不仅要对放贷企业进行详细调查，还要进行严格的风险识别，应时刻将商业银行的自身发展以及资金安全放在第一位。

首先，要进行严格的信用贷款审查工作，对需要借款的中小企业进行准确分析。相比于大型企业，我国中小企业受到经济形势影响较大，经济下行压力下，中小企业难以寻求发展，对于市场的敏感度不如大型企业。但是中小型企业自身灵活，其自身受到的约束和制约较小，在一定程度上可以跟随市场进行发展。我国中小企业占比较大，中小企业依赖于所处的地理位置和市场环境，在商业银行进行信用贷款评估工作中，一定要对贷款企业进行严格审查，从其生产经营模式到未来发展规划进行详细了解。最近几年商业银行对于中小企业信用贷款审核力度逐渐加大，风险管理意识越来越强，但是商业银行本身制度上还存在一定问题，其管理力度不到位导致大部分资金在没有审核完成的情况下就流入企业。商业银行中大部分的管理层和决策层对于基层工作管理力度小、直接参与少，导致大部分贷款工作不能进行真实的调查和审核，对于信贷风险管理难以进行。

其次，在进行对中小企业的贷款业务中，进一步提高内控制度的执行力，加大管理能力，建立完整的对中小企业贷款业务的管理制度和办理流程，与政府部门加强沟通，在审核过程中得到真实有效的材料信息，保护好商业银行自身资金安全。要严格监督资金流动情况，对企业的综合信用信息进行了解，设置合理的中小企业信用贷款管理工作的激励政策和惩罚制度。

最后，应加强银行的人才队伍建设，引进专业人才对相关工作进行科学有效的管控，对于信用贷款工作人员要有充足的专业知识和高水平的综合素质，保证其在办理贷款工作中可以真实有效地了解企业各个方面信息。业务人员要对办理贷款的中小企业进行全面的风险评估与分析，对信用贷款风险过程中的影响因素进行及时的判断和决定。在员工管理方面，建立科学的奖惩制度，对于商业银行中的信用贷款岗位的工作人员进行严格的考核，每一笔贷款都要进行考核，对不能进行完整风险评估的工作人员进行相应的惩罚，对于完成风险识别工作的工作人员进行激励，使其可以在日常工作中完成好中小企业审核等工作。

6. 中小企业信贷风险管理如何创新

6.1 充分运用好大数据提供的市场信息

我国现阶段的市场经济运行状况并不理想，在商业银行的业务范围内，其效益也受到了一定影响，商业银行主要的经济效益是通过征收利息来完成的，因此应在这方面创新经营模式，用金融创新手段实现经济转型并达到可持续发展之目的，以此提高自身的市场竞争能力。现在是大数据时代，应将大数据信息加入中小企业信用贷款业务上，这样可以有效地帮助银行完成对中小企业信息的掌握，在对中小企业信用贷款业务进行办理过程中，使用大数据对仲裁小企业进行科学调查，掌握到中小企业的真实信息，而后再进行评估。除此之外，通过对中小企业的大数据进行分析，可以找到商业银行业务方面的潜在客户，对中小企业情况可以熟练掌握，对于银行的发展以及资金安全流动都是非常重要的。

除了大数据的使用，还要对电子商务有一定的了解，电子商务企业可以根据客户的信息进行分析，并且研究出属于企业自身的产品，这就是对于市场的掌握。对于市场情况有科学的分析，从而满足客户的真实需求，并且把这种需求融入产品中，这就是大数据和电子商务的有效融合。大数据的有效使用是对客户评估审核工作的最简单有效的方法，对于商业银行而言，使用大数据一方面能够进行中小企业信用贷款的审核分析工作，避免受到虚假资料误导，实现找到真实有效的中小企业进行放款之经济目标，另一方面，可以对潜在客户进行发掘，就是通过分析大数据可以找到可能会成为客户的中小企业，然后有针对性地对这些企业进行后续筛查、选定工作，这些都是大数据带来的便利。科学合理地使用大数据，建立完整的风险识别系统，这是对银行的最好保护。

6.2 大数据在中小企业信贷风险管理中的必要性

大数据在中小企业信用贷款风险管理中的作用还有很多，主要涉及大数据的实用技术方面。大数据给商业银行带来了更为宽广的数据视野，使得商业银行可以在资金管控方面得到有效改善。在商业银行实行大数据推广过程中，对于商业银行的传统技术方法会产生一定的冲击，所以在具体实施方面要做好多方面协调工作，既保证大数据技术可以有效实施普及，又要保证大数据技术和传统技术顺利完成交接，避免对商业银行经营状态产生影响。大数据的合理应用，不仅可以使商业银行对中小企业的信用贷款管理工作得到改善，还能在商业银行对于中小企业贷款后期的资金流动和日常化管理工作进行精细化梳理。在中小企业发生变动之时，商业银行可以通过大数据对中小企业进行相应的信用贷款调整，实现商业银行的利益最大化，既保证经济效益，又可以保证资金安全。大数据的应用如今已经成为很多商业银行的重要管理措施，不过，大数据在商业银行系统中的运用在我国还处于起步阶段，还需要后续的不断发展。

6.3 大数据在信贷风险管理中的机遇与优势

金融企业是我国较早使用计算机以及计算机信息技术的行业之一，最早在 2002 年，我国的商业银行就提出要使用大数据进行信息化工作的想法，并且在实际上也准备将整个银行的数据进行整合。将银行的所有数据进行收集并且备份，在后续工作中便于商业银行工作人员对信息进行系统处理。目前我国的大部分商业银行都已经完成了信息整合工作，并且设立了信息技术中心、开发中心和数据中心，这是商业银行中最有代表性的技术发展。而且各种不同的设备设施被引入，无论是软件系统还是硬件设备，都在为商业银行的业务办理能力进行升级，这也从侧面对客户的信息进行采集和分析。

现在市面上大部分的资金流动都是通过银行，这也就要求商业银行要有足够的信息处理能力，以完成大量用户的资金流动。现在大部分银行都有自己的信息数据中心和数据库，并且这些数据库都在不断根据实际需要进行必要的更新换代，虽然现在网络上的网上支付和一些资金流动方式给银行带来了冲击，但是对于中小企业的信用贷款，商业银行的地位是不可改变的。同时大数据的使用也加快了商业银行的发展速度，而且对于商业银行的精细化管理也有十分重要的意义。商业银行对大数据进行科学合理的运用，这既是对中小企业信用贷款的初步分析，也是重要的审核办法。大数据的使用不仅给商业银行提供了安全保障，也保护了中小企业的安全。

6.4 大数据在信贷风险管理中的应用

大数据和商业银行之间的关系是十分紧密的，在未来发展中，大数据的优势还会在多方面有所表现。首先，为了彻底满足中小企业信用贷款业务方面的资金需求，可以线上平台进行业务办理，并且配合电子商务相关内容的银行可以有更广的业务范围。通过大数据的分析，对客户有足够的了解，使客户不需要到银行内部进行排队办理，在手机上就可以办理。大数据的使用实现了信用贷款信息的跨系统整合，在传统技术方法上，受到信息限制，使得商业银行和中小企业信息不对称，不能给银行完整的客户信息资料，大数据的出现大大改善了这种情况，将调查结果和分享管理一起体现出来。商业银行中，传统数据技术对于各个部门的信息不能完全共享，造成了银行内部沟通不及时，业务方面容易出问题。大数据的引入改变了传统技术方法将信息数据变成共享资源，使得商业银行在工作效率上可以得到最大提升。

结语：综上所述，本文对于我国现阶段经济下行压力下商业银行对中小企业信用贷款方面的问题进行了科学分析，对中小企业的信用贷款现状、信用贷款过程中存在的诸多问题以及银行对大数据的使用等问题进行了阐述。笔者认为在现在市场经济发展受阻的时期，保护好商业银行的资金安全和有效发展业务范围是商业银行效益发展的最重要问题。对于中小企业的信用贷款审核管理和银行内部大数据使用，是商业银行未来发展的重要因素。

参考文献

[1] 强锴. 关于我国商业银行中小企业信贷风险管理探微［J］. 财经界（学术版），2019（24）：73.
[2] 唐伟聪. 商业银行中小企业信贷风险的政府监管研究［D］. 江西财经大学，2019.
[3] 郑羽. 非对称信息下商业银行中小企业信贷风险控制研究［D］. 沈阳工业大学，2019.

“互联网 +”背景下我国 B2C 跨境电子商务的发展和应用研究

摘要：现代互联网技术已经快速成长为国家的重要产业内容，并影响着各个领域的发展。从其信息系统的构成，以及网络应有的优势来讲，其能够在很大程度上推动贸易的发展，帮助商业企业向更加广泛的领域延伸业务和触角。我国互联网和电子商务的发展，已经在新技术、新经济的推动下完成了一系列的跨越发展，其中 B2C 跨境电子商务结合了互联网时代的多种技术，完成了商务活动中的一系列变革，不仅提升了我国的国内国际贸易化水平，而且大力推动了我国经济的发展速度与发展规模。本文重点关注这一贸易形式的发展过程，以及进一步探寻互联网技术在其中的应用，借此提升电子商务的研究，以及对完成跨境贸易的推动。

关键词：互联网；电子商务；跨境贸易

前言：如果说当今时代最大的技术应用是什么，毫无疑问是互联网技术。因为其快速发展的模式以及带给各行各业的变革，影响了各个领域的技术发展和产业模式。为提升这一技术对社会创新变革的影响，我国提出了创新驱动的发展战略，并相继出台了一些鼓励互联网技术助力各个领域贸易创新发展的支持政策。通过对大数据的研究、信息技术的推广、物联网的应用等，全面提升“互联网 +”时代下各领域、各产业的发展。而商业的发展，尤其是电子商务的发展，正是其中最为突出的一项。在互联网技术的支持下，实现电子商务的跨境发展，提供进一步的技术支持和贸易辅助，是我国重要的发展策略之一。建立我国 B2C 跨境电子商务，更是实现这一发展策略的有效途径和必备措施。

1. 研究“互联网 +”背景下我国 B2C 跨境电子商务的意义

研究“互联网 +”背景下我国 B2C 跨境电子商务，是在经济全球化背景下所进行的重要的商务探究活动。在“互联网 +”时代下，无论是商业还是其他领域的业务，都会通过网络信息技术形成一种极大的职能化转变，更重要的是，这种转变会让贸易活动在全球范围内迅速展开，而且较过去变得更为轻松和便捷。跨境完成的电子商务，实现了最大化的智能化和信息共享，尤其是在实现交易过程的简化方面，完成了极大的提升。在整个商务活动过程中，从市场信息的调查开始，到沟通与交流，再到产品的定制与销售，最终完成款项的支付和结算，一直到售后服务完成的整个过程，如今都已实现了全面的线上交易保证。这种交易主体的明确，以及交易过程、交易手段的简化，直接带来了成本的节约和人力、时间成本的降低，这就是“互联网 +”时代带来的优势，也正是这种优势，从理论意义和实践意义两个方面，都促进了我国跨境贸易的发展和进步。

从理论意义上来讲，跨境贸易领域，需要更高新、更创意、更具有发展能力的技术手段的融入，而“互联网 +”，正是提供了互联网信息这一技术手段，并依此实现了这一领域发展的目标。不仅如此，还能够通过技术优势，弥补传统贸易方式的劣势，完成贸易方式的转变，并提升贸易的成交率，从成本方面增加贸易的经济效益，促进外贸行业的总体发展，对于我国产业改革以及经济持续发展来说，同样能够起到促进和稳定的重要作用。

利用“互联网 +”技术实现跨境贸易的便利化具有重要的现实意义，因为此种贸易方式的成功实施以及不断向更深、更广层次推进，对于整体的 B2C 跨境电子商务工作有着积极的促进作用，不仅有利于推动外贸电子商务的发展，还能借此推动其变革和转型。

2. “互联网 +”时代背景概述

2.1 “互联网 +”简述

互联网信息技术在时代的进程中不断发展，已经成为当今时代最重要的高新技术之一，同时也是各个行业领域中最重要的应用技术。这一技术的发展，不仅对互联网行业是极大的推动，对于其他行业或领域，同样具有巨大的推动作用。这种巨大的社会推动作用，带来的是人们生活方式的改变，同时也是人们生活习惯的改变。如今，没有人能够完全地脱离互联网的影响，互联网通过自身的技术应用与现有领域的结合，形成了在互联网时代基础上的“互联网 +”时代。“互联网 +”时代的来临，不仅受到互联网行业的重视，同时在各个领域的实践和扩展过程中也发挥出巨大的作用。

我国的“互联网 +”发展进程，被规划为“更加能够发展互联网技术在生产领域内的渗透和应用的过程”，在这一过程中，要充分地发挥出互联网的技术集成优势，保证生产要素的智能和联通配置，形成互联网的优化形式，并保证互联网技术和生产领域的完美融合。最终目的是通过这种“互联网 +”的结合方式，实现生产力的提升，完成生产和经济形式的创新，完成更为广泛的互联网基础上的经济建设和经济发展。互联网信息技术作为生产和经济发展的技术基础，提供了生产过程中的信息支持，通过其中大数据的研究、云计算的处理、物联网技术和移动基础的应用，实现了生产和经济发展的应用和推广。

“互联网 +”实现的是互联网基础上的加成，因此更有助于将传统产业中的各项活动完成在线化的转换、数据化的处理以及移动化的辅助。而在商业方面的表现在于，其通过线上的商品交易，互联网上的交易沟通，实现了线下交易到线上交易的转换；通过商品信息的互联网流动，完成了产品信息的数据化流动和数据资料的共享；通过移动设备的辅助，完成了产品交易过程的移动化。通过在商务活动、贸易方面的“互联网 +”加成，真正实现了贸易的提升，发挥了互联网技术的最大经济价值。

2.2 “互联网 +”下的外贸

“互联网 +”下的外贸活动，充分地结合了互联网技术优势，以及外贸的交易活动内容，形成了跨境电子商务这一创新的外贸形式。其基于现代互联网技术、跨境现代物流以及外贸商业和商品、跨境线上支付方式，完成了外贸交易在网络平台线上的开展。跨境电子商务，经过适应和发展后，逐渐形成了外贸模式的数据化，线上交易的虚拟化以及成交过程的线上化。这种新模式的形成，正是“互联网 +”下的外贸活动在信息时代的优势转变，以及形态发展。如果说传统的外贸交易形态是基础的话，那么“互联网 +”下的外贸活动，毫无疑问是飞跃。“互联网 +”下的外贸活动实现了全面的 24 小时覆盖、产品及产业链的全方位囊括，同时提升了交易效率，降低了商业成本。互联网技术下的外贸活动，是对我国产业调整以及制造业升级提供的优化转型基础，能够促进整体生产和贸易水平的有效提高。完成这种方式的转变，能够改变现有的产业化结构，实现我国贸易实力的增强，促进我国正向的贸易发展。

3. 跨境电子商务以及 B2C 跨境电子商务模式

3.1 跨境电子商务概述

跨境电子商务是指在完成交易商务活动过程中，交易主体是分属于不同的国家的，同时，完成商务过程的平台为电子平台。这一国家商务活动，能够通过物流的跨境配送，实现整体活动的完成。由于其特殊的交易性质，以及完成交易的平台和物流的特殊性，能够保证整体的快速化进行，确保全球的交易保证，实现无纸化的交易过程，即在对外贸易中实施网络化交易。

对于跨境电子商务的分类，要结合其交易主体进行参考性的划分。一般情况下，可以划分为 B2B 跨境电子商务、B2C 跨境电子商务和 C2C 跨境电子商务三种模式。无论是何种形式的跨境电子商务类型，都是商务交易的新模式，对于经济发展有着重要意义。对于外贸行业来说，能够激发行业中企业的实力增长，促使企业具备优化的资源以及提升自身的核心竞争力。

3.2 B2C 跨境电子商务模式概述

B2C 跨境电子商务是跨境电子商务中相对规模较小并且总体交易活动额度较小的一种零售商务形式。其作为跨境电子商务中重要的一部分，是外贸活动中发展迅速，同时具有重要提升潜能的部分。B2C 跨境电子商务的商务平台开发较为完善，能够集成国内的中小企业商务能力，同时聚集国外消费者的消费能力，实现商务活动的跨国运行，确保服务的顺畅性以及交易的完成。

国内的企业通过互联网技术的信息平台，首先要建立起 B2C 跨境电子商务的网上信息共享平台，实现售卖信息的传播和宣传，确保消费者能够通过平台，获取商品的信息。其次，国外消费者实现了商品信息的确认以及完成购买意向的达成，通过购买过程，提供有效的订单服务需求和货款支付。最后，平台通过跨境物流企业的合作，或企业自身具备的物流服务能力，向消费者提供配送服务，完成商品向消费者手中传递的过程。B2C 跨境电子商务不仅包含以上三个部分主要的交易流程，同时包括商品的策划、售前咨询、售后服务等多个流程。

4. 我国 B2C 跨境电子商务的发展阻碍及问题

在互联网信息技术快速发展的推动下，跨境电子商务作为“互联网 + 外贸”的产物应运而生，尤其是在我国处于严峻的经济形势下，发展跨境电子商务对促进我国经济的稳定发展和外贸产业的转型升级有着重要意义。作为新生事物，其发展的过程不会是一帆风顺的，必然会产生一些问题，我们要善于发现问题并及时解决，这对于我国 B2C 跨境电子商务的稳定发展有着重要的影响。

4.1 缺乏良好的信用环境

我国市场经济起步较晚，相对于西方发达国家，我国依然缺乏完善的信用体系和信用标准，还未形成较成熟的市场经济体系。无论是实体经济还是虚拟经济，都需要良好的商业信用环境作为基本保障。虽然我国确立市场经济以来已有一段时间，但是我国商业信用环境及社会信用体系建设仍然相对落后。网络诈骗和网络犯罪行为不断发生，广大网民对网络消费的商业信用环境仍然比较担忧。随着跨境电子商务的快速发展，急需要良好的商业信用环境作为保障，一方面对于企业或商家来说，有利于进行有效的约束，做到严于律己、诚信交易，同时，也可以防止受到不良买家的敲诈勒索，保护商家利益；另一方面，对于消费者来说，有了完善的信用体系，消费者选购的商品有了保证，就能够有效保护消费者的权益。

4.2 跨境物流体系不完备

物流体系、信用环境、支付系统是构成跨境电子商务的最重要的三个因素，在信用环境和支付系统逐步完善的同时，完善物流体系建设是跨境电子商务的重中之重。目前我国在跨境电子商务中，物流方式主要有五种，分别是邮政小包、国际快递、专线物流、海外仓和国内快递。邮政小包能够提供全覆盖的物流区域，并且运输价格低，但是通关和运送的速度较慢，常出现丢包的问题，也不能保证正常的出口退税。国际快递的速度快、服务好，极少出现丢包的情况，但是价格过于昂贵，随着国际利率的变化，价格浮动变化很大。专线物流的优势介于邮政和国际快递之间，但是揽收范围上十分受限，覆盖的地区十分狭窄。

海外仓属于成本较为低廉的物流，产品销售和发货的周期都比较短，能够实现较好的市场认可度，但是总体的供应链难以保证的情况下无法按时保质保量完成每一笔交易，需要结合稳定的库存管控和动销管理才能够实现。国内快递会承接一定的跨国业务，速度更快同时费用更低，但是国内快递在对外贸易方面的经验缺乏，覆盖的配送区域较为狭窄。

从以上的分析和比较中可以看出，我国对于 B2C 跨境电子商务交易过程中需要建立的物流体系并不完备，缺乏专业的管理和运作的经验，还没有形成闭环式网络链条。造成这种跨境物流体系不完备的原因，可以总结为以下几个方面：

一是跨境物流成本过高。跨境物流的成本可以达到商品总成本的百分之三十甚至百分之四十。物流的产业链较长、环节较多，因此我国跨境电商企业承担的跨境物流成本较高。跨境商品的运输、仓储和配送等环节远比国内商品物流配送要复杂得多，其中包括境内物流、境内海关、跨国运输、境外海关、境外物流等诸多环节，不仅操作难度大，而且产生的风险高，大大增加了企业跨境物流的成本，给跨境电商企业带来较大的负担。

二是配送周期长。跨境电子商务虽然给企业提供了直接面对境外消费者的机会，但是交易过程中的商品流通形式依然复杂，尤其在跨境物流环节。由于跨境物流包括运输、仓储和配送等诸多环节，导致我国跨境物流配送的周期要长于境内物流配送。跨境运输和配送环节矛盾突出，导致配送时间快则一个月左右，慢则长达数个月之久。

三是退换货过程复杂，售后服务不足。线上交易，由于获得实体商品和预期存在着误差，因此，实际交易过程中，是容易发生退换货行为的。电子商务本身的特点使得其退换货率远高于线下交易的退换货率。由于跨境物流环节多、周期长，货物配送过程中极有可能发生损坏、丢失、不能顺利通关等风险，存在不能及时满足消费者需求的情况，使客户提出退换货要求。这种情况随着商务交易在不同国家、地区的频繁发生，造成跨境贸易物流成本过高，甚至出现跨境商品交易的物流费用超出了商品价值的情况。这种恶性的成本提升，对于我国中小跨境电商企业来说是无法承受的。对于整体的电子商务发展来说十分不利，同时对于企业的自身运行来说，造成了极大的困难。

4.3 跨境支付体系不完善

在跨境支付的过程中，一般可以通过银行卡、电子现金、电子支票等多种方式进行网上支付与结算业务，其中，银行卡支付仍是网上交易的主要形式。

4.3.1 市场准入机制不规范

在跨境电子商务贸易中，第三方支付机构不仅扮演着外汇收支管理的角色，是国家外汇管理政策的执行者，也扮演第H方担保支付的角色，是市场交易行为的监督者。可以看出第三方支付机构在跨境支付体系中扮演着重要的角色，发挥着重要的作用。因此，对第H方跨境支付机构市场准入机制进行规范化建设迫在眉睫。目前，我国还未出台关于第三方支付机构市场资质认证方面的管理规定，一旦有支付机构出现违规经营、系统故障、信息泄露等危险情况，就会影响客户外汇资金的安全性以及加大机构业务经营的风险。

4.3.2 风险控制机制不健全

跨境电子商务企业通过互联网平台开展国际贸易活动，其具有网络化、虚拟化和全球化等特征，贸易中的资金通过第三方支付机构进行转移，但也使得其极易成为非法资金的流通渠道，给国家的风险控制工作带来巨大挑战。一方面，在第三方支付业务中，消费者所支付的货款由于交易完成时间周期性的影响成为短期内的沉淀资金，而这些沉淀资金的短期控制权掌握在第三方支付机构的手中，如果不能对这些资金进行有效的管理，就会导致资金的安全和支付风险；另一方面，个别第三方支付机构在业务操作的过程中存在违规行为，造成了资金管理的漏洞，容易出现盗刷和透支、套现等问题。这些问题，引发了更大的资金非法出入和跨境欺诈等违法行为，造成了跨境电子商务交易双方的经济损失。

4.3.3 跨境支付产业链有待融合

我国目前实现跨境支付的企业有四家，分别是支付宝、财付通、快钱和银联。其中产品覆盖最为全面的为支付宝，能够实现海外卡的支付，合作机构也最多，进入市场时间也最早。财付通和银联，目前主要实现的是跨境的网购支付，而快钱主要完成国际收汇。快钱和银联的覆盖区域都比较广，尤其是快钱，能够实现全球 190 个国家和地区的覆盖。而财富通，尽管较早进入市场，但是目前只能够实现对英美的覆盖。以上这些第三方支付平台企业，具有一定的实力和信誉，能够完成第三方的跨国独立支付。但是每家企业平台支付结算方式与标准并不统一，将会影响整合跨境电商行业的健康发展，因此需要国家相关部门在金融体系的支付与结算方面出台行业标准，设立统一的、权威的和全国性的认证中介，为发展电子商务和互联网金融创造条件，解决支付和结算的问题有利于我国金融体系的稳定发展和商业交易活动的顺利进行。

4.4 企业缺乏品牌意识

目前我国中小企业约有 5000 万家，然而能够实现自身品牌创建、完成品牌形象规划的企业只有不到 1000 万家。互联网的开放性，网络信息的流动性，让商家能够有效及时地捕捉消费者的喜好，准确地把握流行趋势，并根据市场需求生产大量仿制品。我国跨境电子商务所销售的产品，绝大多数是轻工业品，科技含量低、附加值低、产品价格低，商家普遍用较低的价格博取国外消费者的眼球。但是随着经济社会的不断发展，境外消费者生活水平的提高，将来他们不仅看重商品的价格和质量，也会更加注重商品的品牌，因此，高质量低价格的产品和服务是企业竞争的核心，品牌是企业长久发展的关键。我国的企业和商家必须拥有自己独立的品牌，生产设计出富有自身内涵的产品，这才是正确的品牌化道路。

我国跨境电子商务平台所交易的产品大多是科技含量低、附加值低、价格低廉的轻工业品，容易导致产品同质化问题。目前我国跨境电子商务出口产品的品类较多，但是大多数产品科技含量低、附加值低、利润水平低，其中以 3C 电子产品为主，占整个出口品类的比重高达百分之四十。同时其他轻工业品也占据较大比重，说明我国跨境电子商务出口产品低端化特征明显。

由于跨境电子商务实现了线上的服务，因此不受条件的限制，可以提升产品的规划经营，确保产品多样性。但是全球化的消费，不再接受小商品的过度消费，而是需求高端的消费利润。因此，我国中小企业应该加大产品的研发力度，有效实现产品由低端化向高端化转型，从供给方面实现产品的优质化、高端化，以满足不断变化的市场需求。

5. 促进我国 B2C 跨境电子商务健康发展的建议

5.1 建立良好信用环境

我国发展跨境电子商务必须拥有良好的信用环境。实现良好信用环境的过程，可以从以下几个方面入手。

5.1.1 加快跨境电商信用平台建设

信用环境的完善，需要市场主体的积极参与，而跨境电商信用体系的建设更需要跨境电子商务企业的积极参与。应由政府或跨境电商行业协会牵头成立公共信用服务平台，将参与跨境电子商务的交易主体的资质认证信息、信用状况、经营商品信息等公布于服务平台上，并提供相应的法律咨询服务。跨境电子商务平台在用户注册时要严格甄别，对商家和消费者的信用进行严格认证，确保双方诚信交易，营造一个良好的信用环境。这样不仅能够提高境外消费者的购物体验，也给境内商家提供一个良好的交易环境。

5.1.2 实施信用信息披露制度

设立信用等级标准，对交易主体划分明确信用等级，并把交易主体的信用等级状况对外进行公示。由于我国参与跨境电子商务的企业以中小企业为主，因此重点对国内的中小企业或商家进行主体认证，并参考等级标准对其划分相应的等级。同时，实行黑名单制，对于那些长期信用差、信用等级低的商家或企业应列入信用黑名单，采取禁止交易或处罚金等措施，以净化跨境电子商务的交易环境。

5.1.3 完善跨境电商信用法律法规建设

完善跨境电子商务的信用体系不仅需要跨境电商交易主体的经济参与和行业协会的配合，更需要国家法律作保障，信用体系建设在法律框架下进行才能更有成效，更有后盾。国家相关部门以及立法机构应着眼于跨境电子商务健康长久的发展，加快相关领域的信用法律法规建设，为跨境电子商务的发展提供坚固的法律保障。

5.2 完善跨境物流服务体系建设

5.2.1 发展第三方、第四方跨境物流企业

对于开展 B2C 跨境电子商务的企业来说，其中的绝大部分企业是不具备自身物流构建能力的。构建自身的物流运营结构，需要完成资金的融入和企业实力的提升，这些对于中小企业来说，都是难以实现的。因此要结合第三方、第四方跨境物流公司，进行整体电子商务的物流环节构建。第三方物流是指独立于交易主体的物流服务企业。由于跨境物流过程的复杂性，跨境电商企业自建跨境物流体系有诸多现实性问题，成本较高，难度较大。第三方物流企业，提供的是专业的物流服务，这样就能够作为跨境电子商务的后续服务供应商，和商务企业进行合作，确保后续物流服务的提供。建立相应的物流服务模式和科学化管理，确保有效提升物流服务水平。第四方物流是在第三方物流的基础上进行的物流规划服务企业，其在物流服务过程中，能够进一步的确保物流服务的质量。对于整个物流服务过程中的服务对象以及第三方物流企业来说，提供了更为有效的物流流程规划建议，同时能够提供物流过程中需求的供应链辅助服务，确保了整体物流运行的稳定。

5.2.2 建立海外仓储中心

为了有效地避免商品滞留海外的风险，应该在海外建立仓储中心，这样不仅可以实现高效的商品配送，而且消费者可以获得良好的购物体验。首先建立海外的仓储中心，这样商家完成商品的预库存准备。建立热销商品的提前仓储准备，然后在商品售出后，物流公司在仓储中心进行商品的分拣，实现跨境运行，最终配送商品到消费者手中。整体的配送，缩减了运行初始端的配送部分，减少了物流周期，也缩减了运行成本。

5.2.3 跨境物流企业提高信息化应用水平

随着互联网信息技术的快速发展，传统的物流模式已经不能满足社会发展的需要，跨境物流行业、企业应加快信息化建设。实现物流企业的信息化应用水平，是指从物流服务的实际出发，结合服务流程需求，建立有效的信息流程体系，完成流程中的信息处理，确保各类信息化设备的有效应用。同时对于整体的物流管理来说，确保信息化系统的完成性和实践应用性。具体操作如下：一是提高终端信息化和服务水平，为消费者提供移动设备端、网页等信息查询服务，让消费者能够实时了解商品的物流动态。二是跨境物流

企业要不断加强业务系统的信息化建设，通过对各信息传输环节的模块化处理，如在商品的揽收、仓储、搬装、包装以及费用结算、信息传递等环节实现模块化处理，能够帮助跨境物流企业在业务流程方面实现规范化、标准化与统一化。

5.2.4 提供个性化、定制化的跨境物流服务

跨境电子商务的服务对象以及消费对象是全球化的，服务过程中，会接触各国消费者，这就需要服务过程中，能够进行不停消费习惯的整合，对于不同消费习惯的融合和适应，既不能够犯当地的文化忌讳，也不能放过相应的商务机会，要在商务工作的建设方面，提出针对性的物流服务，确保定制化的物流保障。一是了解当地消费者的物流习惯和价格敏感度，建立相应的管理和服务阶段；二是建立具有地理特征的“喜好”地图，并据此，进行针对性的服务划分。通过电子平台的数据优势，实现综合的管理考虑，确保物流服务的最优化，同时保证物流服务企业自身的经济效益。

5.3 加强对跨境支付体系的监督和管理

5.3.1 规范支付机构市场准入机制

第三方支付机构的安全与否不仅关系到客户的资金安全，也与交易主体的支付安全息息相关。因此，对于支付机构的管控要加强，对于支付架构进入市场的审核和准入机制要严格控制。设立第三方支付机构从事跨境支付业务的标准，对机构的经营资质、身份识别、信用状况、经营范围等指标进行严格审查，防止不符合准入标准的第三方支付机构非法开展跨境支付业务，降低跨境支付交易的风险，保护交易主体的合法权益。

5.3.2 加强跨境支付领域监管

伴随我国跨境电商的快速发展，跨境支付领域会产生越来越多的问题，需要外汇管理部门加大对跨境支付的监督和管理。由于我国跨境支付体系建设起步较晚，还存在很多不健全、不完善、不成熟的地方，这就需要国家相关部门，建立起完善的支付领域监管机制。对于体系内部的资金管理、运营资金流动、支付手段以及资金支付方式，进行统一的系统化监督，确保跨境支付领域的安全。

5.3.3 化解备付资金风险

针对备付资金的安全性问题，国家金融监管部门应积极出台相关规定，

要求参与跨境支付的第三方机构将备付资金与自有资金严格区分开，分别管理，绝对不能将客户的备付资金挪作他用。金融监管部门可以允许参与跨境支付的第三方支付机构设立多个资金账户，方便资金管理，保证客户备付资金的安全，同时针对客户备付资金短期内产生的利息应明确归属于客户。但是由于资金存放时间短、金额小，产生的利息少，因此，建议参与跨境支付的第三方支付机构将客户备付资金产生的利息聚集起来设立风险基金，用以应对机构支付系统日常管理出现的风险以及其他费用。这样不仅能够更好地保障客户的支付交易安全，而且有利于降低机构的经营成本，提高支付效率。

5.3.4 联合打造跨境支付产业链

政府、银行以及第三方支付机构应联合起来，建立一个完整的支付产业链条，实现产业的发展提升。政府相关部门要加大对跨境支付领域的监督和管理，参与跨境支付的第三方支付机构要加快与海关等职能部门融合，银行与第三方支付机构要加快相关技术的对接，全方位联合起来，加快跨境支付产业链的形成。

5.4 企业内部加强品牌建设

5.4.1 创建自有品牌

品牌是商品的重要标识，良好的品牌是企业信誉的保证，也是一个企业价值理念的体现。随着经济社会的不断发展，人们需求层次的不断提高，消费者不再是仅仅关注商品的价格，而是由关注商品本身转为注重商品品牌。我国 B2C 跨境电子商务企业低廉的仿制品、山寨品打开了国外市场，吸引了部分海外消费者，短期内实现了快速发展，但这并不能深远持久。

5.4.2 加大品牌推广力度

品牌从产生到发挥效应是个漫长而曲折的过程，需要企业投入大量的人力、物力和财力。而中国的自主品牌想要推广到国际市场，则需要更长的时间。在这样漫长的过程中，需要企业努力付出，如关注各种国际展览和推介会，积极参与其中。对于企业的品牌，要形象化、具体化，实现其宣传推广，建立自身的品质能力和知名度影响。

5.4.3 提升产品和服务的质量

企业要从自身出发，从产品和服务两个方面进行综合实力的提升。在产品方面，首先企业要把好产品的质量关。企业必须按照相关产品的行业质量标准生产加工，在取得国内相关的产品质量认证的同时，要争取通过国际上的产品质量认证，这样不仅可以获得境外消费者的信赖，而且对海外市场开拓有积极影响。其次，针对不同的客户群体，企业可依据当地的文化习俗、消费习惯等设计出当地消费者喜闻乐见的产品，这样不仅能够提高消费者的满意度，而且可以提高顾客的重复购买率。在服务方面，首先，建立完善的客户服务体系。针对客户服务，企业应该在售前、售中和售后都给予支持，尤其在退换货服务上做到全心全意，切实照顾到消费者的需求。

6. 积极开拓新兴国家市场

西方发达国家具有良好的互联网基础，成熟的市场体系，良好的信用环境，是众多 B2C 跨境电子商务企业积极参与的市场。跨境电商企业大多以欧美等西方发达国家为主要市场，欧美等国的市场如同一块肥美的蛋糕，企业争相食之，导致市场上的竞争异常激烈，不可避免地发生价格战，终究不利于企业的长久发展。通过对近几年我国跨境电子商务贸易的数据分析可得出，如俄罗斯、巴西、印度等新兴国家市场存在巨大的增长潜力。随着新兴国家互联网普及率的不断提高，移动互联网的快速发展，将会产生越来越大的市场需求，我国的中小企业可以通过 B2C 跨境电子商务向新兴国家的消费者出售产品和服务，开拓新的海外市场，寻找新的市场需求，不仅可以有效地避开欧美等国家激烈的市场竞争，而且可以提升企业的市场占有率以及扩大利润空间。

全球互联网发展移动化的趋势日益明显，移动商务化的水平不断提高，海外移动端跨境电商消费的比例逐渐增加。开展 B2C 跨境电子商务的企业要对其购物网站进行优化设计，满足移动商务化发展的需要。在移动端消费迅猛发展的情况下，我国仍有众多中小企业未对其跨境电商网站进行优化设计，这会直接影响境外消费者进行移动端消费的体验，致使成交率降低，降低重复购买率。B2C 跨境电子商务企业应当及时关注到电子商务移动化的趋势，重新对网站平台进行优化设计，提高境外消费者的关注度和满意度。移动互联网技术的发展使得线上与线下消费日渐融合，使互联、互市、跨屏、无缝为核心的“全渠道”购物方式获得快速的普及。消费者可以通过移动设备及时快捷的购物消费，这一过程激发了市场需求，增加了企业的市场空间和利润水平。

7. 走高端化路线、实现高端化发展

目前，我国大多数中小企业生产运作方式效率低，产品附加值低，难以应对残酷的国际市场竞争，也不能满足多变的国际市场需求，造成实质性供给不良。因此，企业要加快转变贸易模式，走高端化路线。针对企业如何向高端化转变，笔者提出以下改革措施。

7.1 产品的创新升级

一方面，从产品本身出发，在产品的质量、包装、性能等方面改进现有产品，同时加大研发设计力度，不断推陈出新，并且通过增加技术含量和赋予产品相应的文化价值来提高产品的附加值；另一方面，从产品的加工工序角度考虑，加快引进产品生产的新技术、新工艺、新流程，不断提高生产效率和提升产品品质，实现企业产品向高端化发展。

7.2 革新管理制度

我国的中小企业缺乏健全的管理制度，薪资体系也不够完善。因此，企业要从制度创新入手，建立完备的管理制度，杜绝任人唯亲的现象，利用现代互联网技术实施信息化管理，尤其要建立一套标准的薪酬体系，实行绩效考核，激发员工的积极性和创造性，培养员工的归属感和认同感。

7.3 重视人才，建立良好的团队

企业要自上而下地进行人才认定和审核。首先，企业应该自上而下地对跨境电子商务进行了解，只有对跨境电子商务足够了解，才能把握好企业未来的发展方向；然后，团队中要有相应的人才，从平台的操作、营销的策划、供应链的管理、客户服务、物流配送等环节都需要对应人才的存在。拥有良好的人才团队，是企业实现高端化发展的关键。

结语：跨境电子商务是全球金融危机和互联网信息技术发展的双重作用下的产物。对于跨境电子商务来说，我国的 B2C 跨境电子商务企业仍然存在管理、生产、交易以及服务方面的问题。同时，对于开展商务活动本身来说，具有一定的实施缺陷。通过实现跨境电子商务在互联网形式下的物流服务提升、资金管理机制完善、建立人才管理机制等措施，能够进一步提升我国跨

境电子商务企业的发展水平。通过跨境电子商务的发展，实现对促进我国传统外贸产业变革升级、保持经济稳定增长等方面的重要的战略意义体现。

参考文献

[1] 上海社会科学院经济研究所课题组，石良平，汤蕴懿. 中国跨境电子商务发展及政府监管问题研究——以小额跨境网购为例 [J]. 上海经济研究，2014（09）：3-18.
[2] 高翔，贾亮亭. 基于结构方程模型的企业跨境电子商务供应链风险研究——以上海、广州、青岛等地 167 家跨境电商企业为例 [J]. 上海经济研究，2016（05）：76-83.
[3] 褚学力. 金融互联互通支持中小企业跨境电商发展探索——基于我国与一带一路沿线国家和地区经济发展的思考 [J]. 中国流通经济，2016，30（11）：66-74.

不同空间尺度的中国区域经济差异研究

摘要： 近年来，我国的经济发展速度和水平受到国内外有关机构或有关人士的高度关注，我国的国际地位也不断提升。自20世纪90年代以来，我国的经济体制和产业结构正在不断升级优化，在发展过程中，逐步暴露出了国内区域经济差异化方面的诸多问题，这些问题的出现不仅严重影响了我国整体经济的发展，而且从现实发展情况看还有愈演愈烈的趋势。本文从不同的空间尺度分析区域经济差异的问题，总结发展特征，提出改进建议。

关键词： 区域经济差异；空间尺度；问题研究

目前，我国的经济发展水平和国际地位不断提升，社会经济体系不断完善。从全球角度来看，这次疫情使得人们越来越意识到全球经济是连接在一起的，一个国家的经济出现问题或危机，对全球大部分国家都会造成消极影响，这是当今全球经济发展的重要特点之一。从我国国内经济发展角度来看，随着经济的高速发展，我国国土面积广大，区域经济差异化越来越明显，这一问题也受到众多专家学者重点关注。

区域经济差异化是很多国家在发展过程中都面临的问题，由于受国家国土资源、产业结构以及发展历史等因素影响，我国的区域经济差异问题主要集中在中西部地区，这些地区地域广、资源供给不足、科学技术发展水平速度较慢，这些因素制约了当地经济的发展。本文通过对国内国外相关理论的研究，并结合我国区域经济差异化方面的具体情况，对我国区域经济差异化问题展开探讨，并选取不同的角度进行分析。目前，研究空间尺度的专家学者较多，但由于这种方法的限制因素较多，使得这种方法在实际研究中使用不足。

我国区域经济差异问题包括以下两个方面，一是影响我国区域经济差异化的因素到底有哪些？二是各区域经济差异化的状况如何？现阶段我国经济差异化的相关学术研究还在不断学习发展阶段，在进行具体问题研究时，可适当借鉴国外成熟的理论。由于重视国家区域经济间的差异研究，能够更深刻地认识到各地区经济发展的特点，并结合实际找出推动区域经济水平不断提高的具体办法，只有这样，才能稳定社会发展的成果，实现可持续发展的战略目标。

1. 区域经济差异化的研究现状分析

区域经济差异化问题在国家经济的不断发展中逐渐暴露，是领域内专家学者都集中关注的问题之一。对国内区域经济差异化全面地进行理解分析，是国家长久发展的必然要求。我国的区域经济差异化问题暴露时间相比于发达国家较短，对这方面的学术研究成果还存在许多不足，但随着我国相关领域专家的重视，也在不断推进该问题的研究程度。笔者将对国内外区域经济差异的相关理论基础和研究成果进行阐述，总结适用于我国的改善思路。

1.1 国外对区域经济差异问题的研究成果

自改革开放以来，我国的经济发展水平呈现出高速度、高成效的特点，但在快速发展过程中也出现很多问题，其中最明显的一点就是许多成就的获取完全是通过牺牲生态环境而实现的，一方面是经济发展上去了，而另一方面则是生态环境受到了严重的破坏。在区域发展上，东南沿海地区的经济发展水平明显要高于其他区域，使得国内区域经济差异化问题越来越突出。从整体来看，由于我国沿海地区的地理位置原因，使得当地的发展具备更多的机会和优势，尽管国家制定了中西部发展的政策和战略，但实施的过程较长，呈现出的效果还不明显，这就加大中西部和东部的经济发展差异。我国人口众多，对区域经济差异的研究还主要停留在省市级层面，继续向下发展需要借助更科学合理的理论成果和观念认同，还存在巨大的研究空间。目前国内外的学者主要是从影响经济差异的因素等方面进行研究，总结发展规律并提出改善建议。

1.2 区域经济差异的相关理论分析

由于我国特殊的国情，中华人民共和国成立以来经济发展就成为重要的问题之一，受均衡发展理论的指导，在国家发展的初期，为了摆脱经济落后的状况，要对经济极度落后的省份地区进行较大规模的投资，争取实现各区域的同步与平衡，以此推动全国经济健康稳定地发展。在二十世纪五六十年代，国外相关专家就曾指出，大多数发展中国家的经济发展水平较低，居民只能基本保障日常生活，没有办法也没有基础进行投资活动，这就需要国家不断发展经济，来提高国民的生活水平。但随着居民生活水平的提高，人口数量的大规模增长，将会在一定程度上降低国民的人均收入水平，加大经济差异，逐渐形成一个“循环陷阱”，国家要解决此类问题，就要通过不断地大范围的投资，使国民收入水平超过人口增长水平，这样才能达到缩小经济差异的效果。

由于国家政府是发展经济的主体，是相关规则的制定者和颁布者，这就要求政府在进行决策时，要充分了解国情，考虑政策实施的状况，不能一味地只促进东部沿海地区的经济发展，当东部的发展达到一定水平时，要通过一定的措施来促进中西部地区的发展水平，以此逐渐缩小地区间的经济差异。同时以我国国内发展的情况来看，东部沿海城市的率先发展，带动着周边城市经济的进步，但对于全国经济平衡发展来说，这一发展趋势会在一定程度上加大区域经济差异。在技术水平方面，我国的技术发展在空间上也呈现出不平衡的状态，技术水平较高的地区带动当地经济的不断发展，同时还会不断进行科技创新；相反，技术水平较落后的地区，经济发展水平较低，科技型产业也会逐渐退步，在这种情况下，如果没有政府的正确引导，必然会加大区域间的经济差异。

2. 影响国家区域经济差异的因素分析

我国的经济实力正在逐步发展逐步壮大，但随之而来的则是生态环境方面的诸多问题。我国专家学者一直都在对影响社会稳定发展的区域经济差异化问题进行研究和探索，从中发现了不少造成区域经济差异的因素，从不同角度分析区域经济差异问题的原因，为整体经济的发展提供了不少具有重要参考价值的建议。

2.1 产业的空间分布影响区域经济差异

我国经济发展的特点之一是新兴产业主要集聚在我国的东南部，这些产业的发展极大地促进了当地经济的发展，但产业的集聚现象并没有带来想象中人口集中的现象，这就造成了我国东部和中西部经济发展水平和人口数量不平衡的状况。我国的相关专家在研究中也指出，要缩小地区间的经济差异，就要控制中西部潜力产业向东部转移的趋势，可以适当通过东部地区人才的调动来缓解此类问题。

2.2 地区科技水平影响区域经济差异

科学技术在提升产业生产效率，降低生产成本方面发挥着重要作用，是促进经济快速发展的因素之一，但对于不同区域来说，科技水平也是加大区域经济差异的重要因素之一。科技对生产最重要的影响体现在生产效率方面，产业的生产率提高，能够带动地区企业的全面发展。我国东部地区一直是科技水平高度发展的区域，各型产业也在我国经济中占有重要地位，在稳定东部地区发展的同时，政府可以通过政策的引导来提高中西部地区的科技水平，使当地的生产率得到显著提升。由此可见，相关企业在进行产业转型升级时，要重视该因素的影响程度。

2.3 地区产业结构影响区域经济差异

我国的产业分布从空间上来看是较为集中的，即相同类型的产业集中在同一区域，这为企业的管理和生产过程提供了便利，但如若某一地区产业发展到一定程度后，还未进行产业结构的调整或转型，就会造成当地经济水平与居民收入水平之间不平衡的状况，这往往会加剧区域经济差异程度，因此，地区的产业结构调整能力直接影响当地经济的发展态势。

2.4 地区政策和投资情况影响区域经济差异

现阶段，我国区域经济差异问题越来越明显，国家也在通过相应的政策来缓解现状，但对于发展相对落后的地区来说，对于生产和人才的培养没有合理的政策支持，这就导致了当地的人才外流，新型产业的发展缺少专业性人才；同时当地对企业的发展扶持力度不足，使得一些企业家会选择传统生产型产业进行投资，这不利于当地产业结构的调整，不符合政府的整体发展战略；再有就是一些国外投资者将目光集中放在东部地区，带动了东部地区的产业升级和经济发展，加剧了东部与中西部地区的经济发展差异。

3. 基于空间尺度的国内区域经济差异分析

3.1 我国经济的空间分布特点

我国经济在发展速度、空间发展区域等方面呈现出不同的特点。从前者方面来看，我国的经济发展整体上呈现出西北高、东南低的特点，从具体省份上来看，以我国 2011 年的经济增长为例，其中中西部地区的山西、湖北等地区的经济增长速度最快，北上广地区的经济增长速度放缓，这是实现我国经济战略的必然发展趋势，一定程度上会逐渐改变我国东南部地区占主导地位的情况，这种形式有利于缩小区域经济发展间的差异；从经济发展的空间情况来看，我国经济发展的重心不断转移，国家也制定相应的发展策略来促进这种趋势。以我国东北地区的辽宁省为例，该省作为新中国发展的重点地区，随着科技水平的不断发展，产业类型的升级，使得辽宁在全国产业中的位置越来越尴尬。国家为了促进国民经济的健康发展，规划了辽宁沿海的经济带，以此来促进东北地区的产业转型和经济发展，这有助于地区的经济区域转变，在全国范围内形成多个集中的发展区域，这能够在集聚人口和缩小区域经济差异方面发挥着重要作用；再有就是国家在进行国土开发之前，进行了最优质的规划，制定了符合协调发展和可持续的发展战略，规划土地的功能分区，缓解区域经济差异问题。

在对区域经济进行空间尺度研究时，相关系数的情况能够反映区域内的差异情况，包括我们较熟悉的变异系数和基尼系数等，通过系数的分析得出影响国内区域经济差异的主要部分，如我国的区域经济差异主要是由地区间的差异而不是省份之间差异造成的。

3.2 我国区域产业的发展差异

从我国的各区域的产业分解方面来看，农牧业在我国的各个省份中的分布和发展较平衡，对整体经济的影响程度较低。第二产业即工业方面的差异是最为明显的，但在各省份的整体产业结构中占的比例呈下降趋势。服务业是现阶段各个省份主要发展方向之一，对区域经济差异方面的影响越来越大。

从三大产业的发展趋势来看，第一产业在国民经济中占重要地位，但对区域内的经济差异作用较低；工业长期以来都是我国发展的重要支撑，在区域经济差异方面扮演着最重要的角色，但近年来随着科学技术水平的不断提升，工业对区域经济差异的影响也越来越小，呈下降趋势；第三产业可以看作是影响区域经济差异的新兴因素，服务业在国民经济中的地位越来越高，对区域经济总体差异的影响程度也越来越大，这是时代不断发展的必然结果，随着我国产业结构的不断优化调整，第三产业的作用将越来越显著，同时也不可忽视第一、二产业的影响，要做好产业间的协调，从而缩小区域经济差异，推动我国整体经济的发展。

3.3 多角度区域经济差异分析

从二十世纪八九十年代开始，我国就已经开始对区域经济差异的相关问题进行研究，并随着研究程度的不断加深，重心也逐渐转移到空间尺度下的区域经济差异问题方面。面对我国广阔的国土面积和庞大的人口基数，使得空间尺度下的区域经济差异问题研究困难重重。在实际研究中，主要从地区、省份和市的层面来进行展开的，在地区方面，笔者主要选取了东部和中西部作为参考案例，进行内部的经济差异分析；从格局上对省市级的经济发展状况展开分析，利用变异系数和基尼系数等来分析国内各省份间的经济差异情况。

3.3.1 地区尺度

我国的东部和中西部之间的经济差异较明显，从历年来的经济发展水平线来看，自二十世纪八九十年代以来，我国的东部和中西部的经济发展水平差距不断加大，到 20 世纪初期，通过国家的政策引导和相关产业的转移，逐渐缩小了地区间的经济差异。在数据统计方面，即使采用同样的方法和指标，也会得到不同的数据，这显示了尺度对经济差异现象的影响。同时对相关指数对地区的尺度测量，可以得出当采用的测量尺度越大，所展现出的经济差异也就越明显，在空间产业的集聚方面，地区尺度下的空间集聚程度较低，通过这种测量方法能够进一步研究尺度对经济差异的影响。

3.3.2 省市级尺度

我国的专家学者曾对山东省的各地级市进行研究，采用了离差标准差等数据处理手段，对经济的发展总值、人均收入情况等指标进行收集分析，可以看出我国省市级的经济差异的发展趋势与地区级相似，且随着产业结构的调整，省份内的部分传统产业会从原有的模式转变为新的发展模式，这是经济和科技不断发展的成果，同时我国北上广等省份在新兴产业方面占主导位置，省市间的区域经济差异不断加剧的原因之一是西部城市的产业模式和人口集聚等方面的影响，热点产业主要集中在东部城市，这是我国省市间经济差异的发展特点。

3.4 空间尺度下区域经济差异的发展特点

3.4.1 研究手段还不成熟

我国在对区域经济差异研究方面已经拥有比较丰富的经验，但基于空间尺度的研究技术还存在许多不足。在实际进行研究时，可选择的研究方法少，大多采用一种区域经济差异的研究手段，很少运用多种方法混合的手段来进行研究，这样虽然能够在一定程度上保证研究成果的真实性，但由于研究手段的缺失，会严重影响空间尺度下的区域经济差异问题，不利于国家整体经济的发展和社会的进步。

3.4.2 我国空间尺度不足

目前，在进行空间尺度下区域经济差异研究时，我国常采用的是地区、省级、市级以及县级的分类，相对于其他发展成熟的国家来说，目前我国的空间尺度研究手段较落后，虽在进行整体研究时将空间尺度分为四方面，但就当前的研究资料来看，我国对地区间的经济差异问题研究较多，主要集中在地区和省级尺度上，对市级县级的区域经济差异研究还不足，研究方法还较少。从整体来看，我国空间尺度下的经济差异主要有如下特征：当呈现出空间尺度较小时，相应的区域经济差异也会较小，空间集聚的情况也不太明显。

4. 缓解国内区域经济差异的建议

我国的经济发展水平在不断提升，在发展过程中呈现出各种各样的特点。区域经济差异化是目前我国经济发展中重要的问题之一，我国的专家学者通过不断研究，学习借鉴国外的成熟理论，结合我国的基本情况，分析空间尺度下区域经济差异情况。笔者对多尺度下区域经济差异分析的情况进行归纳，并根据影响区域经济差异的因素，总结出缓解国内区域经济差异的发展建议。

4.1 因子角度的改进建议

因子角度主要从加强对因子自身作用和作用区域两方面来看。国家经济的协调发展，与国家的经济水平、居民的人均收入和居民的消费情况有重要关联，特别是在省级市级的尺度方面，区域内的产业结构同样扮演着重要角色。为了缩小区域经济差异水平，在省级尺度上，要不断加强省内产业结构的升级调整，适当加快当地工业化进程，要重视科技在产业发展中的重要作用，不断为传统产业注入新的发展活力。同时，政府要重视区域间的协调发展，从资源分配和产业建设等方面进行优化，充分利用当地的各类资源发展本地经济，促进当地经济的良性发展。在各地级市层面，要加强对农村居民收入的重视，这样有助于城镇化的发展，从而推动城市和乡村两个主体的快速发展。再有就是要注重因子的作用的区域，我国的主要劳动力主要集中在西部地区，这就使得劳动力因子在西部地区的水平低，需要有关部门加强对这部分地区的经济投入，促使西部地区的人力资源输出；我国的资本因子主要集中在东南部，并从东向西、从南向北呈逐渐递减趋势，这就要通过人员的输入来缓解西部地区人口密度大、经济发展水平低的状况，能够有效地协调各省份间的经济差异。在西北部等经济水平较低的区域，可以通过适当提高消费水平来拉动当地的经济发展，推动整体经济的健康发展。

4.2 宏观层面分析

我国现阶段存在的区域经济差异化问题，是大多数国家工业化进程不断深化过程中必然经历的阶段，国家在面对这一问题时，应该考虑通过政策的制定来协调，以中西部和东部的发展情况来看，不能只侧重于制定发展西部的战略，这样会在一定程度上加剧区域内的矛盾，不能起到缓解区域经济差异的作用，这就需要国家在规划时，要明确区域经济间的矛盾点，提升产业结构，发展高素质的产业。我国的国情特殊，人口和产业规模都与其他发展中国家不同，各地区、各省份在重视本地工业发展的同时，要分散目光到新兴的技术型产业方面，通过对比得出适合当地区域重点发展的产业，若当地的农业工业优势较明显，可重点发展这类产业，但也要在这些产业中注入新兴技术，使传统产业充满活力。

对于各地区而言，首先要明确国家的各项政策，选择最适合当地的产业结构，从而确定当地企业的长远发展战略。在构建产业结构时，要对当地的发展情况、自然环境有充分的了解，这样才能更好地选择当地的主导产业，从目前情况看，大多数地区的主导产业都是第二产业。同时要认识各类国家的扶持政策，最大程度地发挥政策优势，适当引入新兴产业，并逐步提升新兴产业的地位。

再有就是国民人均收入方面，这是一个地区经济发展水平、市场化程度的表现因素之一，是地区整体经济素质的一个指标。人均收入水平与当地的产业结构、消费结构等都存在着密切的联系，我们能看到的就是一个地区拥有优质的产业结构，会带动当地经济水平的提高，居民人均收入和消费水平会很快提升，并通过不断引入新兴技术，有效地优化现有的产业结构，这样规模经济就逐渐形成了。地区经济差异问题还体现在外商投资方面，这些项目产业的投资主要集中在东部地区，甚至一些中西部地区的合作商也会选择在东部进行合作投资，这在一定程度上是一种盲目行为，会造成产业或人口集聚的情况。地区中的这种集聚现象是要有代表性产业的，这样才能有效地发挥出聚集优势，若在当地没有代表性的产业，那么整个地区的产业集聚就没有任何意义，是一种虚无的结构，这不利于当地经济的发展，长期发展会造成企业家建设思想的偏差，不但不会缩小区域经济差异，还会在一定程度上加剧不良影响，需要政府正确的引导来改善这种情况。

最后是人员的综合素质和发展意识要不断提升。在进行产业建设和结构构建时，人员的专业知识水平对日后产业的发展具有重要影响。不要盲目地追随国家的政策重点，要充分结合当地具体情况，选择最适合当地发展的政策进行指导，完成产业结构构建。同时，要重视新兴产业的开发与利用，技术型产业的出现是时代不断发展进步的象征，各地区要积极地引进新兴技术，并将其注入传统的工业生产中，或适当调整新型技术产业，遵循时代发展的规律，为地区的长久发展提供重要支撑。同时，新兴技术能够有效地提高工作效率并降低生产成本，这给经济实力较弱的一方提供了弯道超车的机会。总之，各地区在促进当地经济发展的过程中，必须尽量缩小地区间的经济差异，通过资本和劳动力互相转移的办法，既方便了就业，又能有效地发挥地区的优势，稳定社会的发展，使国民经济处于一种良性发展的状态。

结语：整体看来，我国在高速发展的过程中，也逐渐暴露出大多数国家都面临的问题，即区域经济差异问题，这一问题严重影响国民经济的发展水平，不利于整体经济的良性发展。笔者在本文中先对区域经济差异的相关研究成果进行分析整理，可以看出国内外学者对我国国内区域经济差异的研究结果，主要表现在给我国经济的发展带来了大量的生态问题。同时对影响区域经济差异的因素进行分析，主要包括产业的空间分布状况、产业结构和国家政策等方面，为空间尺度下的区域经济差异研究提供基础。笔者在本文中主要从地区和省级层面分析区域经济发展差异问题，由于各种内外部因素的影响，得出我国空间尺度越大，经济差异问题就越明显的结论。在本文的最后，从宏观和微观的角度，提出缩小区域经济差异的建议，主要包括人员的认知方面、国家政策方面和地区产业发展方面。区域经济差异问题是每个国家在发展中都将面临的问题，需要政府和专家学者的正确引导来缓解区域间的经济差异，推动整体经济的健康发展。

参考文献

［1］叶森. 中国区域经济发展水平差异及影响因素的文献综述［J］. 财富时代，2020（01）：48-50.

［2］赵祎龙. 浅析中国区域经济发展差异及其原因［J］. 全国流通经济，2019（02）：103-104.

［3］邵源春，陆峻波，罗晓云. 中国区域经济发展差异及其原因的多尺度分析［J］. 金融经济，2018（22）：45-46.

［4］赵文丽. 中国区域经济差异演变分析［D］. 青岛大学，2018.［5］张楠. 中国区域经济增长差异研究进展与展望［J］. 纳税，2018（03）：182+185.

中国跨境电商的发展现状及今后对策研究

摘要：随着我国经济的飞速发展，电子商务成为当下创新发展驱动的重要渠道，成为“大众创业、万众创新”的重要引擎，跨境电商不但可以策动大众就业，还可以增强大众资金收入，既能解决群众的日常生活问题，也能开拓市场的空间，增加国际贸易的话语权，同时还为我国的经济发展供应了新动力。

跨境电商为我国企业开拓海外市场提供了重要渠道，增加了国际品牌的形象以及核心的竞争力。虽然跨境电商发展比较快速，但其中还是存在了一系列的制约因素，主要表现在通关方面、物流方面、质量方面、产权方面、支付方面、信用方面、政策方面等，另外，还包括与一些现行的监管、业务、服务模式的体系等方面，因为这些方面一直以来都没有形成一条全面的产业链以及生态链。本文通过对跨境电商与传统的国际贸易之间的差别进行研究，从电商发展和监管的实际运行情况出发，通过一些调研、走访调查的方式对电商发展做出分析以及研究，梳理跨境电商当下存在的一些问题和隐患，对跨境电商的新趋势发展和新特点发展提出总体的监管原则和基本要求，构建相应的跨境电商监管体系，从强化技术、完善法律和增强合作、落实诚信和增强责任等几方面入手，在保障“中国制造”的声誉、维护消费者合法权益等几个方面提出了相对应的对策。

关键词：跨境电商发展；跨境电商现状；跨境电商对策研究

现如今，跨境电商已经成为推动我国外贸产业发展的重要因素，相对于传统的外贸方法，跨境电商不光具有非常强大的发展潜力，还在其贸易过程中可以减少交易环节，可以降低交易成本，可以扩大普通民众的就业面，可以增强国际社会对我国质量价格优异的廉价产品的认知度，提升一定量的企业知名度，促进企业的转型升级以及创新观念的树立，给我国企业的发展提供新的更多的机会。

1. 跨境电商监管现状分析

1.1 跨境电商监管现状

目前，跨境电商的运行模式以及经营模式都在不断地发展和创新，而行政监管总体还处在探索的阶段，工商有关部门对于传统国际的贸易和电商监管与其跨境电商的新特点相对还是存在方法不适应以及经验不足等，对于新的监管领域来说，有关部门也都在积极的探索以及完善中。当下对于各个部门的监管职责在机制建立方面还不完善，监管协调机制也不健全，如海关、工商以及商检部门都是以本部门的职责为出发点，未能及时对跨境电商展开监管工作，也不能有效地畅通协调机制，监管协调机制的不完善对行政执法资源也没有达到有效的整合。

各国间法律的差异化以及信用管理系统的不完善，使得信用监管评价也处于萌芽阶段，因我国的信用体系起步建立比较晚，并不能做到将企业从事跨境交易的信息向社会公布，虽然已经颁发并实施了有关的条例，但是还不能够做到信用监管评价的完整性、系统性。

1.2 跨境电商给监管带来的挑战

我国工商部门的监管体系与制度都是建立在传统的国际贸易基础上，跨境电商这类新型的交易方法自然会给传统的监管体系带来很大的挑战，对于如何落实经营责任以及落实产品溯源管理和如何畅通消费者维权的渠道都要进行分析以及探究。

1.2.1 如何落实经营主体责任

在传统经营模式下，跨境商业活动基本都是由国外的买家径直到国内来进行消费，如此一来便会减少经营者的主体责任，因为在产品质量方面以及消费者维权方面都是依照中国的法律来划分中间商的责任，这些都是在传统国际贸易将所有权移交到国内的进口商，对于身份的识别以及产品溯源方面都很难运用中国法律来规范。

1.2.2 如何落实产品溯源管理

对于传统的国际贸易基本都是通过双方签订合同的方法来对产品的来源渠道以及质量给予明确要求，如果被消费者要求退货以及产品发生质量问题时都可以很快地找到产品的溯源，而对于新形式下的跨境电商一般是境内的消费者向境外的企业或自然人购买商品，因产品的批量比较小，随机性还比较大，进行买卖的双方就不会通过签订合同的方法来对产品的溯源进行规范。

1.2.3 如何畅通消费者维权渠道

每个国家的文化差异以及文化体系都是不同的，跨境电商买卖双方的信息不对称必然会造成很严重的消费纠纷，依据我国目前的法律法规以及有关的消费者权益维护和保护办法，如《消费者权益保护法》《网络交易管理办法》等，对处理以上问题都做了明确的规定，但这类法律效力一般都是在我国境内有效，因此，如何把畅通消费维权的渠道做到最佳，显现出的效果最明显最有效，值得我们不断地去探索、去实践。

1.3 开展跨境电商监管的有利条件

1.3.1 境内电商监管提供了经验借鉴

虽然有关部门在跨境电商的监管体系建设方面还处在初步探索的阶段，但是境内网络的商品交易领域却已经积累了充足的经验以及成功的引导案例，这为出台跨境电商监管方面的规章制度提供了一定的借鉴。

1.3.2 电子数据取证机制初显成效

我国的工商部门早在 2011 年就颁布了有关电子数据监管方面的指导意见，已经明确地为电子数据取证机构明确了标准的监管方向，各个地方的工商部门在行政执法的实践中，都在不断地探索出符合电子证据取证的方式以及符合证据规则并多次运用于实际案例当中，取得了明显的成效。

1.3.3 跨境电商综合试验区的初步探索

2014 年 2 月，国务院批准了中国跨境电商综合试验区的设立申请，以四种发展状态解决了跨境电商的体制性以及深层次矛盾中的一些难题，包括管理的创新、制度的创新、协同发展以及服务方式的创新等四种类型，形成了一套较为完整的适合解决全球跨境电商管理中存在的问题的监管体制以及规则，为全国跨境电商健康稳步发展提供了更好的监管环境，同时也为今后的监管提供了可以推广可以复制的发展经验。

2. 促进我国跨境电商发展的相关对策

2.1 建立和完善跨境电商政策规范体系和服务平台

相关主管部门可以建立基础信息的标准体系以及规范，如建立便利的通关、检验检疫、退税和结汇措施等，也可以定制跨境电商主体的政策体系，更好地为跨境电商的操作程序和管理提供优质的服务以及提供更标准化的指引模板，增强对跨境电商的配套设施的投入，可以推动企业开发统一的跨境电商平台，对全面的综合服务系统建立无缝连接，对于海关的监管以及跨境电商的支付和跨境物流等都可以通过该平台去实现。

2.2 优化物流服务支撑体系

针对我国物流成本过高以及对国内外衔接不畅通和政策不完善等特点，可以先建立保税物流园，引领一些品质优良的企业来代理国际货运的业务，既能保证保税物流园的优惠政策，也可以发挥企业代理国际业务在海外仓储以及配送方面的优势，可以进一步地减少物流成本，也可以协调国家采购建立多个卖家海外仓储，或定制跨境物流企业的质量规范以及服务规范，确保相关的管理标准，增强跨境电商物流企业的降本提效。

2.3 营造跨境电商安全的交易环境

跨境电商信用体系建设是需要每个国家政府和有关机构的全力配合才能建立起来的，定制行业的规范以及完善认证体系是一项跨境系统工程，如果不能提前做好，就有可能出现问题。例如有的企业在跨境电商出口中做不到诚信经营，严重的甚至还会产生侵犯知识产权的行为，或者有的企业销售假冒伪劣产品，这类严重的问题一旦出现必然会影响企业声誉或国家声誉，因此一定要加强相关规范与标准的定制，对跨境电商平台以及企业进行有效的引导和监管，防止假冒伪劣产品以及侵犯知识产权的行为的发生，同时也可以帮助中小企业树立品牌形象，使他们做到拥有产品价格优势的同时还能提高产品本身的质量和服务质量。

2.4 优化支付、物流、结汇等服务支撑体系

在建立跨境电商支付企业办理结售和收付业务体系中，应着力改善传统的外汇管理模式，对传统的一张订单办理一次结汇手续的模式加以改进和完善，应制定规范完善的跨境电商物流运输管理系统，对海关以及国家检验检疫都建立起密切的关系，对工商行政管理也要建立相互之间的联系，最大限度上推进贸易的便捷性，激励我国物流企业向集成化方向发展，大胆尝试国际物流企业与国内电子商务企业的配送新模式，增进我国跨境电商物流的配送以及提升快递企业的工作效率和业务质量。

2.5 加大服务力度，支持跨境电商的健康发展

可培养更多的国际化的监管人才，结合职业教育机构以及相关高校有效地展开国际跨境电商监管培训，建立专门的监管研究基地，加强专家库的建设，推进监管方式的不断革新，对跨境电商发展的新特点以及新趋势提出有效的监管措施以及方式，鼓励优良的企业实施跨境电商，利用互联网的新思维帮助我国企业发展跨境电商的自营平台，使其能够进入更加优质的三方经营，推动跨境电商的创新发展以及技术创新，推进规模大、信誉好的电商平台，做到创新交易以及在国内外能够有效地立足于市场之上，推动符合条件的跨境电商积极申请国家商标，运用法律来保护知识产权，在未来让我国更多的品牌能够脱颖而出。

2.6 跨境电商监管基本原则

2.6.1 规范为主原则

跨境电商在推进我国贸易发展以及提升国际贸易话语权等方面都有更为积极的促进作用。为了创造平等以及安全放心的消费环境，应确立跨境电商监管为主的管理原则，通过几个方面来制定相关的措施以及规则，实施跨境电商的良好发展，如依法管网、信用度管网、协同度管网等，在我国法律的完善以及经营主体和经营商品的准入方面来建设诚信方面的规则。

2.6.2 分类监管原则

可以针对自营类的电商采用更为科学的监管模式，可以对电商平台类进行联动的跨境电商监管，对入驻的商家平台可提供一定的承诺，而平台则保

证向工商管理等有关部门承担相应的连带责任，对于境外的一些网站可促进消费维权渠道以及畅通途径，一定要遵守相关的规范原则，禁止和预防通过不良渠道入境的商品。

2.6.3 合作治理原则

落实对跨境电商监管部门的规则治理，以多种模式进行监管以及提供服务，如进关的查验、消费维权以及流通监管等都要进行虚拟单一的窗口监管，在跨境电商物流数据的基础上可以共建智能化的监管系统，对支付平台以及大型电商都予以紧密的合作，增强与国外机构的合作方式与合作深度，共同监督和打击国际电子商务活动中所产生的各种违法行为。

2.6.4 技术支持原则

对公共以及电商的平台数据，进行动态的跨境电商评估，对跨境电商的行为特征以及趋势进行不合理的经营警告，对于经营环境比较混乱的网站平台予以行政提示警告，采用及时的措施，提升监管系统的应对能力以及感知能力。

2.7 基础信息完善

对于跨境电商税收的问题，相关部门难以掌握其企业的基本信息和交易的内容，应在有关部门建设基本的信息库。对于供应商以及零售商应该做到严格审核以及确认法人以及营业执照的资质，从相关的政府部门去查证商家的信用以及经营的情况，完善好供应商信息是很重要的一项工作，所以在互联网上的交易匿名就导致交易双方身份信息不明，在购买产品期间发生纠纷以及退换货的时候就存在了很大的问题。

3. 对跨境电商的展望

希望未来的跨境电商在很大程度上都可以做到以顾客为中心。网上购物的人群年龄段基本都很年轻，大致在 15 岁至 45 岁，对于购物的需求以及欲望也在不断地增加，跨境电商要抓住这一特点做好对购物人群的调查以及人群的需求量的调查，不断提升自身的服务品质，否则，企业的服务品质达不到顾客的需求，就会导致企业的客户流失以及经济的损失。在当下，很多人群都通过电商平台直接找到国外的产品进行购买，据调查的数据显示，在 2013 年就已经有了 3.28 亿人通过跨境电商平台购买了其他国家的产品，这个数据预计在未来还会不断地持续增长。

除了要重视这几方面，还要看到社交媒体的重要性，很多的企业以及零售企业不在利用传统的方式进行交流和销售，而是会在网络上通过观看网友评论等方式决定自身下一步的走向，如果在社交营销中再多投放一些有针对性的广告，实施的效果可能会更好，这些方法和措施正在受到国内许多企业的关注和重视，线上以及线下的企业要慢慢融合在一起，在当下，很多的实体商店也都在为跨境电商做激烈的竞争，在实体商店远不如网上商店的时候，很多实体商店也开始在网络上开启店铺，便于发展更多渠道交易，除了实体商店外纯玩家也可以开设实体店，为客户提供更有品质的服务，例如很多人可以在移动视频平台上制作一些与电商活动有关的直播，可以从网络的 APP 中下载相关使用小程序，例如利用快手、抖音等客户端口，都可以做一些与跨境电商有关的事情。这种方式的运用比传统的外贸模式要快得多，经济上成本更低，流程上更加便捷，方式上更加灵活多变。

与此相对应，政府应该持续地关注跨境电商的运行态势，扶持电商的健康稳定发展，关注政策中的不完善的一面，解决更多的政策与监管方面的空白点，对线上线下交易采取一视同仁的态度，共同努力推动我国的经济发展，切实履行好政府部门的监管职责。要善于利用大数据以及云计算等一系列的新技术，对数据进行完善和挖掘，引导电商选择正确的营销模式，让电商和消费者都能够享受到购物以及销售带来的愉快体验，完善跨境电商在我国的经济发展模式，使这些企业或个人在未来的社会发展中在跨境电商业务方面可以做得更好，可以取得更好的成绩。

4. 跨境电商的定义以及类型

所谓的跨境电商是指通过电子商务的服务平台来实现产品展示，属于不同的关境交易主体方式，就是通过信息的交换以及达成商品的交易促进了国际商业的活动。依据商业的模式分为不同的类型，首先是属于不同关境的企业和商业间经过跨境电商的技术来促使商品的展出，这种类型属于跨境 B2B。第二种是属于不同的关境企业径直地面向消费者自身开展的在线服务，通过销售产品、对产品的展示以及宣传来吸引消费者，采取快递的方法或利用快件直邮的方法来将跨境物流商品直接送到消费者手中，这种跨境电商的类型属于跨境 B2C。第三种属于通过个人卖方对个人的买方进行的在线销售以及在线的服务，卖家通过在线的第三方电商服务平台进行发布产品以完成在线交易的过程，电子化手段的支付结算也是通过快递以及快件直邮方式通过跨境物流来完成商品的送达，这种类型的跨境电商属于 C2C。

5. 我国跨境电商发展的制约因素

5.1 通关是跨境电商交易的最大堡垒

跨境电商在交易的形式上还没有定制出符合模式的规则以及板块，在检验检疫以及海关、纳税、外汇等环节上都还有不完善的地方，例如烦琐的通关手续目前仍然是跨境电商发展过程中所面临的最大的障碍，近几年我国相继出台了很多利于跨境电商的政策，对于电商中 70% 的零售商以及批发商都可以单独申报，这给海关的审批量以及企业的申报量都增加了很大的工作量，所以在商品退换货以及跨境电商物流等方面还是受到了限制，虽然海关总署方面为提升通关效果定制了系列的政策，但是也并没有将跨境电商归入集中申报的范围，使其很难享受到政策的申报优惠，很多中小企业跨境电商也是没有办法享受退税的政策优惠。

5.2 跨境电商交易环境有待规范

跨境电商的交易环境会直接影响到商品的质量以及信用保证体系的建立。参差不齐的商品质量一直都是跨境电商现在所面临的重大难题，在企业自有品牌建立缺乏的情况下，提高产品的质量则使跨境电商面临很大的挑战，这种不完善的情况下第一可能会引发消费者境外网上购物的不愉快，继而会导致其对跨境电商的其他产品均会采取规避的态度，以至于不会轻易进行二次消费；第二很容易发生涉嫌违禁品以及危险品的销售，这种跨境电商的独特性很容易给社会带来严重的隐患，还会给监察部门以及海关的监管加大难度。根据有关机构的调查，在 2012 年的跨境电商交易中，超过 80% 的跨境购买者倾向于担心支付的不安全性，导致企业以及消费者拒绝跨境电商的交易风险以及支付安全始终存在问题。

5.3 物流成为跨境电商发展的瓶颈

随着我国跨境电商市场的快速发展，在物流配送环节上已经明显跟不上市场发展的节奏，因为国内的物流相较于国际物流的差距比较大，导致国内物流与国外物流不能做到无缝对接，主要原因是国内的物流企业发展水平还比较低，如在全球的辐射范围、仓储设施、配送效率以及信息的处理和服务系统上等方面，总会导致跨境物流的商品流转速度跟不上以及供应链的断裂。作为跨境电商的重要环节，物流配送的基础以及实现环节往往起到十分关键的作用，国内的物流操作成本低，但从跨境交易到跨境物流之间的产业链以及环节时间更长，物流的成本在总成本的20%-30%之间，交易产品一般从国外运送到国内的消费者手中时，中间要经过三大配送部分，如海关收货以及清关、国内报关以及国际运输等方式，导致了我国跨境电商的物流成本一直居高不下。

6. 我国跨境电商的发展现状

6.1 跨境电商的市场规模

跨境电商如今已经体现在社会的每个领域和各个角落，随着我国近几年跨境电商企业发展的速度越来越快，以淘宝、苏宁以及京东商城等为代表的跨境电商每年的商品交易金额都是屡创新高，当下的跨境电商在线交易正在一点点取代传统贸易交易的形式，更多的实体经济也以全面发展的姿态迅速融合到跨境电商中，对个人购物以及经济的生活影响都在不断地增加，已进入了全面的爆发性增长新时期，跨境电商已然成为电子商务发展的新领域、新动力，更是成为我国外贸易经济领域新的经济增长点。根据有关部门的数据统计，2006—2015 年之间，我国跨境电商的交易金额正呈逐年增加的状态，在 2012 年和 2013 年，我国的跨境电商交易金额分别突破了 3.2 亿元和 4.3 亿元，交易总额的年均增长速度接近 35%，从这些数据中不难看出，我国的经济发展新态势以及信息全球化和经济一体化进展程度在全球范围内都受到了高度的关注，我国的企业应该抓住跨境电商的发展机遇，迅速实现转型升级。

6.2 智能手机交易超过 PC 在线交易

近年来，随着我国经济的发展和普通居民生活水平的逐步提高，消费者都喜欢用智能手机上网购物，与国外的使用数据相比较，国内使用智能手机购物的比率更高，有资料显示，国内目前使用智能手机进行网上购物的比率已经达到了68%，也就是说，已经有超过了三分之二的消费者都是通过使用智能手机进行网上购物的，国外的一些数据也很说明问题，例如资料显示土耳其人使用手机购物的比率也达到了53%，而阿拉伯人使用手机购物的比率也达到了57%，可见，社会的进步与发展直接影响着民众的日常生活。下图则是数据显示。

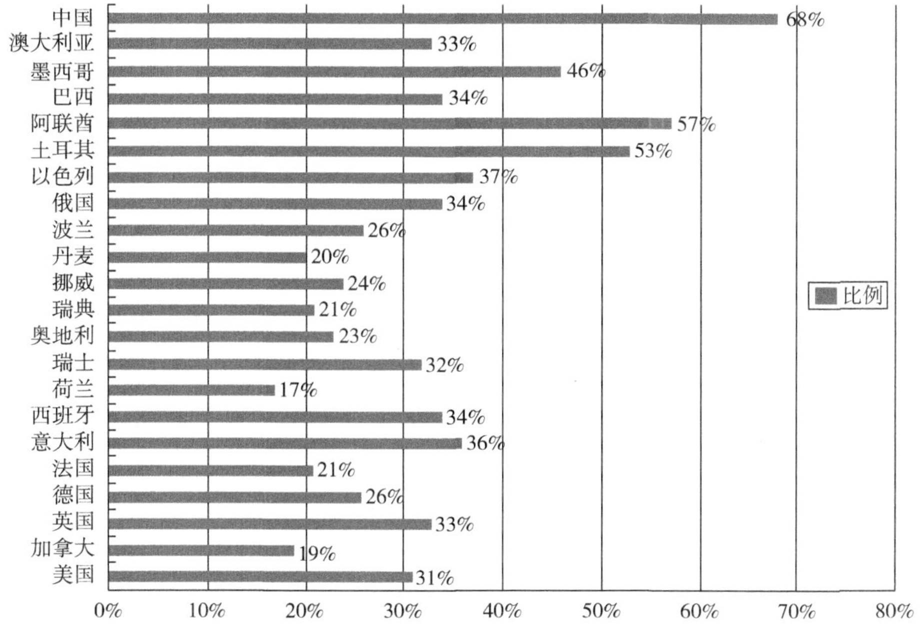

2014 各个国家智能手机购买率

6.3 税收新政策

一般来说，新的税收政策可以促进跨境电商行业的发展速度，其中最有效的就是利用税收新政策对零售出口跨境电商的商品不再实行邮税计税，对于超出的额度使用给予折扣的优惠以及增值税和消费税的减免。对于曾经在税收问题上一直得不到良好的解决办法，很多跨境电商都是小邮出口以及进口，缺乏频率高的特点以及批次多的特点和货值低品种杂的特点，在进出口贸易征税退税上一直存在着治理方面的缺陷，而新政策的出台无疑是对原有税收政策的调整和完善。例如在新的税收政策中规定，除了对那些传统的价格昂贵的奢侈品实行高额税率征收外，剩下的很大部分都可以避税免税。

结语：综上所述，随着我国的经济发展以及社会的繁荣强大，跨境电商作为新的交易模式以及新的经济增长趋势，在我国的新兴市场中有着非常大的潜力以及强大的生命力。在这种趋势下的跨境电商虽然发展速度迅猛，但运行过程中还存在很多的问题，各国的语言沟通以及各国的文化习俗等还有一些复杂的手续办理，而配套的物流服务业发展的滞后对跨境电商的交易过程也造成一定的阻碍，相比而言，交易过程中的信用问题更为关键。本文针对跨境电商的这些问题进行了分析及探讨，并提出相应对策。首先是对中小型企业进行全面的整改以及改善其传统的经营观念。其次是尽快调整中小型企业以及外贸企业的经营手段以及战略，打破传统的低利润的困难局面，在进行调整的同时也要注重企业人才的培养以及引用，特别是对企业发展有用的人才进行着力培训。还有就是加大企业产品的投放，增强企业的自我创新能力，及时调研跨境电商当下的发展趋势和技巧，做到以高品质的产品为企业的中心点，建设企业的优良口碑，强化企业的品牌以及对企业自身的升级和转型，实施新政策下的跨境电商发展，也是实现企业自身的持续性经济发展，在对企业强化的同时也要重视跨境电商在支付以及结算和物流配送等重要环节上的完善。

参考文献

［1］黄爱华. 跨境电商背景下外语人才需求现状及对策分析［J］. 江西电力职业技术学院学报，2019，32（01）：10–11+14.

［2］成文峰. 刍议我国跨境电商的发展现状趋势及对策［J］. 中国战略新兴产业，2018（40）：67.

［3］彭伟强，杨继龙，谢红莲，王雪飞. 中小型企业跨境电商发展的现状与对策——以中山市为例［J］. 广东开放大学学报，2018，27（04）：36–41.

［4］王丹镭，蔡筱霞. 慈溪市小家电跨境电商发展现状及对策分析［J］. 吉林广播电视大学新经济新思维.indd 72 2 学报，2017（10）：121–123.

［5］葛茜倩. 宁波跨境电商发展现状、问题与战略对策［C］.《决策与信息》杂志社、北京大学经济管理学院 ."决策论坛——公共政策的创新与分析学术研讨会"论文集（上）.《决策与信息》杂志社、北京大学经济管理学院:《科技与企业》编辑部，2016：69–70.

［6］黄希仑. 我国跨境电商第三方物流现状问题及对策研究［D］. 对外经济贸易大学，2016.

[7] 马晨. 中国跨境电商的发展现状及今后对策研究 [D]. 对外经济贸易大学，2015.
[8] 黄希仑. 我国跨境电商第三方物流现状问题及对策研究 [D]. 对外经济贸易大学，2016.
[9] 马银琦，赵京芳. 浙江中小外贸企业转型开展跨境电商的现状及对策研究 [J]. 科技创新与应用，2016 (11)：273–274.
[10] 强蔚蔚. 中国跨境电商现状及对策的研究 [D]. 云南师范大学，2016.

促进小微企业发展的税收政策研究

摘要：各种类型的经济形式在我国的市场经济发展过程中都得到了很好的发展，使我国目前市场经济呈现出繁荣景象。在国家大力提倡“大众创业，万众创新”的号召下，许多年轻人抓住机会，勇于创业，因此，在这种环境下，许多小微企业孕育而生，已经很快成为我国国民经济中的一个不可或缺的组成部分。小微企业在国家政策的帮扶下和全民创业的背景下，虽然发展速度很快，有些企业的发展方向也很明确，但是在发展过程中也遇到很多问题，其中最大的问题就是国家针对小微企业所制定出的税收制度尚不完善。党的十九大报告中已经明确指出，经济结构的发展离不开小微企业的进步，所以税收政策如何支持小微企业发展，特别是支持科技型小微企业发展是国家及各级政府财政税收部门必须要予以重点关注的问题。

关键词：小微企业；税收政策；税收负担

在我国市场经济发展道路中，小微企业在许多方面都有着突出的贡献，这些数量众多、机智灵活的小微企业不仅为国家解决了大量的就业问题，还为社会实现创收，增强国家经济实力及百姓收入的提高做出了很大贡献，不仅保证了社会的正常发展，同时又促进了社会的进步。不过，小微企业在生存发展过程中还存在许多困难，小微企业发展模式并不成熟，这也就造成小微企业生命力脆弱，稍微遇到风吹草动，将直接影响小微企业的生产运营。小微企业对于风险预知能力较差，抗风险冲击能力不强，所以对于小微企业的发展，国家必须要有一定的帮扶政策，现在最急需要解决的问题，就是对于小微企业制定特殊的税收政策问题。

1. 从税收角度的小微企业界定

1.1 税收统计角度的小微企业界定

从 2013 年开始，国家税务总局以《中小企业划型标准规定》为基础，推出了《国家税务总局关于大中小微企业税收划型统计问题的通知》。以税收统计为基础将企业规模进行划分，主要是有四种：大型、中型、小型和微型。从原则上看，四部委对于中小微型企业的定义应该和税收方面对中小微型企业的定义是一致的。但是因为税收管理系统涉及“财产总额”这个问题，并且在这项问题上存在很大的不足，所以我国税务总局把税收上非金融企业的划分标准定义从“从业人员”和“营业、销售”两个方面作为标准。《中小企业划型标准》不再作为企业的规模定义标准。关于金融行业的划分是根据其企业性质来决定的，在标准上有货币和非货币银行、保险、资本市场和其他金融这几项。根据其行业标准为依据进行研究，国家税务总局经过对各项内容进行汇总分析，决定将金融行业的划型标准定为“总资产额”这一项。

1.2 税收政策角度的小微企业界定

现在的增值税、营业税和企业所得税等各种税种对于小微企业来说都进行了一定的政策帮扶。有关小微企业的定义划分也要有不同的标准进行认定。

1.2.1 增值税（营业税）范畴的小微企业

增值税的有关优惠帮扶政策制度，对于小微企业的优惠内容是将小微企业每个月的销售额或者营业额在标准之下的增值税小规模纳税人和营业税纳税人。以我国财政部现有的相关文件、政策为基础，把增值税、营业税的起征点调到以小微企业每个月的销售额或者营业额为两万元。关于起征点的相关制度，只限于个体工商户和个人。小微企业不能得到相应的帮扶。在出台《关于暂免征收部分小微企业增值税和营业税的通知》文件中可以知道，在增值税小规模纳税人的优惠政策中，销售额低于两万元的企业或者是非企业性单位，也可以免征收增值税。营业税方面主要是在企业纳税人在月营业期间的收缴额度低于同类的企业或者非企业型单位的月营业额度。根据帮扶政策，可以免收营业税。由此可知我国现在应将增值税和营业税的优惠政策落实到小微企业中。

1.2.2 企业所得税范畴的小微企业

在我国现有的企业所得税法律政策中，对小微企业也有一定的优惠政策。在小微企业所得税缴税优惠政策中，对于小微企业的定义是“小型微利企业”。小型微利企业是指在经营生产范围上，从事国家不限制或者不禁止的行业。工业企业的年缴纳所得税额度低于30万元，从业人数低于100人，资产总数不超过3000万元。从事其他行业，年应该缴纳所得税额度低于30万元，就业人数不超过80人，资产总额度低于1000万元。

2. 对我国小微企业相关税费以及优惠政策情况分析

2.1 小微企业涉及的主要税种

与小微企业有关的主要税收种类为：增值税、营业税、企业所得税、个人所得税、房产税、城镇土地使用税等。

2.2 小微企业涉及的主要收费

小微企业涉及的缴费项目包括：教育费附加和地方教育费附加、残疾人保障金、水利建设基金、社会保险缴费和住房公积金。除了以上内容之外，小微企业还涉及各项行政事业性收费等。

2.3 小微企业的税收优惠政策情况分析

我国为了营造出更好的市场经济环境，对于企业都有一定的扶植政策。其中对于小微企业的扶植政策力度更大，优惠范围更广，在税务方面的起征点的设置尤为明显。根据现有的税法和企业税法实施条例中的有关规定，从事我国非限制和禁止行业中，符合对小微企业定义标准的企业，按照20%征收企业所得税。不仅如此，为了使小微企业有更大的发展空间和更好的发展环境，我国对于小微企业相关的税收政策还在不断进行完善，例如将年应纳税所得上限不断进行调整，使小微企业得到实质性的优惠。

2.3.1 直接扶持小微企业发展的税收优惠政策

对于小微企业，在企业所得税方面也出台了相应的帮扶政策，主要集中在对小微企业的固定资产设备折旧方面制定有专门的制度。有关的生产工业企业比如生物药品制造业、专用设备制造业和其他运输设备制造业，计算机、通信和其他电子设备制造业，仪器仪表制造业，信息传输、软件和信息技术服务业等六个行业的小型微利企业，小微企业新购入的生产设备，在单价没有超过100万元的情况下，根据帮扶政策，小微企业可以一次性计入当期的成本费用在企业纳税所得额度中减除。价格超过100万元的设备，可以在缩短折旧周期或者使用加速折旧等方法进行帮助。

在对小微企业进行优惠的增值税和营业税方面，有了明确的制度规定，首先是要对优惠增值税和营业税的小规模纳税人的认定，还包括对于小微企业的增值税与营业税征缴额度的起征点进行规定。为了有效地保护小微企业可以更好地发展，我国相关财务和税务部门对于小微企业的相关经营情况作了系统地研究，并且对于小微企业在我国市场经济中的重要位置，相继出台了对于小微企业在增值税和营业税上的优惠政策，不断对小微企业增值税和营业税的起征点进行提高。

2.3.2 间接支持小微企业发展的税收优惠政策

国家不断出台政策对小微企业进行扶持，除了税收方面，在贷款、担保、投资方面也对小微企业出台了帮扶政策。在金融公共服务上也给了最大力度的优惠，其根本目的就是全力扶持小微企业的发展，帮助小微企业完成融资、降低融资成本和运营成本。通过其他经济方面的政策，间接完成小微企业的发展。主要政策内容为：鼓励小微企业进行融资的税收优惠政策，金融企业的小微企业贷款按照一定比例集体的贷款损失准备金，准予进行税前扣除，对于中小企业的信用担保机构，按照相关政策中的规定进行担保业务收入的收取。从直接管理的税务部门中办理相关的免税材料时开始计算，三年内免收营业税，帮助小微企业在生产与发展上也已取得更大的经济效益，这是在对小微企业的帮扶政策中最实用的制度之一。

2.3.3 受益主体主要是小微企业的税收优惠政策

除了上述的直接或者间接对小微企业进行税收优惠政策外，部分税收政策并不直接或者间接面向小微企业，但是政策实施核心还是对小微企业进行帮扶。主要内容为就业、创业等税收优惠政策。

2.3.4 降低小微企业的收费负担政策

除了税收优惠政策之外，国家对于小微企业的普遍性消费方面也进行了帮扶，减轻收费负担，其根本内容为对行政事业收费与政府性基金的减免，减少社会保险相关的费用。

2.4 小微企业税收优惠政策的效果分析

自从我国开始对小微企业的发展进行重点关注之后，小微企业的企业所得税、增值税与营业税等就开始逐渐加大帮扶政策的力度，对小微企业的企业所得税、增值税与营业税等也开始进行直接或者间接的帮助。这些举措已经最大程度地对小微企业进行税务方面的优惠，解决了很多小微企业在发展过程中面临的困难，对其相关内容进行详细研究后，笔者认为主要体现在以下两个方面。

2.4.1 减税规模不断扩大

利用直接对小微企业进行优惠政策帮扶的手段已经使众多小微企业税收负担大大降低，其政策效果已经十分明显。小微企业在增值税、营业税和企业所得税方面的帮扶力度逐步增强，对于小微企业减税范围也越来越广。我国对于小微企业的企业所得税、营业税（增值税）带来的减税总数已超过200亿元。关于小微企业其他的税收帮扶政策带来的效果，应届毕业大学生、退伍人员以及事业人员等群体可以得到更好的就业机会就是这项优惠扶植政策最主要的目的，因为小微企业就是现在我国就业、创业的主要渠道，所以国家对于小微企业的帮扶，不只在于对创业中的小微企业发展上提供了助力，更是对于我国就业问题产生了有效解决办法。

2.4.2 小微企业盈利上升，发展活力强

近年来，经济下行压力逐渐加大，得益于减税政策帮助，小微企业承受的压力负担较小，拥有了更大的发展活力，小微企业本身承受压力能力不强，对于市场抗冲击能力较弱，因为政策的扶持，小微企业并没有受到太大的影响。

3. 现行小微企业税收政策存在的主要问题

对于小微企业不断地出台优惠扶植政策，并且在税务方面对小微企业的增值税和营业税进行不断地减免是为了帮助小微企业有更强的生存能力。针对微型企业的发展现状，国家对小微企业，尤其是微型企业的增值税与营业税征缴起点额度的设置和减免力度的加大，小微企业的税收负担应该明显小于中大型企业，但是现在有关小微企业的税费压力仍然较大等相关的问题一直被市场人士议论，所以对于小微企业相关的税费压力问题要进行不断地深

入探讨。

3.1 小微企业税收负担结构还有待优化

3.1.1 调研小微企业税费负担的结论

对于小微企业相关的税费压力问题，要进行不断深入的研究，对于我国各地区的小微企业所面临的税费压力问题进行了解，重点工作内容就是针对小微企业目前对于企业缴税方面产生的经济压力和对优惠政策的落实情况。根据研究结果可知，现在我国小微企业面对的主要税费压力问题主要有三个特点：规模越小的企业税费压力就越重；缴费压力增加是现在小微企业税务经济压力的主要成因。对于越小的企业，税务经济压力就越明显。

3.1.2 对小微企业税费负担的相关认识

根据上文，针对小微企业的税费压力问题进行分析研究，主要得出了以下结论。税收负担的“高低”和“轻重”有所不同。小微企业税费压力更多的与小微企业的承压能力和自身性质有关。从小微企业的税收负担数据来看，小微企业的税费压力并不高，但是因为小微企业规模不大，营业收入额较低，而且需要缴纳的税费的数额和小微企业的承担能力相比，会使小微企业产生较大的压力，小微企业现有的税费压力存在着感知方面的差别。以调查研究结果为基础，可以看出规模越小的企业，在税务经济方面的经济压力就越大，因此对于小微企业内部也有着关于税务费用的抗议。关于这些没有超过增值税与营业税起征点或者是得到有关的免税政策帮助的小微企业，税务经济压力非常明显，所以针对小微企业的税务优惠减免政策还要不断完善，尤其是在小微企业减免税务的问题上。相比于小微企业在发展过程中遇到的问题，税费压力并不是主要影响因素，根据调查结果显示，相比于税费压力负担，小微企业在融资、员工工资、社保成本、原材料成本和市场经济环境不理想等方面都会对未来企业的发展带来阻碍。

3.2 小微企业的税收支持力度有待进一步加大

尽管国家对于小微企业的税费问题已经进行了政策帮扶，小微企业所需要承担的税费并不高，但是对于小微企业而言，在企业所得税的帮扶政策实施过程中，有关的问题是在小微企业生存发展中遇到的融资难、成本高、市场环境不理想等问题，都给小微企业的发展带来巨大考验，所以在国家鼓励小微企业发展的扶持政策中还要加大对小微企业税收力度的支持，帮助小微企业度过在发展中遇到的瓶颈期。

3.2.1 部分税收优惠政策门槛较高

根据现有优惠政策对小微企业生产经营情况进行调查分析，结果显示，小微企业在现有的税费优惠减免政策下的享受范围较小。这就表明，我国虽然不断地对小微企业进行扶持，但是能够使小微企业真正可以享受到的优惠政策落实情况不理想。对其根本原因进行调查可知，主要问题在于相关的税费扶植政策的设置条件有明显缺失。比如小微企业想要申请减免优惠政策的话，首先就要同时达到相应的企业规模划分指标，这个标准的认定非常严格，造成很多小微企业难以达到政策的帮扶标准，无法完成税务优惠减免的申请。

3.2.2 现行税收政策在解决小微企业发展瓶颈方面还有待完善

现在小微企业的税收帮扶政策对于减少小微企业所得税方面进行了大力度支持，为减少小微企业经济负担发挥了重要作用。但是现在还不能对小微企业的发展困难做出有效的扶持：对于融资难、融资成本高、生产成本上升速度快、社会保障金额高、转型升级面临的困难较多等方面的帮扶政策还没有成型。因此对于小微企业的税收帮扶政策尽管能在经济负担方面为小微企业解决部分问题，但是还未达到帮扶目的的实质内容，所以还要从金融服务单位为小微企业提供的贷款相关问题进行研究和解决。

3.2.3 财产税的优惠政策缺失

财产税就是小微企业占有的建筑产生出的房产税、城镇土地使用税等税种，和小微企业有关的房产、土地资源有直接关系，但是目前和小微企业生产经营关系并不大，属于与小微企业的经营没有直接联系的税费。对小微企业整体税费问题的研究结果表明，现在小微企业享受的税收帮扶政策主要是在增值税（营业税）和企业所得税方面，还没有涉及房产税、土地使用税等相关的财产税问题，财产税还没有得到相应的政策扶持，而且尽管地方政府对于房产税和城镇土地使用税相关问题进行了减免政策，也不过是“纳税人纳税确实有困难，可以进行适度减免”，这种情况还不能对小微企业带来实际上的帮助，特别是对于现在市场经济发展减慢，经济形势不理想，而且小微企业还面临税费经济压力较大，小微企业在对房产税与城镇土地使用税减免的申请过程中还有很多困难。

3.3 缺乏对小微企业税收政策的整体设计和专门性税制安排

3.3.1 缺乏针对小微企业的整体税制设计

从现在小微企业的税收政策扶植力度来看，尽管不断地出台相关的对小微企业税收扶植政策，但是这些政策相对分散，不能进行系统的整合，在整体上不能对小微企业实际情况进行考虑，缺少和《中小企业促进法》配套实施的政策，不能进行有针对性而且比较系统的帮扶小微企业发展的税收政策。首先是不能对小微企业相对于大中企业的特殊性给予一定的特殊缴税制度的制定。第二就是不能根据小微企业的发展生存需求，给小微企业处于的不同阶段进行合理的税收政策制定和安排。

3.3.2 税收政策支持小微企业范围差异较大有待统一

目前小微企业相关的税务征收政策还存在一些需要改进的问题。面对小微企业所处的不同时期以及所面对的不同的难题，不能进行有效的政策扶持。从相关的政策文件中可以看出，小微企业是小型微利企业，但是增值税和营业税优惠政策中规定的小微企业是对于纳税人的相关认定。这两种直接关系到小微企业发展的税种就存在如此明显的差异，所以在对小微企业的定义和优惠范围上要进行统一。

3.3.3 临时性税收政策较多缺乏长期性的制度安排

对于小微企业的帮扶政策不仅限于对其企业所得税的减收，在增值税、营业税方面也要对小规模纳税人的征收率进行调整。但是这种优惠不属于长期性税收政策，大部分帮扶小微企业的税收优惠政策是一种分周期的存在，所以在优惠方面还需要改进。这种临时性政策不能给小微企业带来长期发展的帮助，尽管可以通过后期的政策延续给小微企业带来便利，但是和长期性政策相比，临时性的优惠政策还是会给小微企业发展带来影响。

3.4 小微企业税收优惠政策执行有待加强和完善

3.4.1 小微企业征管程序有待进一步简化

近年来，我国的税务单位一直在对税收业务的审批流程进行完善，目的是加快办理速度，为小微企业减轻办理难度，这在一定程度上减少了很多税收减免申报审批的流程手续。但是现在很多小微企业在进行税收优惠政策申请过程中需要办理的手续流程仍然十分复杂，因为小微企业在发展初期大多处于发展的脆弱阶段，其管理能力较弱，不能有效地适应比较多并且繁琐的认定手续和流程。分析小微企业的调查研究成果来看，小微企业使用互联网办理税收相关的手续比重达到 82%，相比与过去已经有了很大的进步。对于小微企业的纳税费用额度来说，部分人认为纳税的额度应该控制在一定比例之下，现有的起征点额度只是一个数值，不能按照小微企业的生产经营情况通过使用比例来征缴，这就给众多小微企业增加了很大的经济负担，所以在税费的起征点问题上还要进行深入研究。

3.4.2 对小微企业的税收宣传和纳税服务有待加强

对小微企业纳税问题进行深入研究后发现，小微企业对于所享受的税收优惠政策的落实情况存在一些问题，有一部分小微企业在优惠政策方面根本不了解，不能有效地进行税费减免申请，这也就反映出一部分小微企业对于国家出台的税费帮扶优惠政策还没有足够的认识，缺少相关专业人员进行帮助，现有的财务人员缺乏专业素质。另一方面也表明了税务部门对于税收优惠帮扶政策的宣传力度还需要提高，主要针对小微企业的政策优惠进行宣讲。

4. 完善小微企业税收政策的基本思路

4.1 正确树立小微企业发展的税收政策理念

为了完善对于小微企业发展过程中的税收政策，需要不断地对小微企业的发展过程中遇到的问题进行分析，通过对小微企业生产经营模式进行系统的了解，才能找到真正符合小微企业需求的税收优惠政策，因此要树立以下理念：

4.1.1 特别税收制度的理念

特别税收制度主要是对小微企业制定出专项税收制度，明显区别于其他类型企业的税务政策。特别税收制度的出发点不是对小微企业的照顾，而是要以小微企业自身生产经营特点来制定出专门适用小微企业的税收优惠政策。小微企业中，特别是微型企业，这种企业相当于初生的婴儿，需要相应的制度进行呵护，其自身不同于中大型企业，所以对于小微型企业的税收优惠政策要根据其发展需求来制定，并且和中大型企业相比，小微企业自身抗风险能力不足，所以对于小微企业的定义划分要有足够的科学依据，不能只根据设计来进行定义，要多方面进行考虑。

4.1.2 长效税收机制的理念

长效税收机制理念，也就是对小微企业应该构建可以长期使用并且维持能力的长效税收机制。小微企业作为我国现在市场经济的主要组成部分，并且一直活跃在我国经济发展的舞台上，在创造社会财富、推动经济发展、引领科技创新、推动社会就业方面都有着不可替代的作用，所以对于小微企业的税收政策扶持不应该只限于宏观经济形式的临时性、反周期性，不仅仅只进行短期的政策帮扶。要根据市场经济情况制定出长期有效的帮扶政策，要做到使小微企业可以长期使用的税收优惠减免政策，杜绝临时的优惠政策。

4.1.3 税收持续发展的理念

税收持续发展也就是不应该把小微企业的税收政策看成是对其税收收入上的损失。小微企业是社会经济的主体也是我国经济发展的基础，其巨大的技术潜力是保证我国未来大中型企业能够成长的根本，所以对于小微企业给予的优惠政策和更大的优惠力度是十分有必要的，因此对于小微企业给予税收的优惠政策，表面上是会造成税收收入的损失，但是也可以保证小微企业顺利成长，在其发展成为中大型企业之后，会带来更多的税收收入，只是对小微企业单一的进行税务减免的工作，会对小微企业的生产经营带来严重的束缚，最终导致我国市场经济发展受到影响。

4.2 完善小微企业税收政策的总体思路

4.2.1 改革目标

在小微企业税收优惠政策不断进行完善的过程中要保证以坚持国家大力发展大众创业万众创新的精神和支持小微企业生存发展的战略目标作为中心思想，因此以要对小微企业发展的特点和在市场经济中占有的地位，研究制定出适合小微企业生存发展的优惠政策，以我国目前正在实行的帮扶政策为基础，发现在落实过程中遇到的问题，制定出适用于我国现在市场环境的税务政策，实行最适合小微企业发展生存的税收优惠扶持政策，是小微企业得到真正的实惠，在良好的环境中发展，使小微企业得到更好的发展空间和生存环境。

4.2.2 改革思路

根据我国近些年来市场经济发展趋势来看，制定最科学有效的小微企业税务制度的基本思路是：第一，整合目前对小微企业有关的税务帮扶政策实施情况，把对小微企业有实际帮助效果的税收政策保留，而且将小微企业优惠政策中存在的问题进行改正，增加小微企业在税收优惠政策中的受惠面；第二，根据现在小微企业生存发展的需求，制定出适合其生存发展的税收政策，加强对小微企业的税收支持力度；第三，对小微企业的情况进行调查分析，找到其生存发展目标，对于在发展过程中将会遇到的问题，政府部门要制定出相应的扶持政策。对于小微企业不同的发展阶段制定有针对性的税收政策，根据小微企业主体结构的不同进行企业的帮扶政策制定。关于小微企业税收政策要以可以长期发展为基本原则，并且将优惠制度不断完善，主要思路为：以现有的对小微企业税务帮扶政策为基础，整合现有资源，将各个税种中和小微企业有关的进行调整。保证小微企业可以得到更多的帮助，对小微企业申请税务帮扶政策的流程进行简化。

5. 完善小微企业税收政策的建议

近些年来，我国市场经济进入了“新常态”和就业形势日益严峻的情况，这也是我国未来经济发展的趋势，所以在市场经济不景气的情况下，对于小微企业相关的发展需求要进行系统的研究分析，找到小微企业未来发展道路上即将面对的问题，并且根据问题的严峻程度制定出相应帮扶制度，进一步完善和优化小微企业税收优惠政策，增加关于小微企业税务帮扶的力度。

5.1 完善小微企业所得税政策

5.1.1 完善小型微利企业所得税优惠税率和减半征收政策

对我国现行小微企业所得税优惠研究结果表明，在逐步增加优惠力度的情况之下，还要坚持提高年应纳所得税的额度上限，对于年应缴纳的税费起征点要逐步提高。我国对于这个额度设定值已经非常高了，因此在完善小微企业所得税还要坚持制定出合适的政策规定，保证小微企业可以得到实惠。关于小微企业的所得税的优惠政策，要加强发展力度和制定科学合理的帮扶制度发展方向是：对于年缴税额度不超过起征点限额的小微企业要加大帮扶力度，做到科学合理的减免待遇。对于不超过小额数值的小微企业进行一定水平的双减半征税政策，通过加强优惠政策力度，使小微企业自税务工作证更加灵活，使小微企业可以得到更好的政策支持，提高小微企业的发展生存能力。

5.1.2 适度放宽小型微利企业认定条件

对小微企业的发展需求进行科学分析，考虑到小微企业属于劳动密集型产业，员工数量相对较多，税务部门在针对小微企业的优惠帮扶制度制定过程中，可以将从业人数作为限制享受优惠政策的主要内容，并且鼓励小微企业在生产经营过程中尽可能地吸收就业人员的作用，因此要对小微企业进行划分时涉及的就业人员数量进行调整。

5.2 完善小微企业增值税政策

小微企业涉及的增值税和营业税的起征点可作为减免优惠政策的核心内容去探讨、去实践，同时应将其不断进行提高和完善，使小微企业的税务经济负担减轻。不过小微企业的增值税和营业税起征点不能无限制提高，一旦进行无限制提高，会造成很多达不到增值税小规模标准的企业进行投机取巧，破坏税务系统平衡。所以在进行税务减免优惠时，要进行严格的认定。现在相关的政策文件执行标准中，对于小规模纳税人的认定标准是：有关货物生产或者提供服务劳动的纳税人，以及从事货物生产或者提供劳务为主，除此之外还包括货物批发或者零售生产与提供应税务劳务的纳税人。从整体形势来看，对于小规模纳税人要进行科学的定义和区分，将真正需要政策帮扶的小微企业小规模纳税人进行政策帮助。

5.3 完善小微企业财产税政策

现在与小微企业有关的财产税政策制度是对于孵化器和科技园等企业使用出租的办法进行场地的选择。基于房产税和城镇土地税的免税政策，对于创业初期的小微企业的压力负担较重，所以为了减轻小微企业发展过程中需要进行帮扶的财产税政策要进行严格的制定，要想让小微企业得到更好的发展，需要对小微企业多方面进行研究，找到其有益的发展环境并进行保护，对于小微企业使用的设备、房产、土地等减免使用税费，并且在租赁方面，对小微企业也要有一定的优惠政策。通过对我国小微企业发展的帮助，所以以上内容政策安排，对于只有房产、土地的小微企业，都可以通过优惠政策享受到减免房产和城镇土地使用税的实惠。

5.4 完善小微企业金融等服务税收政策

5.4.1 完善小微企业融资服务的税收政策

目前我国主要实行的税务部门税收政策中也有对小微企业的融资服务税收政策，通过金融机构与小微企业签订相关的借款合同，就可以实现免征印花税。在中小企业信用单板机构免征营业税政策和有关准备金企业所得税税前扣除政策基础上，还需要逐步加大优惠力度，为小微型金融企业的业务提出帮助。而且在税收方面，要进行专项制度的设立，主要有以下几个方面：首先是要对小微企业融资租赁政策进行逐步完善，全面支持小微企业融资租赁公司的发展，制定出相应的优惠政策。有关小微企业进行融资过程中产生的税费要进行减免，对于小微企业的发展作出保护。其次是要将现有的优惠政策进行整合，为小微企业提供很好的优惠政策。

5.4.2 完善小微企业投资服务的税收政策

在促进小微企业经济发展的调查研究中，对于投资服务方面税收政策也要进行完善，主要是对提高现有的创业投资企业所得税进行改良，首要工作是对创业过程中投资对象的选择条件相关制度进行放宽，对于高新技术企业的有关政策进行放宽。第二就是研究制定出对投资企业的所得税优惠政策扶持，对于小微企业、孵化机构和创业投资创新企业给予一定的税收支持，在特殊情况下，要特事特办给企业更好的发展机会，这对于我国未来的经济发展都有着重要的影响。加强小微企业在融资、投资上的发展能力，这是对于我国经济发展中最有效的办法。

5.4.3 完善小微企业其他服务的税收政策

要对小微企业在进行其他服务的过程中改善相关的税收政策，使税收政策更加完善，主要内容在于对符合条件的相关企业进行划分认定，并且对其发展计划有足够的掌握，为其制定出专业科学的发展计划。在特定条件下，可以对其进行减免税费的帮扶工作，尤其是和企业建筑有关的房产税与城镇土地使用税等税费的减免。

5.5 构建小微企业的长期税收制度安排

建议以小微企业生存发展的特殊情况为基础，对于其生产经营特点进行研究，促进小微企业发展。在发展过程中，面对小微企业的收益情况、固定资产、经济负担、采购和销售等方面的问题进行综合管理，使小微企业得到更好的发展，根据特殊情况下的发展情况，推出专项长期有效的政策文件对其进行帮助。

5.5.1 小微企业的所得税制度安排

根据我国税务部门的相关政策，并且结合小微企业发展的情况进行税务改革，对现有的小型微利企业的所得税优惠政策要进行不断的完善，并且形成长期性的制度安排。主要内容为：关于小微企业的优惠税率的设置，要以小微企业认定标准为基础的不断调整和完善，找到最科学合理的小微企业划分条件，并且按照小微企业的生产经营能力设置多个档位区别，根据结果制定出相应的税率政策，使其成为小微企业在进行相关的税务工作的基础政策。还要加大对小微企业的固定资产折旧政策，对于小微企业可以适当取消范围限制，制定出适合所有小微企业固定资产管理折旧税费优惠政策，也就是对小微企业新购进的设备进行计算纳税额的扣除，对其制定出专项政策标准，保证小微企业可以真正享受到税务优惠政策。

5.5.2 小微企业的增值税制度安排

我国自从改革开放以来，市场经济得到了很好的发展，企业的营业税税收相关政策与增值税征收政策不断完善，对于小微企业这两项税费的优惠政策和帮扶政策也不断完善，为小微企业在现在的市场经济环境中发展提供保障。首先要明确的工作就是将一般纳税人认定标准进行统一，对于现在营业税相关行业实施进行改善之后，增值税制度中关于小规模纳税人的规定要进行新的定义，结合小微企业的实际情况对小微企业的政府扶持要进行相应调整。其次要对小规模纳税人的增值税征缴起点进行提高，在小微企业相关情况进行研究之后对于小规模纳税人的增值税起征点要进行调整，并且顺应市场经济形势来对增值税起征点进行提高，保证小微企业可以正常发展。

5.6 优化小微企业的税收征管和服务

现在我国对于小微企业的税收征管政策和服务问题进行严格管控，针对小微企业的经营发展进行关注。对于小微企业的发展，要进行税收优惠政策落实，其中涉及的措施包括：对于税收优惠政策办理手续的简化；对于办理方式要吸收现代科技发展的信息技术；对于小微企业要进行足够的关注；增加便民岗位，增加对小微企业的业务办理窗口；全面实施小微企业的运行追踪模式，对于小微企业的发展进行关注。从小微企业的税务工作全面发展角度来说，未来的发展要结合小微企业的生产经营特点，全面进行税务改革，将小微企业在工商登记和税务登记相关工作进行简化，增加现代化信息技术，在一些简单的税务工作可以在税务部门的官方网站上完成，降低小微企业对业务办理的复杂情况，降低纳税成本。

5.6.1 适度简化对小微企业的征管程序

逐步简化小微企业在申报优惠政策时相关手续的办理流程，适当的简化办理程序，提高小微企业对于税务工作的办理效率。在落实全面实行备案制度的基础上，有关小微企业进行申请税务优惠政策适当取消审批手续，只要做好税务登记即可。提高小微企业在网上办理业务的能力，对于小微企业的身份识别和企业辨识合理进行，保证小微企业的纳税工作顺利进行。

5.6.2 加强对小微企业的宣传和纳税服务

使用多渠道多方式对小微企业的税务帮扶政策进行宣传。通过媒体、报纸、传单、广告等多个手段对小微企业税务帮扶政策进行广而告之，增加更多便民窗口和业务咨询电话，方便人们办理税务业务。

结语：综上所述，小微企业在今后的发展中，税务相关问题还需要国家不断地出台帮扶政策。尽管国家对于小微企业已经出台了相关政策，但是还不能得到落实，许多小微企业还是得不到有效的政策扶持，所以对于我国小微企业的税务政策还需要不断完善，并且在发展中不断地发现问题、解决问题。对于小微企业在生存发展的过程中，需要的帮扶工作和政策内容进行科学合理地制订，保证我国小微企业得以顺利发展。

参考文献

［1］干胜道，郭芙蓉，杨微．政府税收征管、地方治理环境与企业税费黏性［J/OL］．财会月刊：1–9［2020–04–10］.http：//kns.cnki.net/kcms/detail/42.1290.f.20200403.1336.002.html.

［2］赵洲，周洁．“虚拟常设机构”的税收协定规则构建研究——公平分享“一带一路”倡议下跨境数字经济税收利益［J/OL］．西安交通大学学报（社会科学版）：1–19［2020–04–10］.http：//kns.cnki.net/kcms/detail/61.1329.c.20200403.1514.002.html.

［3］薛宏刚，王浩，樊卓群．研发创新税收优惠政策是否有利于企业降杠杆？［J/OL］．西安交通大学学报（社会科学版）：1–13［2020–04–10］.http：//kns.cnki.net/kcms/detail/61.1329.C.20200402.1154.002.html.

PPP 融资模式在基础设施建设中的应用研究

摘要：基础设施建设项目属于一种公益性的项目，这类项目一般都具有非常巨大的投资额度和较长的建设周期，因此，在这类项目建设过程中，政府以及相关部门都起着决定性的作用，但是，在我国基础设施建设过程中，很多地方现有的财政预算资源根本无法满足基础设施建设飞速发展的实际需求，与此相对，大量的民间剩余资金却一直保持着飞速发展的态势。现代企业制度的发展，促使许多民营企业正在调整生产经营结构，这些企业在累积了大量的财富后便有向新行业、新领域进行投资的期望，基础建设项目正是这些企业瞄准的方向之一。同时，我国民众个人储蓄额度也在不断增加，迫切需要为这些资金提供一个有效的投资出口，而如果能够提升民间闲置资本的利用效率，促使民间资本可以积极参与到基础设施建设中，可以正好弥补财政资金之不足，同时大量解决基础设施建设方面的难题。基于此，文章首先阐述基础设施 PPP 模式的定义、特点，通过分析 PPP 融资模式在基础设施建设中应用的现状和问题，提出完善我国基础设施建设 PPP 融资模式的对策建议，以期可以为我国基础设施建设工作提供参考。

关键词：PPP 融资模式；基础设施；建设；应用；风险；问题

随着我国市场经济的不断发展和变革，城镇化进程速度也随之不断加快，在城镇化建设进程不断加快情况下，传统的基础建设管理和经营模式已经无法适应实际需要，进而需要构建适应当今市场经济管理体制和现代化发展的管理、经营模式。通过大量的理论和实践研究发现，在基础设施建设工作中，PPP 融资模式的应用，可以有效促进现代化城镇化建设进程，同时还可以通过设计相应的机制有效促进 PPP 融资模式形成良好的发展态势，因此许多地方都将 PPP 融资模式当作市场经济体制下更具合理性且效果更为突出的基础设施经营管理模式中的一项重要选择。不少基层政府将 PPP 融资模式应用在基础设施建设过程中，不仅在较短的时间内完成了一系列的基础建设任务，而且还有效促进了当地的经济建设和科技的发展与进步。

1.PPP 融资模式概述

1.1. PPP 融资模式内涵

所谓 PPP 融资模式，也可以将其简称为 PPP 或者是 PPP 融资。基于国际组织对于其理解可以将其分为狭义、广义两种含义。首先在狭义方面来说，PPP 融资模式主要是私人及公共部门构建出合作模式，从而可以提供公共服务、公共产品；而从广义方面来说，PPP 融资模式也可以被看作是一种具有系列性特征的综合项目融资模式，是一种包含 TOT、BOT 的多种模式的融资。PPP 融资模式从狭义方面来说，更加侧重于在整体合作的过程中，可以进行风险分担，从广义层面来说，也可以称之为公私合伙制模式，简单来说，是在私人和公共两个部门之间构建的合作关系，目标是为社会提供更多更好的公共产品或服务。

1.2 PPP 融资模式分类方式

在当今世界中，PPP 融资模式有多种存在的方式，可以分为如下三种类型。

1.2.1 私有化

在 PPP 融资模式项目中，政府部门主要是发挥监管的作用，而其中需要私人部门对全面的投资项目进行负责，在实现投资利润的过程中，主要是通过向用户收取费用的方式实现，并且，私人会永久性拥有私有化类型的 PPP 融资项目，同时不具备有限追索的特性，因此，总体来说，在这种 PPP 融资项目中，私人部门需要承担非常大的风险。

1.2.2 特许经营

这种类型需要私人部门参与其中项目的一部分，或者是由私人部门全部投资，同时还需要以公共部门、合作机制为基础，对项目进行相应的风险分担，同时还要对项目的收益共同分享。根据项目的实际收益情况，在经营过程中，公共部门也许会向特许经营的公司收取一定的费用，并给予一定的补偿，如此需要公共部门在实际工作中，将项目公益性、私人部门利润两者之间进行良好的协调，最终达成平衡的关系。因此，政府相关部门的实际管理水平，直接会影响到特许经营项目的成败。

1.2.3 外包类

一般情况下，PPP 融资模式的项目，主要都是由政府相关部门进行投资，而私人部门才可以在整体项目中承包其中的一项，或者是几项职能，例如，私人部门承包工程建设部分，或者可以承包政府的委托内容，如管理维护基础设施等，私人部门获得收益主要是通过政府的付费，在这种外包型的 PPP 融资项目之中，相对其他模式来说，私人部门所承担的风险更小。

2.PPP 融资模式在基础设施建设过程中应用的现状和存在的问题

2.1 中国基础设施建设 PPP 融资模式在探索中发展

PPP 融资模式与我国改革开放所采用的其他投资模式可以说有较高的相似度，在政府推广的过程中，首先是进行试点，然后对试点进行推广，最后才形成立法规范，基于此，文章对 PPP 的成长历程进行分析，主要可以分为如下几个阶段：

2.1.1 试点阶段

在试点阶段中，我国政府相关部门主要在深圳进行了试点，这个阶段主要是在 1983 年到 1995 年之间，选择的是深圳沙角的 B 电厂，在该电厂进行试点过程中，主要是借鉴香港财团的 BOT 融资方式，我国也正是在这次初步的探寻中，进展十分顺利，与此同时，在 1995 年之后，沙角 B 电厂仅仅在 4 年期间就完成了全部交接工作。

2.1.2 推广试点阶段

这一阶段可以说从 1995 年到 1998 年之间，在 1995 年，我国主要选择成都第六水厂、广西来宾 B 水厂等项目作为第一批试点项目并进行推广，主要是作为 BOT 的试点。在进行试点推广的过程中，主要以规范试点为出发点，同时我国交通部、计划委等多个部门联合发布《关于外商投资特许权项目审批管理试办的问题通知》，以此为基础，通过深入的市场调研和分析，进而发布《关于 BOT 方式吸引外商投资的通知》。通过相关条例的颁布和不断地发展进程，明显感觉到PPP模式在基础建设中起到了非常重要的作用。但是，在试点推广阶段中，主要采取的是固定投资回报的方式，单是水务行业中，有固定回报的项目就已经超过20个，这些项目广泛分布在天津、黑龙江等多个地区。

2.1.3 固定投资回报的整顿阶段

此阶段主要是从1998年开始，一直持续到2002年。这个阶段的中国政府发现在全国的范围内大量PPP项目犹如雨后春笋般集中出现，同时还出现与外商保持不变的投资回报，因此，我国政府在1998年颁布了《关于加强外汇外债管理开展外汇外债检查的通知》，在通知中明确规定了各地方单位需要根据各地情况，先将BOT项目的固定投资回报承诺叫停，同时还要彻底查明所建项目的其他情况。2001年之后，我国政府又发布了《关于进一步加强和改进外汇收支管理的通知》，在这次的通知中，中央对各地的BOT建设项目进行再次的警示，主要内容是禁止其固定投资回报方面的承诺，以及禁止项目融资担保，同时需要进行清理哪些不规范、不合理的项目，其主要目的是防止国家外汇出现流失。为了彻底解决由于BOT固定投资回报所带来的困扰，国务院办公厅在2002年发布通知明确指出，在外方投资的过程中，有关部门给予的固定投资回报行为已经违反了利益共享等原则，与中外合作经营及合资的原则相悖，违背了相关制度和规定。

2.1.4 PPP全面开放阶段

全面开放阶段从2002年开始一直持续到今天，从两方面内容可以看出我国进入全面开放的阶段。首先，在开放新项目建设的同时，针对融资体制改革和国有公共事业改制两方面，我国鼓励社会中的民营资本进入其中；其次，我国的全部公共事业，没有保留地向全国私人投资者进行开放，不仅对外资开放，对民营资本也同等开放。与此同时，我国各地各级政府都出台了一定的政策和规定，从而可以全方位开展PPP模式。也正是在这个阶段中，PPP模式在我国社会中大量涌现，例如在最开始的2002年，深圳市就将公共设施转变为公共投资建设项目，摆脱了多年来一直由政府部门开发建设的情况，在深圳市内的五家大型国有企业，也开始陆续转型，变成公共性投资的方式，在转变的过程中，主要是通过出售国有企业部分股份的形式，利用招标的方法将股份半数以上进行出售。在此之后，全国多个城市都在积极采用PPP模式建设原有的公共项目，如北京地铁四号线等。由此可以看出，在当今时代中民营资本随着公共服务项目的建设也在不断发展，并且在公共服务项目建设过程中，也取得了很多良好的应用经验，但我国在 PPP 模式方面比其他国家起步较晚，其中存在的发展不完善等问题仍有待解决。

3.PPP 融资模式在我国基础建设应用中存在的问题

3.1 法律法规保障有待完善

我国政府多年来通过出台多种政策，积极引导和推动 PPP 融资模式的推广工作，例如建设部就曾出台过市政公共基础设施管理方法，但多数政策或行政规定都是从地方政府的发展视角所制定的，从而导致政策、规定等所具有的实际效应还不够明显，另一方面，这些政策还不够成熟，有些仍然处于探索的阶段，因此存在可操作性不足或者是限制不够严格等问题。

目前最需要解决的问题是加强对 PPP 的法律建设，从而有效降低建设交易的总体成本，并可以同时提升我国建设项目的竞争实力和风险承担能力。我国有很多地方在推广 PPP 项目过程中，有得有失，有成有败，例如在湖北十堰市公路 PPP 项目中，就是非常典型的成功案例。随着国家和地方政府都在积极推广 PPP 模式，促使我国私人企业不断提升参与国内基础建设的投资热情，如作为环保企业的桑德集团负责人，曾经明确表示污水处理厂的建设过程中，其中有超过一半以上的比例都是通过 PPP 投资模式建设而成，并且在生活垃圾处理项目中，更是超过 9 成融入 PPP 模式。在当前时期来说，如何通过有效的法律手段来规范地方政府在建设中的行政行为是一个关键问题，因为在招商过程中，有很多项目虽然按期完成，但工程建设费用一直被拖欠，因此，作为政府主管部门，不仅要对 PPP 模式进行良好的管理，还要采取政策预留的方式，对工程建设后的一系列问题都要做出妥善的处理。

3.2 私营资本无法真正参与到项目当中

按照目前的相关法律法规规定，私营资本进入 PPP 项目不应该存在什么准入的门槛，但是由于国有企事业单位、利益集团等存在着非正当性竞争、阻拦等情况，从而导致私有资本往往只能参与一些利润较低项目的经营、设计、施工等方面，简单来说，由于这些阻拦，民营资本非常难以实现真正意义上的进入和控股，并且，如果在中小型基础建设项目中，民营资本无论在配套运行管理方法，还是在正常支撑上，都没有良好的保障。在一些 PPP 融资项目中，只是通过 PPP 融资的模式，而主要目的是积累前期的资金，而并没有真正的进行三方资本的优势互补，或者是有力融合三方资本。如果在项目建设前期就引入私有企业的管理方式、经验和资本，进而就会致使在项目确认后，私营部门才具有相应的参与权，并且不具备发言权，从而在后期管理、合作中，不免会存在很多矛盾和困难。

针对 PPP 融资模式的可行性研究中，我国的相关研究明显不够成熟，无法完全满足 PPP 融资的需求，并且在实际实行过程中，仍然存在很多要求，例如大量的市场评估、预测等方面的前期准备。PPP 项目合作过程中，不能有效发挥出决策权，并且社会资本没有足够的比重，因此，社会资本很难提升对 PPP 项目的参与积极性。有些私营资本负责人认为，我国在 PPP 发展过程中速度较慢，并且会受到法律、政策等方面的限制，而 PPP 融资模式初期主要为了可以壮大民营经济，进而促进民营经济转型，但没有起到良好的效果。对影响 PPP 融资的原因进行分析，主要社会资本虽然有入股但却没有实现控股，很多项目都要求其中有 51% 以上要由国有控股，如此社会资本必然会降低参与的积极性。

3.3 融资渠道不畅通

在基础设施建设过程中，需要非常大的投资，虽然民间资本的投资潜力非常大，但长期融资过程中也有诸多种类的歧视性限制，同时我国国有银行普遍不愿意侧重私营企业贷款审核，即便是可以为私营企业提供贷款，但是也需要经过非常复杂的手续，对于抵押条件等方面也有较高的要求，从而对于项目融资来说，没有办法完全满足。而在此过程中，担保公司也只是发挥有限的作用，从担保公司的要求来说，民间资本无法获取贷款。多数担保公司也不具备足够的担保能力，无法为民间资本参与基础设施建设提供担保，基于此，融资能力较低的民营企业参与到 PPP 很困难，主要是因为银行对于这部分企业的贷款非常谨慎，如果是央企，负债率达到 85% 也可以获得贷款支持，但民营企业因为受到规模小、抵押资产少等多方面因素影响，无法很好地解决融资困难的问题。而对于民营企业来说，不仅要考虑贷款的隐性成本，同时还要考虑贷款周期过长的问题，基于此，民营企业势必要付出更高的成本，虽然部分倾向于民营企业的贷款政策陆续出台，但没有收到良好的成效。

4. 完善我国基础设施建设 PPP 融资模式的建议和对策

4.1 完善法律法规制度

在 PPP 融资模式中，私营合作者作为其中最为基础的合作对象，与政府相比较来说，处于相对不利的位置之中，因此，私营合作者如若想要保障自身的利益和权益，就需要从合同规范的约束着手。而私营合作者所寻求的保障可以分为多个层面，其中包含很多关键步骤的权益分配，包括签约的实施和签订环节的合法合规性，还包括合同拟定等方面，而如果 PPP 融资模式没有受到良好的法律保护，就会导致其面临非常大的困难。由此可见，完善相关法律法规对于 PPP 融资模式的保护是一个行之有效的手段。

在当今时代中，各地各级政府都颁布了特许经营的相关法律、法规、制度，从宏观角度来说，如果没有足够权威性的法律层面的介入，必然会导致后来的运行工作出现一系列问题。或者说，由于缺乏相关法律法规，必然导致出现问题时没有相关法律可以依托，如果在解决实际问题过程中出现以上局面，那将是十分可怕的。

在 PPP 融资项目进行过程中，往往会以多种法律规定为基础进行相应的交叉性调整，而在进行调整的过程中，合同法是最为基础也最为有力的依据，合同双方参与过程中所采取的形式，也正是进行利益分配和调整的主要内容和依据。PPP 融资模式所涉及的法律背景非常复杂，当事人涵盖广泛，如政府、国际组织、私人企业的投资人员等，所以，从一开始就要制定一个相对完善、相对科学合理的管理模式，而这个模式必须以法律为准绳，以人性化为辅助。

随着我国城镇化的进程不断加快，基础建设的规模和速度也不断提升，并且我国国内的基础建设工作已经开始吸引更多的大型企业参与其中，但总体来说，我国的 PPP 融资模式仍然需要不断进行完善，需要更专业的技术指导，从而才能促使我国在国外进行投资谈判的过程中，可以发现和预判可能发生的冲突，并且在了解相应的法律规定的基础上以及在遵守国际惯例的基础上更好地完成投资活动。总而言之，我国的 PPP 融资模式当前缺少实际操作方面的立法，因此，我国相关立法机关应该深入调查和了解，对我国的市场前景进行深入分析，从而有效促进我国 PPP 融资模式形成良好的发展局面。

4.2 转变政府职能

在 PPP 融资项目中，传统政府的职能可谓是具有多样化角色的特征，不仅承担着整体项目投资主体的角色，同时还要负责项目后期的经营维护以及项目后续建设等多项任务，如此多样化角色对传统政府职能实在是一个新的挑战，这就需要对现有政府传统职能进行非常复杂的转换和调整，从而提高项目建成后的整体运营效率。因此，我国政府及相关主管部门，应该尽最大努力改革和转变传统职能，尽可能下放权力，避免由于传统政府职能的事无巨细作风，将全部事情承担的做法，应该积极发挥出主体的作用，从宏观方面对项目监督、规划等方面进行良好的调控，积极推进政府职能改革。

4.2.1 政府部门作为项目建设整体布局规划的制定者

我国当前阶段的基础建设工作仍然存在很多困难，例如资金缺乏，而正是基于此，为了可以缓解财政支出方面的压力，就需要引入 PPP 融资，将基建投资成本存在的风险通过民间及国际资本进行共同分担。同时政府部门也应该积极提升自身的服务水平，在实际基础建设规划设计过程中，要严格按照相关法制、规章进行工作，不能依照个人喜好调整政策，从而可以积极保障各个合作方的利益。

4.2.2 政府作为项目资金补贴优化的实施者

如果从实现公共服务功能的角度对基础建设进行分析，主要可以分为如下三个类别。第一类为私人消费建设项目资金，其中包括交通、水电等类型的服务，这种项目在实际后期运营的过程中，可以通过对公众收费的方式将成本进行回收，而如果部分基础项目无法回收成本，则需要利用政策进行引导，或者是给予一定的补贴予以支持；第二类主要是社会服务、公众消费，这一类别主要包括绿地建设等，这一类项目在实际建成后不会产生任何收费，必须要依靠政府给予一定的补贴，而这类项目的投资主体责任人就是各地政府部门；第三类主要是在公众与私人两种消费之间，其中主要包括公园建设这一类项目，这一类项目在实际运行过程中，只是对于特定的使用者才会征收一定的费用，因此，政府仍然要对这一类的项目进行贴息、补贴等支持。从整体上说，虽然在实际进行补贴过程中，无论在数量、比例、程度都存在非常明显的差别，但对于公共基础设施项目来说，政府补贴是不可或缺的重要组成部分。

4.3 强化人才培养

PPP 特许经营项目是一项新生事物，对参与其中的各方面来说可以说是机会与挑战并存，企业需要自身具备较多积极的因素、基础，才可以促使项目得以成功。首先参与项目中的企业必须要对 PPP 模式有足够的了解和掌握，对模式中的流程做到有良好的掌握。企业想要提升自身的素质，必须要提升决策层面的水平，与此同时，企业还要对项目的建设、管理等多方面的风险管控、资金回收做到了如指掌。

PPP 融资项目应该扩大招标范围，在全世界范围内通过招标方式进行运作、采购、管理，PPP 融资项目需要大量的多种专业的人才，如税务、项目决策等，并且还需要管理、技术、经济等综合性人才，因此，企业应该加大对复合型人才培养的力度，侧重于培养人才的开拓精神，从而可以为 PPP 融资项目顺利实施和提升提供智力方面的保障。

参考文献

[1] 刘伟.PPP 模式在城市基础设施建设过程中的应用研究 [D]. 西北大学，2019.

[2] 王坤. 交通基础设施建设中政府与社会资本合作模式（PPP）研究 [D]. 山东师范大学，2019.

[3] 康治坤. 河南省高等学校基础设施建设 PPP 模式应用研究 [D]. 信阳师范学院，2019.

[4] 陈杨. 特色小镇基础设施建设 PPP 融资模式研究 [D]. 天津商业大学，2019.

[5] 邓丽萍，邓倩，赵宏强，王荣琦. 我国高职院校基础设施建设中 PPP 融资模式借鉴及推广应用研究 [J]. 商讯，2019（11）：135-136.

[6] 孙选民 .PPP 融资模式在基础设施投资中的应用 [J]. 企业改革与管理，2019（04）：119+143.

互联网金融下的小微企业融资模式研究

摘要：互联网金融是一个充满活力的行业，目前正处于发展的初期阶段。在互联网金融的大背景下，作为我国市场重要组成部分的小微企业，应当如何实现自身的发展并通过互联网的形式解决融资难的问题是一个值得思考的问题。社会的发展，推动了行业的转型，小微企业自身的发展由于受到种种因素的制约，根基不深厚，在面临资金缺口时需要进行必要的融资，互联网金融能够为小微企业提供更便捷、更迅速的融资渠道。本文通过对小微企业和互联网金融发展特点的说明，分析造成小微企业融资窘境的原因，并根据线上借贷平台的特点，给出小微企业如何选择互联网融资手段方面的具体建议。

关键词：互联网金融；小微企业；融资模式

前言：如今，大数据、云计算这些词语早已为人们所熟知，科学技术的发展，使其在我们生活中拥有越来越重要的地位。随着我国互联网技术的飞速发展，信息化、智能化成为企业生存发展的重要利用手段。传统金融业与互联网技术的结合形成新的发展模式，这种新的交易模式为各大金融行业，如银行、证券带来更便捷的工作方式，并普遍被大众所接受。我国的小微企业是一个数量大、分支广的经济群体，企业数量占我国企业总数的一半还多，在我国居民就业和国民经济各方面都扮演着重要的角色，但我国小微企业一直以来存在着融资难问题，为企业的发展带来层层障碍，甚至会导致企业的破产。虽然近些年我国各级政府和财政、税务、金融各个主管部门都采取了一定的优惠或扶持政策，但并没有收获预期的效果，这严重地影响了企业的升级发展。

目前，我国的互联网技术已逐渐成熟，互联网技术的发展推动着各行各业发展水平的不断提升，从近几年企业的经营状况来看，互联网金融为企业发展带来了诸多便利，在互联网金融下，一直困扰小微企业融资难的问题会从不同角度去逐步解决。国家已经认识到小微企业发展方面存在的问题，并通过制定一些制度来净化小微企业的融资环境。随着我国互联网金融的发展，如何根据国家政策和互联网金融的发展特点，全面推动小微企业融资模式的转变，引导小微企业逐渐融入互联网金融等是一项现实而又迫切需要解决的课题，若能很好地解决这一问题，就能够使广大小微企业真正能够利用互联网金融来为自身融资创造更多更好的“捷径”，不仅会稳定小型企业的发展，同时也会对国民经济产生积极影响，进而推动互联网金融的市场化、规范化。

1. 小微企业的融资环境分析

我国的小微企业在市场中虽然占有不可忽视的地位，但由于自身的发展规模小，运营资金不充足以及管理模式简单等特点，使得小微企业的经营者对不断变化的融资环境掌握不清，把握不准。

1.1 小微企业的发展特点

我国的小微企业大多是劳动密集型产业，很多企业靠自身的经营收入和资金滚动虽然能够基本保证企业运行的需要，但在信息化时代的今天，若不能跟上现代化和智能化的脚步，将会逐渐在市场中被淘汰，这是一个必然的趋势。目前大多小微企业的经营内容都远离“技术”这两个字，这不利于企业的长久发展，需要企业的管理者不断创新新的发展模式；再有就是小微企业大多是私营企业，在公司的管理上存在不足，很多企业的管理人员缺乏专业知识，忽视相关制度的制定，导致没有相应的规章制度规范员工的行为，造成工作效率低下，影响企业的稳定。

对于小微企业来说，经营资金不充足是发展的特点也是发展的难点，小微企业在发展中普遍缺少运营资金，不能形成必要的资金链循环，在企业需要周转时会出现资金缺口，这将会严重制约企业的良性发展，这时需要管理者正确作出决策；由于小微企业的生产规模小，没有设置完备的“售后”环节，在同样承受外界压力的时候，会劣势尽显，这迫切需要企业的管理者在完善公司制度的前提下，提高市场的敏感度，构建完善的融资体系，以此减轻外界的压力与影响。

1.2 小微企业的融资现状

小微企业的融资环境长久以来都是较为恶劣的，大多数的小微企业都属于第三产业，发展规模小，所需的流动资金量大，受外界的影响大，如在今年疫情的影响下，我国大部分的餐饮类、批发类和旅游类企业都处于停工状态，造成了大量的人员失业。现阶段，我国小微企业在解决发展中资金问题时，往往是通过银行渠道来缓解，但在融资的过程中，银行的某些规则限制了一些小微企业的融资行为，常见的就是申请环节繁琐，审批慢，不能及时地解决企业的困难，这严重制约了小微企业的发展，目前企业的管理者也在不断地寻找新的融资模式。

1.3 小微企业融资困境的原因分析

小微企业自身的发展特点是导致企业融资困难的主要原因。小微企业在发展中表现出的发展规模小，资金薄弱、管理模式不清晰等特点，使得小微企业在融资中不能达到一些融资渠道的融资标准，这是小微企业难以解决的问题。笔者通过阅读国内外对小微企业融资环境研究的资料后，发现当小微企业在面临资金缺口时，往往会通过内部人员的“资金流通”来缓解公司的资金问题，但这不是一个长久之计。小微企业虽在市场中占有重要位置，但在实际竞争中，缺少科学可靠的技术支撑和优越的信用评价，是造成小微企业融资难的原因之一。

对小微企业来说，互联网金融是企业融资模式转变的有力支撑，由于互联网金融自身的门槛低、进行融资活动更为便捷灵活，是小微企业可选择的最优融资渠道之一。同时经营者的发展策略也会影响小微企业的融资环境，一些小微企业的资金流动性大，发展前景良好，拥有资金偿还能力。但可能会因为企业的管理者的一些“谋利”行为，导致企业的形象信誉受损，使企业在之后的融资中不能达到一些渠道的门槛，这是企业管理者缺乏发展意识的表现，会导致管理者在员工中失去可信度，企业在市场中的信用等级降低，从而影响公司的发展，是非常不明智的行为。小微企业大多属于第三产业，在追求经济效益的同时，还不断进行升级创新，来提高消费者的满意度和市场的认可度。

2. 互联网金融下小微企业的融资环境

与传统金融模式相比，互联网金融的优势更明显，小微企业在选择融资渠道的时候，可以根据自身的情况科学合理地选择。

2.1 互联网金融发展的特点和优势

简单来看，互联网金融就是互联网与金融行业结合的产物，能够利用先进成熟的互联网技术协助金融行业的革新发展。大数据等便捷的计算模式，能够极大地提高工作效率并降低人员方面的成本。同时，互联网金融所呈现的各类数据信息，更加清晰透明，使经营者在进行金融活动时，能够更准确地掌握渠道信息，提高工作效率。同时由于人工智能等设备的发展，能够有效地增加合作双方的意向匹配，减少一些传统的手段，降低了成本；同时由于互联网金融的服务范围广，对使用者的限制和要求更低，能够提高人们的参与度和认可度。

目前我国互联网的使用人数和受益人数不断增加，互联网金融通过更灵活的网络平台，为资金双方提供限制更少的交易模式，以我们熟知的阿里巴巴为例，阿里巴巴旗下的相关平台，拥有大量的用户，能够让一些有闲散资金的客户进行投资，获得利息收益，充分地调动了人们的参与性，还能够解决一些小微企业的用钱急的困境，这是一个良性循环，能够促进金融市场的发展，保持金融行业的活力。

2.2 互联网金融下小微企业发展的优劣势

互联网金融中的借贷平台是金融活动的一个创新点，对小微企业来说是一个全新的资金流转渠道，企业管理者若能利用好互联网金融这一渠道，能够极大地提升企业的发展模式，为企业带来更大的经济效益。

2.2.1 互联网金融下小微企业融资的优势

（1）融资渠道限制因素少

企业的信用评价是影响企业进行融资活动的主要因素之一，我国的小微企业大多没有维护企业信用评价的意识，或维护意识不够，这就导致了企业在进行资金流转时，提供的融资渠道少，企业没有自主选择机会。互联网金融能够更好地弥补这一不足，互联网金融是在科技成熟和消费者大力接受的基础上进行推广的，这使互联网金融的受众广，能为小微企业的融资提供更多的选择。小微企业通过线上平台贷款的方式，来解决企业难题，或在线上参与传统的金融业务，因为线上的金融活动的限制因素小、门槛低。这对小微企业的发展意义重大，能够促使小微企业融资模式的转变，带来新的发展机遇。

（2）互联网金融的融资信息更加清晰透明

我们在上文中提到过，一些小微企业不重视企业的信誉和形象，使得企业在进行融资时面临更严格的限制。因为小微企业的经营范围广、灵动性大，传统的金融机构不能准确地认识小微企业的基本情况，这无形中形成了一种“共识”，即对小微企业进行放贷会带来巨大的风险，不利于金融行业自身的发展。互联网金融保持了网络的特性，在进行各种活动时，各项环节和数据都是清晰透明的，这能够为合作双方提供必要的保障，能够有效地缓解上述的问题。资金的提供方能够通过互联网熟知所有合作的小微企业，掌握企业的经营模式和发展状况，有利于其做决定。小微企业需要在平台上提供真实可靠的经营数据，这样能够更有效地促进融资行为完成。

（3）互联网金融融资的成本相对较低

由于云计算、大数据和人工智能等手段的应用，极大地降低了互联网金融的交易成本。不同于传统金融机构要花费一定的精力时间对所需要帮助的企业进行分析调查，互联网金融能够快速地分析出所需要资金帮助企业的基本情况，让合作双方的交易模式更简便，能够在线上就完成需要沟通的内容，一定程度上还消除了地域上的限制，增加了合作的范围，拓宽了服务领域。这样能够减少合作双方的数据收集整理阶段，将更多的时间放在自身公司的运营上，提高了工作效率，还带来产业的升级。

2.2.2 互联网金融下小微企业融资的劣势

互联网金融是时代发展的产物，对资金供需双方具有重要意义，由于互联网的高度数据化，极度依赖线上已有的数据库，在传递信息的过程中，暴露出一些常见的问题。

（1）互联网金融的相关保护制度不完善

我国的互联网技术虽然已逐渐受到大众的认可和追捧，但发展时间还较短，处于初期发展阶段，对使用者的约束少，暴露了互联网金融受法律的影响相对小的弊端，目前对银行、证券等还在实行分业监管的状态，管理人员对互联网金融的监管力度不够或尚未建立相应的监管制度，这会为行业的发展带来巨大的障碍，存在安全隐患。同时由于互联网金融资金双方交易的平台、交易的数据都是在线上进行，这会为资金双方带来一定的安全风险，需要制定相应的管理机制来维护的客户的基本权益。

（2）社会信用评价体制不能良性发展

长期以来，我国企业和个人对社会信用评价体系的重视程度不够，常出现违法分子对重要信息进行窃取的问题，还会造成客户想要获取这些信息时，需要通过渠道购买才能得到的迷惑情形。同时由于网络平台设置的门槛低，会对我国现有的社会信用评级体系造成一定程度的冲击，导致平台间的信息无法共通，若一些小微企业进行一些负面信息的隐瞒，审核人员还按照原有的流程提供贷款的渠道信息，就会给合作方和整体互联网平台带来安全隐患，影响社会信用评价体系的良性发展。

2.3 互联网金融下小微企业的融资平台和模式分析

我国互联网金融的发展速度较快，在各行业中占据重要地位，对小微企业来说，融资渠道广，限制因素少且操作简便等方面是选择互联网平台进行借贷的主要原因。这也促使互联网金融与传统金融业不断交流融合，共同促进金融行业的发展。

2.3.1 互联网金融下小微企业的融资模式分析

近年来，我们较熟悉的借助互联网进行小微企业融资可以分为三种模式，分别是借助大数据等现代互联网技术对各企业信息进行收集、整理和评估，并形成一个完整的数据库；再有是一种借贷平台，通过资金双方信息的匹配，以线上平台为中介，促成交易的达成；最后一种可以看作是一个宣传平台，一些企业家通过在平台上介绍自己的项目或产品，来获得客户的认可并获得资金的支持。这三种融资模式是目前小微企业发展的主要形式，第一种方式能够有效地利用大数据，对信息进行评估处理，减轻交易双方信息不对称的情况。

由于数据处理手段的智能化，极大地降低了工作时间，提高融资效率；第二种借贷平台能够保证供需方的信息清晰地传达到对方的手里，借助互联网金融这个巨大的数据库，资金提供方能够自主选择有益于自己的借贷者，增加选择性。对小微企业来说，网络平台借贷能够以低于传统渠道的成本获得资金，是一种发展前景良好的融资手段；最后一种融资模式能够最大限度地发挥企业家和创业者的优势，在这一过程中，不受地域的影响，使用者能够在线上向全国甚至全世界的客户展现自己的项目产品，增加公司的曝光率，拓宽了融资渠道，增加了筹集资金的概率，但目前此类平台中各行业的质量不等，需要监管人员增强力度，来规范互联网金融行业的发展。

2.3.2 互联网金融下小微企业的融资平台分析

京东是我们日常生活中经常使用的购物平台，与阿里巴巴的经营模式具有显著的不同，京东在线上扮演着大型商城的角色，自给自足。在金融供应链方面更倾向于信用借贷和抵押这种形式，一些小微企业要提供自身详细的信息，保证数据的真实性，使得企业在整个供应链体系中能够获得贷款服务。同时京东自身极大的包容性，使得京东的供应链系统不断扩大，借贷方一旦通过平台审核，资金将在极短的时间内到达企业手中，提供的是高效准确的工作效率。京东的金融产品大多有着融资渠道广，融资成本低的特点，大多小微企业都使用过京东的融资服务。对于资金提供方来说，京东的融资平台对客户的风险评定机制较完善，能够申请融资服务的都是安全有保障的企业，在审批中规避了高风险的企业，为合作双方提供一个可以安心交易的平台。

3. 互联网金融下小微企业进行融资的建议

在信息化、智能化的大时代背景下，互联网金融行业的发展追求高效率的同时，还要保证服务质量，小微企业的生存发展要紧跟时代发展，笔者从互联网金融和小微企业两个群体，展开发展模式的分析。

3.1 互联网金融开展融资服务的建议

3.1.1 提高网络从业者的综合素质

尽管互联网金融在发展过程中减轻了员工的负担，但由于互联网金融从兴起到发展时间较短，所需的技术人员与实际的员工表现存在较大的差距，使得现有工作人员的综合素质参差不齐，这从源头上增加了网络服务的风险，会出现平台人员对企业信息数据不重视，导致数据丢失的情况，这在带来平台损失的同时，极大地影响了互联网金融行业的信誉形象。因此，要求行业的管理者在对人员聘用时，要进行必要的专业技能考试和岗前培训，保证从业人员的完备的互联网知识，从而提高整体的服务质量，降低事故风险。

3.1.2 完善互联网金融的机制体系

互联网金融是互联网和金融业的有机组合，目前针对互联网金融的法律体系还不健全，需要国家的政策制度来进行正确的引导调控。互联网金融在发展中，由于经营的范围广，各类平台数量多，常出现恶性竞争的情况，导致互联网金融的服务质量呈下降趋势。作为新时代的产业，互联网金融的发展前景良好，但若没有相应的规章制度进行规范制约，会增加事故风险，因此需要国家对互联网金融加大控制力度，提升平台的服务质量，促进互联网金融和传统金融业的发展。

3.1.3 优化互联网金融的信誉评估系统

互联网金融实质上属于服务型的产业，客户的使用量和评价都直接影响行业的发展，但目前我国互联网金融中企业质量不一，平台管理者对信用评估体系的重视程度不够。在不断提升网络人员综合素质的基础上，要优化互联网金融的信用评估系统，对网络平台的服务质量进行信誉评估，增强客户的参与度，给予客户选择权，由于我国互联网金融的主体庞大，实现这一目标的过程比较困难，需要互联网的监管部门和平台管理者不断提升自身的专业知识，完善平台的服务质量。

3.2 互联网金融下小微企业融资的发展建议

笔者将从借贷平台的选择和小微企业自身发展两方面进行说明，小微企业作为融资行为的主体，应当如何选择进行互联网金融背景下的融资。

3.2.1 互联网金融下小微企业融资平台的选择建议

通过大量资料的阅读和对各种借贷平台的比较，从资金的来源、办理业务的效率和目标提供方来看，若企业从事劳动密集型产业，产业规模较小且自身的信用评估体系较低，急需资金流转的情况下，可以选择P2网络借贷平台，这样能够获得更好的服务体验；若是创新型企业，拥有高质量的项目产品和新奇的发展思路，但缺乏资金的支持，可以选择众筹的融资渠道，能够找到企业的“伯乐”；若企业的信誉良好，且长期发展以来没有信用问题，想进行短期内的资金流转，可以选择电商小贷平台，这种模式的融资周期较短，对企业的信用审核较严格。

小微企业的发展类型多，在需要进行融资时，要根据企业自身的情况，结合当下的互联网金融借贷模式，来选择最优的方式缓解公司难题。当前互联网金融市场质量种类不一，各种融资模式各有优劣势，企业在选择融资平台的时候，要具体地分析企业特征，对企业规模、经营范围和信誉情况等做好数据整理，这样能够在进行平台选择时有更多的依据；同时企业出现需要融资的情况，要提前做好活动规划，小微企业在发展中的流动资金都不是很充足，面临的突发性问题较多，受外界环境影响大。若企业能够精准地规划融资方向，有效地选择融资平台，采用更科学合理的融资手段，就有可能在预期的时间内解决公司的资金问题。

3.2.2 互联网金融下小微企业的发展建议

作为融资活动的主体之一，小微企业的自身经济实力较弱，在发展中常面临着资金缺失的问题。随着我国互联网技术水平的不断提升，市场经济体制的不断改革，小微企业在发展中维持企业效益的同时，也要紧跟时代发展的步伐，不断学习新兴的技术，来提升企业的竞争实力，这样才能够在市场竞争中生存并获得效益，这是至关重要的。市场环境的日益变化，企业需要不断升级完善来适应市场的变化。

小微企业由于自身的发展特点，在市场竞争中占据的优势较少，面对技术水平要求越来越高的特点，企业要根据自身情况，不断规范企业的经营模式，同时要适当改变传统的管理模式，建立现代化企业治理结构。我们身边的很多小微企业，主要职位都是由一个家族人士担任，可以称之为“家族企业”，这种模式虽然能够保证企业的利益分配，但可能会存在着管理人员专业水平和技能不足的问题，这种管理模式既有可能会影响企业的长期发展。企业要完善公司的职能部门，明确各部门的职责，这样能够保证企业生产链条式发展。

此外，企业还要不断提升信息化建设能力，对企业发展中的各项信息数据及时准确地记录，建立公开透明的数据库，这样进行融资活动时，方便合作方对企业基本情况进行必要的了解，从而提升了企业的形象，降低了双方合作的风险。

小微企业要注重自身专业知识的学习，这要求企业的管理者具备自主学习和积极主动的态度。融资是小微企业面临的最普遍的问题之一，企业在熟悉行业发展规律的基础上，要掌握必要的金融知识，了解互联网金融的发展状态和各平台的服务流程，在面临资金缺口时，能够科学合理地分析，找到最适合公司发展的融资方式。

总而言之，不断学习现代信息技术，会为企业的发展带来更多便利，企业的管理者要具备自主学习能力和市场竞争意识。同样，小微企业在发展中要重视信用评估体系，互联网技术将各行业连接到一起，通过各项数据来评估企业的信用情况。在互联网金融的背景下，小微企业重视大数据、云计算这类智能计算方式，对企业运行中的信息数据，进行科学合理的分析，并适当设置透明的数据库，这样能够有效地提升企业的信用评价体系。除了要对数据进行科学整理分析，在日常经营中，还要秉承着诚信经营的理念，重视消费者的感受，明确消费者在企业信用评价中的重要作用。只有提供更好的服务质量，才能够为企业奠定良好的信用基础。信用记录是当今影响企业发展的重要因素，良好的信用评价指标能够在平台融资中获得更多的主动权，进而稳定企业的发展，提升企业的经济收益。

结语：总体来看，随着我国科学技术的飞速发展，人们对信息化、智能化的产品接受程度正在不断增加。互联网金融作为一种充满活力的产业，在发展的过程中，表现出特有的优势，小微企业在我国的企业总数中占相当大的比例，小微企业的融资问题一直困扰着行业内的人士，小微企业自身发展规模小，资金基础薄弱等特点限制了企业的融资手段。互联网金融背景下小微企业应当如何选择融资平台，是企业家和创业者急需解决的问题。互联网金融能够提供高效透明的服务，但同时也带来了许多安全隐患，小微企业在互联网金融大背景下进行融资活动时，要根据企业的自身的经营情况，结合各大平台的融资模式来选择最合适的融资方式。

参考文献

[1] 党誉珲. 小微企业互联网金融融资风险分析［J］. 中国市场，2020（10）：31-32.

[2] 刘变叶，何祖明. 小微企业的物联网供应链融资模式创新研究［J/OL］. 金融理论与实践，2020（04）：62-68［2020-04-10］.http：//kns.cnki.net/kcms/detail/41.1078.F.20200404.1812.016.html.

[3] 马梅若. 金融支持更好聚焦中小微企业［N］. 金融时报，2020-04-07（001）.

[4] 关于促进中小企业健康发展的实施意见［N］. 江西日报，2020-04-03（007）.

[5] 黄益平. 数字金融精准服务中小微企业［N］. 中华工商时报，2020-04-01（003）.

共享经济催生的商业模式变革研究

摘要：危机似乎一直与机遇并存，纵观历史，基本每一次危机发生，都会随之产生相应的机遇。在当今时代中，基于通信技术、互联网、移动互联网的推动作用下，共享经济作为新时代中的新兴商业模式已经悄然崛起。Uber 以及 Airbnb 在新一轮融资过程中，Uber 的估值超过了 400 亿美元，而 Airbnb 的估值也超过了 200 亿美元，可以说，在创业公司的估值、融资记录方面已经被两者重新刷新，因此，这两家公司也成为在非上市高科技公司中最有价值的公司。近几年，共享经济开始走入每个人的生活，并对人们的日常生活产生影响，从某方面来说，在未来经济中共享经济可能会占有非常重要的地位。对于共享经济方面的研究还有许多新领域尚待开发，本文首先从理论的角度对共享经济的起源、构成和发展进行分析，其次对共享经济下的商业模式进行分析，最后借用共享经济催生下的典型商业模式案例进行分析，最后就我国共享经济催生商业模式遇到的问题进行研究，并提出共享经济催生的商业模式变革发展的建议。

关键词：共享经济；商业模式；变革

随着当今信息技术、移动互联网技术的飞速发展和更新迭代，在所有行业和领域中“互联网 +”技术得以良好的应用，并产生越来越深的影响，基于此，共享经济也得到了良好的发展。在当今社会中，在金融、汽车、教育等多个领域之中都已经广泛覆盖，在各个企业、组织中，不同的商品和服务开始共享，进而导致人们的生活和生产方式也随着共享经济模式的发展在不断发生变革。

共享经济也被称作为协作消费或者是分享经济，是一种新型的商业模式，共享经济的核心内容在于共享已经闲置的资源，并且这种模式具有很低的成本，与传统商业模式比较来说，具有非常明显的优势。当前在理论界还没有形成共享经济统一的概念界定，以及没有明确的指标和量化的发展规模，但是当企业家、学者等对此理念认可之后，一些信息技术较为发达的国家，都开始陆续进行实践。例如，Airbnb 就是通过将空闲房屋，通过平台进行租用的方式实现共享经济，而 Uber 则是一款打车软件，主要是通过为民众提供私家车服务的软件，而我国相似的行业如滴滴出行等网约车服务，以及相应的网络平台也同时纷纷崛起，从而使很多普通人也能充分体验到共享经济所带来的服务方面的便利和快捷，并且在教育、金融等多个领域中，共享经济都不断发挥出在资源配置方面的优势，甚至已经成为经济转型和发展的原动力。

追溯共享经济的发展，最早从欧美一些国家开始，这种商业模式主要是以这些西方国家的社会经济条件为基础，而在我国，共享经济与西方国家存在明显的差异化，我国主要是以人文特色、经济环境等方面为主。在我国共享经济发展之初，一些企业直接照搬欧美国家的共享经济商业模式，而照搬照抄必然会有很多困难和障碍，虽然这些企业根据实际情况作出了一些应对，同时也作出了一些调整，但经过一段时间的实践和发展，还是没有找到完全适合我国市场和环境的模式，因此，针对共享经济所催生的商业模式，必须要进行深入的研究和分析。

1. 共享经济催生的商业模式概述

1.1 共享经济的起源与界定

共享经济也被称作为合作、分享经济，或者是合作性消费。对共享经济的发展历程进行分析，主要起源于美国，在 1978 年，Joe.L.Spaeth 教授以及 MarcusFelson 教授，两者发表的论文首次提起共享经济的相关概念，但只是在近些年，共享经济才开始逐渐兴盛起来。共享经济的核心主要是由政府创建的第三方平台，该平台主要是以信息技术为基础，又或者是由组织、商业机构组成，主要是通过平台的建立，让参与个体将闲置的物品进行交换，或者是可以通过平台实现给企业，或者是给某个创业项目提供一定的资金，而合作性消费的概念，在 2011 年《时代周刊》曾经将其评为在当今时代中可以改变这个世界的十大想法之一。哈佛大学 NancyKoehn 教授认为共享经济属于一种基于不同的个体之间，完成服务、商品的交换系统平台，并且从理论方面来说，这种平台可以涵盖所有方面的服务、商品的交换，例如打车服务、闲置物品交换、房屋共享等。

随着近些年来移动互联网技术的不断快速发展，已经大大缩短了人与人之间的距离，使得全世界的人都可以互相连接，进而通过这种共享经济的商业模式，使全球范围内参与其中的人都能够实现共享，不同的个体，都可以通过平台实现各种商品和服务的交换，从而促使人们都可以享受更为优质、实惠的服务。

在学术界，有很多学者都发表了关于共享经济方面的论述，但仍然没有准确定义共享经济，并且也没有形成非常明确的界定，因此，笔者认为可以从三个角度对共享经济进行理解：首先，在整体共享经济的模式中，提供相应的服务或者是商品的企业，更多的是个人或者是小微企业，传统的大中型专业企业很少出现于共享经济之中，例如在 Airbnb 平台上，房屋方面的共享资源一般都是由个人提供的，此举摆脱了传统经济模式下酒店才是唯一可提供住处的方式；再如在 PP 租车平台上，提供租车服务的也不再是汽车租赁公司，多数都是个人所有的私家车；再如，在 LendingClub 平台上，也不是由传统的金融机构来提供资金服务，而是由独立的个人来提供资金服务。

其次，在共享经济中个体虽然作为市场的供给者或者是提供资源的源头，但是其并非以此为经济来源，例如，我国阿里集团旗下的淘宝购物平台，主要就是应用的 C2C 模式，其中 C 为 Customer，在这个平台中或者说淘宝市场中，相关商品和服务的提供者也都是个人，但是，淘宝网的店主中，大多数都是专业做网络淘宝店的，因此，在本文中可以将这些淘宝店不计入共享经济的范围之中。

最后，从共享经济的广义方面来说，可以包括房屋、机器、汽车等多种形式的固定资产，也包括如时间、金融等多种形式的无形资产，但针对知识方面来说，这种知识的共享并非属于一种新型的业态，因为知识共享从古至今一直存在，而文章主要研究的是既有共享经济催生的商业模式，因此，本文中主要指的是金融、商品、服务等方面的共享经济内容。

1.2 共享经济的生态系统

对共享经济的构成进行分析，可以说是一种生态系统，其系统中主要包

括三方面，第一为系统的用户，第二为构成系统的基础设施，第三方面为交易平台。（如图 1 所示）

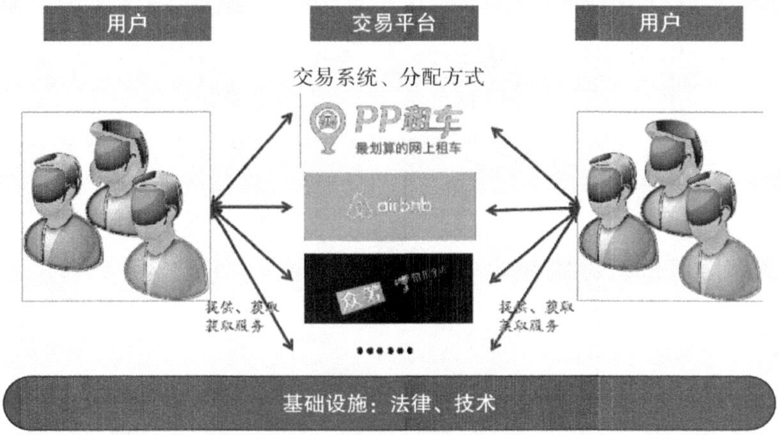

图 1　共享经济生态系统

在这三方面中，基础设施可以说对整个生态系统的发展、繁荣都有着直接性的影响，其主要是以法律制度安排和技术为基础，其中法律是非常关键的基础性因素，因为无论任何种类的经济活动，都要以法律框架为基础才可以稳定运行，并且法律也是整体社会运行的规则所在，因此，平台是否可以成功，主要取决于法律制度是否可以良好的安排。例如，Uber 平台之所以会取得成功，可以说主要是因为 Uber 所在的国家允许私家车参与到车辆营运之中；但是，在我国，如果说私家车进行营运，就属于非法营运，因此，这种方式就无法在我国实施，这也是我国没有 Uber 存在的主要原因。除此之外，基础设施中的技术方面，也有着关键性作用，因为想要实现透明化的信息、降低整体交易成本，就必须要依靠低成本的计算机储存能力，同时还要具备高速的网络，同时定位系统也要足够精准，由此可以看出，在共享经济飞速发展的过程中，相应的技术是其中最为核心的主要影响因素之一。

从交易平台方面来说，在共享经济系统中，其发挥着交易过程中的核心作用，只有依靠交易平台，才能实现最终交易，因此究其核心内容，主要是因为可以有效降低交易的成本。交易平台应该具备多种功能，第一具备身份识别功能，第二具备汇聚供给的功能，第三具备需求的功能，在交易平台中，主要是通过互联网实现信息的收集活动，同时还可以有避免信息不对称的问题发生，再者，交易平台在共享经济体系中，还需要解决交易的对接和系统协调工作，如果从用户的角度进行分析，可以说共享经济的基础就是用户的需求，因此，可以说用户不仅是需求的满足方，也是需求的来源方，通过共享经济的模式，以交易平台为载体，实现满足需求方需求的相关交易，但同时也需要需求的供给方存在可以满足需求方需求的闲置资源，反之如果从需求的角度进行分析，供给方如果想要实现闲置资源交易成功，必然在平台中仍然存在还没有被满足的需求。

1.3 共享经济的理论探究

1.3.1 供给端革命

随着工业化的发展，给社会的发展和进步奠定了良好的基础，不仅有效提升了社会的整体分工效率，并且在现实中，个人的需求都被各种大中型企业所满足，进而促使在社会中形成了大中型企业供给，而大众消费这种非常简单的模式，但在当今时代，共享经济的市场环境中，供给者已经不仅仅是大中型企业，基于互联网技术的发展以及信息的透明度不断增加，交易的成本也在不断降低，在传统市场模式中，由于过高的成本很多个人都无法参与其中进行供给，而基于共享模式的发展，当今任何一个个人都可以成为共享经济催生的商业模式中的供给方。基于共享经济的作用，如果从社会福利的视角进行分析，大幅度增加了供给总量，并且由于不断降低的价格，促使越来越多的个人参与其中，从而有效改善整体社会福利。

1.3.2 所有权革命

基于当今社会互联网的飞速发展，人们也改变了固有的传统意识，所有权已经并非绝对的重要的因素，而人们对于使用权则有着更高的重视。而从需求的本质进行分析，所谓需求也仅仅是对使用权的需求，而并非的所有权的需求，而所有权，仅仅是为了针对使用权有所保障而安排的一系列制度，基于共享经济的发展和互联网、移动互联网技术的进步，从理论方面来说，在满足人们需求方面，已经摆脱了时间、地点的束缚，从这方面来说所有权就失去了应有的价值。

1.4 共享经济的驱动力分析

对共享经济的主要驱动力来源进行分析，哈佛大学的科恩教授曾经提出主要划分为三个方面的来源。第一方面，通过共享经济所催生的商业模式，可以促使消费者在消费的过程中，拥有较比传统消费更高的透明度，以及更大的自主权，较比共享经济商业模式的消费，传统消费模式过程中，用户会经常性地遇到模糊性、不确定性等多种情况，而消费者在进行共享经济消费过程中，可以拥有非常高的自主掌控力。第二方面，主要是在全球范围内，信任危机可以说屡见不鲜，对于政府、商业等大规模组织来说，不同年龄段的消费人群，尤其是其中的年轻消费者不断在降低对其的信任程度，很多人都逐渐表现出对大商家的不满和不佳印象，而这部分消费人群如若发现卖家与自身的需求能够产生共鸣，就可以产生更高的信任度。第三方面，对物质交换的本质进行分析，可以说是对帕累托的一种改进，在整体交换的过程中，无论是商品的供应商，还是消费者都可以从中获利，消费者在消费过程中，可以根据自己的需求获得更低价格的商品，同时供应者也可以将自己的闲置资源进行交易，从而获得经济方面的收益。

在《我的就是你的》一书之中，Rachel Bostsman 和 Roo Rogers 两位就曾经对共享经济的动力进行分析，两位作者认为这种动力主要来源于合作、个人选择、分享等多方面的最为本质的特性，并且以信誉资本作为基础，构建出具有积极性特征的大众合作性消费模式，从而有效促进社会价值增长，构建出全新的模式，基于此，两位作者认为共享经济在未来不断地发展，对传统消费模式必然会形成巨大冲击，并颠覆传统消费模式。

另外，对于共享经济的动力来源，柏慈曼也做出相应的分析，其认为主要包括四种动力来源，第一种主要是因为当今社会网络及信息技术的发展，这其中包括如人们常用的智能手机等；第二种来源主要是基于当今城镇化进程的不断加快，以及世界人口的快速提升。联合国曾经进行数据预测，我国有 64.2% 的人口将居住在城市之中，而发达国家则会有超过 85% 的人口在城市中居住，这种高密度的人口，必然会为共享经济催生的商业模式构架作出良好的共享资源和服务的条件，并且会迅速激发出需求。第三种动力主要是来自世界各国在收入不平等的情况。第四种主要是因为全球金融危机的影响。曾经在 2008 年的时候，由于金融危机而导致很多人失业，并且其中还有很多人失去基本的保障，而通过共享经济催生的商业模式，可以对用户的收入来源形成良好的补充，也基于此，对共享经济的盛行产生积极的促进性作用。

除此之外，一些自然灾害都会促进共享经济的发展。总体来说，笔者对共享经济的产生主要驱动因素进行分析，主要包括如下三个方面：第一，由于当今时代中互联网、信息技术等方面的飞速发展，为共享经济的诞生和发展都提供了良好的基础性条件，而通过共享经济催生的商业模式，以第三方网络平台为基础，实现陌生个体之间的公平交易，究其本质主要是因为降低了交易的成本，这其中也是因为平台具有良好的公信力，交易的双方都对平台有足够的信任度，如此，才可以达成公平的交易。而之所以共享经济催生的交易平台拥有公信力，主要在于交易平台可以以较低的成本将供给方和需求方的用户信息得到，这种信息也是要以互联网、大数据、储存等多种技术为支撑才可以实现。第二，因为社会、人口等多方面的社会问题引发出共享经济的需求，当今由于人口集中居住，必然会产生交通和人口方面的问题，从而形成共享经济商业模式的产生，并且，也是因为民众失去对大型机构的信任，而导致这种共享经济交易的产生。第三，由于金融危机方面和收入不平等这类问题，也导致当今民众开始积极将自身的闲置资产进行变现，有部分人群开始寻找价格相对低廉的替代品。

2. 共享经济催生的商业模式分析

在当今社会中，像汽车、金融、房屋等多项物品或产品都已被广泛应用于共享经济当中，在此过程中像 Aibnb、Uber 等公司随着共享经济的发展，其市值已经超过了 250 亿美元和 600 亿美元，与同类传统企业相比，已经拉开了很大的差距。在下文中，笔者以共享经济的特点为出发点，分别从战略控制、产业价值链、盈利模式三个方面对共享经济催生的商业模式进行分析，主要如下图 2 所示，就是与传统经济的商业模式进行对比，对共享经济催生的新型商业模式优势进行分析。

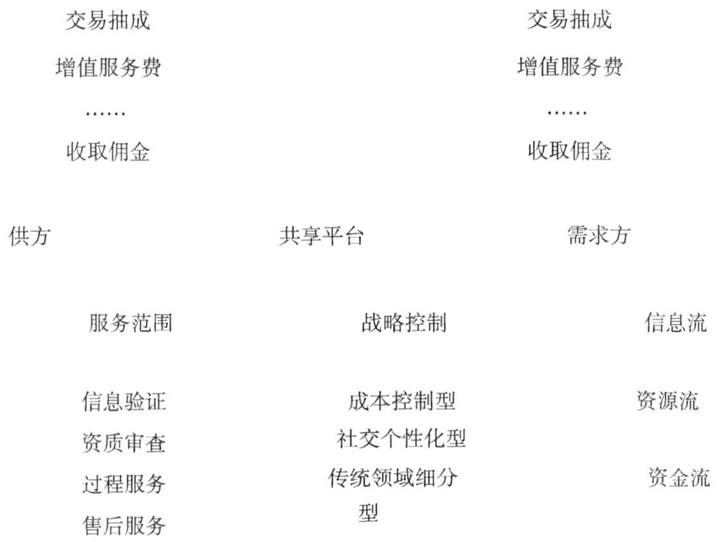

图 2　商业模式要素分解示意

2.1 价值链主题

对共享经济的主要组成基本要素进行分析，其中包括如监管者、需求方、供应方等多个方面。在共享经济催生的商业模式中，可以将闲置资源进行多次的重复利用，从而重新构建出相应的产业链，而对这种产业链进行分析，可以将其看作为由第三方平台、供需双方共同相互协作而成的产业链，通过多方进行共同构建，最终对消费的观念进行重新定义，从而有效提升整体共享资源的使用效率，形成全新的消费体系。

2.1.1 供应方与需求方

（1）P2P 模式

P2P 模式（Peer-to-Peer）中，改变了传统的供需双方的模式，双方可以是个体也可以是企业，同时，在 P2P 模式中，企业可以给个体提供相应的服务和商品，也可以由个体进行提供，给个人提供分享或者给企业提供分享都可以。例如，Coursers 公司的共享教育平台，通过线上教育的模式，充分利用高效盈余的教学资源，以网络分享的方式，将相应的知识传授给没有在这些高校上学而求知若渴的个人，个人还可以通过相互审阅的方式，将已经学到的知识与其他人进行分享，还可以分享和讨论自身对知识的见解，由此可以看出，这种供应方不仅包括教育机构，同时也包括个人。

（2）B2C 模式

在这种模式中，供应方为企业，而个体主要作为需求方，以第三方平台为载体，最终完成供需双方的资源共享活动。与传统形式的 B2C 电商相比较，共享经济催生的 B2C 模式存在明显差别，主要表现在如下三个方面：第一，在 B2C 模式中，企业方就是其中的 B 端，在传统商业模式中，主要是对商品的所有权进行出售，而在共享经济的 B2C 模式中，主要是对商品的使用权进行出售；第二，在 B2C 模式中，消费方是其中的 C 端，而在传统商业模式中，主要是消费者通过购买的行为，从而获取对商品的所有权，而在 B2C 模式中，消费者只需要使用而并不需要对商品进行购买，从而也有了更广泛的使用范围，同时，可以最大限度地降低开支，也可以为消费者提供更多的价值；第三，以 B2C 模式为基础可以构建出更完善的社群关系，从而促使消费者在其中可以更好地使用自己所需的资源，并且可以以用户体验为核心作为出发点，简单来说可以被看作是向朋友借东西或者是分享自己的东西。第四，在 B2B 模式中，供应和需求双方全部都是由企业构成，在不同的企业之间，需要以共享平台为基础，在企业之间形成盈余或者是对闲置资源的交换以及共享，其中可以将供应方看作是 B2B 中的第一个 B，对供应方来说可以将固定成本进行快速地摊薄，从而有效提升企业的资产利用率；而可以将需求方看作为 B2B 中的第二个 B，针对需求方来说，相关的企业只需要针对自身所需来支付一定的服务费用，而不用再支付过多的成本，同时还可以更加侧重于自身的强项，从而为自身所拥有的主要客户实现更好的服务。通过共享经济催生下的 B2B 商业模式，可以有效利用在传统商业模式中无法触及的资源，这类资源包括如企业闲置的办公空间、对一些通用业务流程的盈余处理能力等。

2.1.2 第三方共享经济平台

所谓第三方共享经济平台，主要是针对平台中相应的产品及服务所涉及的提供者、需求者，两者通过网络服务平台，为供需双方提供相应的服务。在共享平台中，供给方可以将自身所拥有的服务及产品进行发布，平台会根据供给方所提供的服务、产品的性质、相似度、功效等方面进行相应的分类和划分，从而可以满足需求方不同的消费方面的需求。当完成交易之后，再进行相应的信息收集和反馈工作，从而以此为基础构建出相应的信用评级机制。在进行交易的过程中，共享平台主要是为交易双方提供相应的交易渠道和途径，交易双方在需求方面有着明显的多样性，因此，在这个交易中，共享平台具有非常大的发展前景。

随着共享平台的发展，其资源也会更加规范且更为丰富，基于此，还会有效增加供需双方的黏性。在交易中，共享交易平台为供需双方提供了良好的渠道，同时还包括用户评价等一系列措施，从而可以保证供需双方都有一定的信任度。基于整体产业价值链的所有组成部分，最终形成完整的有机整体，并且在各个部门之间还会形成相互依存、联动的关系。供给方主要是在平台中对自己的产品、服务进行公布，系统将相应的信息进行分类，从而方便消费者进行检索和应用，基于当前共享经济，供给方不仅有企业同时也有个人，而需求方也包括了企业和个人，如此必然会大幅度增加平台管理的工作量和难度，平台不仅需要提供基本服务，同时还需要以第三方的角度保证供需双方的利益不会受到伤害，从而促使整体产业链向稳定健康方向发展。

2.2 盈利模式

2.2.1 交易佣金

在实际运营过程中，交易佣金是共享平台主要的收益部分，主要可以分为单边以及双边收费。所谓单边收费，可以分为向供给方收费或者是单独向需求方收费，例如，在教育资讯平台中，用户需要支付咨询费用，再如滴滴打车服务，就是平台在司机的每单中收取一定比例的费用作为服务费。而双边收费则是需要向供需双方进行收费，例如在 Airbnb 之中，需要向租客和房东都收取一定比例的费用。

2.2.2 增值服务收入

所有的共享经济软件平台都拥有非常多的注册用户，平台可以对客户提供增值服务从而获得盈利，具体可以分为两种方式，首先可以为需求方提供一定的增值服务，例如，知乎中所提供的知识分享过程中，其为用户提供笔记本、图书等方面的增值服务；其次，就是为供给方提供一定的增值服务，例如，在嘀嗒拼车中，平台可以为车主提供保养、维修等方面的服务。

2.2.3 广告收入

因为共享经济平台拥有很多的注册用户，因此平台可以通过贩卖流量的方式为商家提供广告宣传从而获得一定的收入。例如，自媒体平台为商家提供广告而获得收入等，还有一部分是通过聚集到一定的人气后，在平台中接入大量的品牌性广告。这种盈利模式都是传统的商业企业采用的模式，由于我国共享经济起步比其他国家来说要晚，因此，共享经济催生的商业模式所产生的赢利模式仍然处于探索阶段，许多企业只是在对传统的电子商务盈利模式进行模仿，但随着社会、企业的发展，企业在未来必然会充分结合共享经济的特点从而构建出符合企业自身特点的盈利模式。

2.3 战略控制

2.3.1 成本控制型

因为共享经济的使用权、轻资产等特点，更多的企业开始选择共享经济模式，从而在企业经营过程中节约了大量人力以及固定资产方面的成本。例如，Airbnb 曾经对旧金山的整体经济进行过调查，调查结果显示，Airbnb 如果公布的租金比其他企业更低，则会增加人们停留在旧金山的时间，其中更是有 15% 的客户表示，如果没有 Airbnb 的存在，这部分人群根本就不会考虑来到旧金山。

2.3.2 社交个性化型

很多企业都是通过社交的策略积累更多的社会关系，当构建出这种社会关系时就会获取更多的共享资源。例如在 Eatwith 成立之初，其主要目的是游客可以更方便地寻找各地的家庭及地方美食，而且在全球 150 个以上的地区，Eatwith 都开通了相应的服务。在软件平台中，用户不仅可以选择成为主人，同时还可以通过平台策划饭局以及选择食客等多方面的操作。在进行策划者的筛选过程中，平台会侧重于意愿、社交能力方面的要求，平台还会主动组织一些主题活动，或者是参与到一些饭局的线下经营活动中，从而避免出现社交障碍。

2.3.3 传统领域细分型

在产业细分的过程中，主要是表现在传统领域划分的基础上，也正式基于此，将传统的企业经营模式进行改变，客户也可以享受到全新的体验。例如，一方面非标准住宿从 2015 年开始变革，基于非标准住宿的细分，民众对于星级酒店的需求明显降低，另一方面是非标准住宿市场则不断提升自身在市场中占有率，有效地促进了我国非标准住宿业的发展，当今非标准住宿已经细分为多种类型，如民俗、客栈、长租和短租公寓等。与此同时，在传统企业转型升级的过程中，共享经济模式已经成为其重要的补充性手段，例如，菜鸟网络与我国多家快递公司已经签订了战略合作协议，以此拓展自身的业务，并开始实施揽件众包等计划。

以上所述的三种模式，是近些年来共享经济所催生的共享企业采用得最多的商业模式。总体来说，共享经济催生的商业模式的核心可以说是以生态圈为基础，在生态圈之中，必须要具备完善的成长性，企业无论是已经接触到共享经济还是较为成熟的独角兽企业，都希望基于共享经济的发展，最大力度地将自身的闲置资源实现有效利用，从而扩大企业的总体市场占有率，构建出符合企业自身特点的生态圈，提升企业的整体竞争力。

2.4 共享经济催生商业模式优势分析

相比传统经济商业模式，共享经济具有明显的差异性，在传统经济商业模式中，主要是在消费者、制造商、供应商之间存在着相互联系、相互交叉的环节，例如上、中、下游的各个企业之间都会产生相互交叉、相互依赖的关系，因此交易过程中往往会具有非常长的产业链，而且经过每一层环节都会直接导致成本的增加，从而导致消费者所购买的产品价格也就会增加很多。基于此，相比传统经济商业模式，笔者认为，共享经济催生的商业模式主要具有如下几方面的优势。

首先，共享经济催生的商业模式可以有效降低企业运行过程中的成本。在传统商业模式中，企业不仅要拥有如厂房、设备等固定资产，而且还具有一定的运营成本，这无疑会减慢企业转型的速度。而共享经济催生下的商业模式企业，主要是在交易平台中，将自身拥有的闲置资源发布到平台中，而企业可以不进行资产方面的投资，如此企业就可以归类到轻资产类型，如此一来，这种模式具有非常低的运营成本，并可以提升企业转型发展的速度。

第二，相比传统商业模式，共享经济具有明显的价格方面的优势，在传统商业模式中，在消费者、供应商、制造商三者之间，会有很多层次的渠道或者中间商，如此必然会大幅度增加企业的运营成本，从而提升消费者购买商品的价格。而在共享经济催生的商业模式中，供需双方都可以通过共享平台实现直接联系，从而有效避免中间环节而导致的加价问题，这也是共享经济催生的商业模式最大的特点之一。

第三，共享经济催生的商业模式可以有效满足当今客户的个性化、多元化的需求，并且，在共享平台中，可以将需求者的需求方面信息充分展示出来，同时可以详细地展示出供给方的产品、服务等方面的信息，供给方无论是企业还是个人，其提供的产品和服务也都是多元化的，这种商业模式，可以用统一批量的方式来满足当今消费者的各种需求。

第四，通过共享经济催生的商业模式，可以有效提升产品的整体利用率。当消费者购买完产品的时候，不仅可以自己使用，还可以当这个产品闲置的时候，将产品通过平台共享给他人使用，从而自身角色也转变为供给者，如此产品的使用效率、资源的利用率都会大幅度增加，同时还可以促使双方都得到一定的收益。

第五，通过共享经济催生的商业模式，可以有效促进我国社会资源的可持续发展，而共享经济的核心就在于对闲置资源的有效利用，其主要是保证总体资源总量不变的基础上，提升资源的利用率，而在传统经济模式中，需要不断地投入资源进行产品的生产，而对于可持续发展来说，共享经济更为有效。

3. 共享经济催生商业模式在我国存在的问题和相应建议

3.1 共享经济催生的商业模式在发展过程中存在的问题

3.1.1 现有法律法规无法适应共享经济发展

随着近年来共享经济的发展，我国原有的法律监管制度已经无法适应快速发展的共享经济，对于共享经济行业员工福利、税收等方面的工作目前还没有完善的法律规定，部分监管的细则等也存在过时的情况，从而在一些共享经济企业发展中，不免会被判定为“违规”，从而会对企业进行一定的处罚，甚至是停止企业经营，在一定程度上对市场创新形成一定的阻滞性作用。另外，由于对于第三方平台监管方面的缺失，没有通过严格的制度对用户进行审核，从而在一些共享平台中，存在非常明显的安全保障方面漏洞，进而会导致消费者的利益被侵害。例如，在滴滴平台中，司机的素质良莠不齐，很多从业人员都没有经过严格的考核，黑车就可以通过平台实现合法化运营，如此必然会导致很多安全隐患出现，例如近些年来滴滴顺风车发生的性侵、交通事故等报道屡见不鲜。共享经济是一种迅速发展的新型商业模式，必定会对于我国的相关法律法规提出全新的挑战，因此相关主管部门应该构建出符合共享经济发展和特征的全新法律体系。

3.1.2 我国信用体系有待完善

在欧美一些国家，共享经济已经发展得较为成熟，究其原因，主要是因为欧美国家在信用体系方面较为完善，对共享经济的本质进行分析，主要是以共享平台为基础，供需双方完成相应的交易，但在交易的过程中，交易的双方信息不对称是客观存在的重要因素，因此，必须要以信用体系为保障来提升交易的效率，同时降低交易的成本，如果信用评级越高，自然会产生越低的交易成本。

在当今市场环境下，相比一些西方国家来说，我国的信用机制尚不健全，信用缺失的现象非常明显，各个行业在信用体系建设过程中存在明显的滞后现象，失信问题也屡见不鲜，整体上看，我国社会诚信水平仍有待提高，基于此，共享经济催生的商业模式在推广过程中仍然有很大的难度。我国信用体系建设落后，主要是因为在监管制度方面的缺失，并且相关的信用机构都是以自行制定的标准进行运作，从而导致各种标准没有形成统一，自然会在信用市场中衍生出不正当竞争的情况，如此必然会导致民众个人利益遭受损失。在法律法规相对缺失的情况下，必然会导致相应的惩罚措施不健全的情况存在，从而相应的违法成本也就很低，如此法律的威慑力也就大打折扣。总体来说，相比欧美一些国家，我国的信用体系仍然有待提高和完善。

3.1.3 共享经济对传统经济的冲击

在“大众创业、万众创新”的时代背景下，我国的共享经济取得了非常良好的发展态势，共享经济作为当今时代中的全新经济模式，已经随着共享经济催生的商业模式的快速发展，对当前已有的市场格局、生产关系都产生明显的冲击和影响。但我国在监管制度、政策等方面仍有待完善，不成熟的模式会直接导致很多共享经济企业存在非常明显的逃避税收和社保责任等方面问题，对于传统经济来说，共享经济所产生的冲击导致一些企业陆续倒闭，或者是大幅度缩减了企业的利润，造成了一些社会问题，例如，Uber 所在的国家，导致很多次出租车罢工事件，在韩国、德国等地，更是集体对 Uber 进行封杀或者是进行限制性运营，当然，我国也不排除在外，曾在多个城市发生群体抵制网约车的情况。

3.1.4 同质化竞争情况愈演愈烈

李克强总理曾经在政府工作报告中提出过“互联网 +”的理念，就是通过互联网集成生产要素配置和优化的作用，对传统产业实现有效推动和改造。

近年来，我国也相继出台很多政策来推动共享经济企业的发展，有越来越多的企业都陆续加入共享经济发展的潮流中，使得创新创业的“蓝海”越来越红，例如，在线上短租行业中，已经出现HomeAway、途家等几个规模较大的公司，此外还有小猪、蚂蚁等公司，也都是从事短租服务的公司，但如何促使这些企业可以在共享经济发展、竞争的过程中，找到符合企业自身实际情况和发展需要的蓝海，是当前共享经济企业主要发展的方向和重点需要解决的问题。

3.2 共享经济催生的商业模式在中国发展的建议

3.2.1 企业层面的建议

（1）加强企业自我监管

虽然我国在监管等方面存在一定的缺失，但是共享经济企业决不可因此而降低对自身的监管和要求，否则会将企业自身推到监管的对立面。因此，企业必须要对自我加强监管，才可以更好地取信监管者和民众，进而可以对监管的改革形成积极性的影响。例如，在eBay成立后，美国因为缺少相应的监管法律法规，任由eBay自主制定了一定的规则，而这些规则经过多年发展，最后都成为美国形成的相关法律法规制定的相关依据。除此之外，共享经济相关企业在发展的过程中，还可以制定相应的自我监管的行业规矩，例如，在共享金融服务过程中，英国的RateSetter、Zopa、FundingCircle三家公司就联合组建了P2P网贷监管协会，有效发挥协会的作用，同时与监管机构形成良好的沟通，从而在政府监管并不完善的情况下发挥了重要的监督作用。

（2）应对同质化的有效途径

在共享经济飞速发展过程中，有更多的企业开始加入共享经济创业的队伍之中，从而导致共享经济市场竞争更为激烈，基于此，如何在这样的竞争环境中生存和发展，需要从两种途径进行探寻：首先，需要站在战略的角度从同质化中寻找蓝海，就是要在不同的产品或不同的服务之间寻找差异化策略，同时还要寻找没有竞争或者是未发现的市场；其次，从战术视角考虑，应该强化精细化管理和精细化运营，提高对细节方面的重视，以细节求成败，并且科学设计运营的规则，从而提升管理的效率和质量，避免资金浪费。例如，在Uber中，在特定的时间范围之内，平台发放的补贴是车费的2倍，但是不能超过50元，简单来说，如果行程消费在25元之内，对于司机来说属于最优的范围，可以说这个范围的车费多数属于平均车费，由此避免司机刻意进行刷单的行为，通过距离较远的大单来实现更高额度的补贴，从而促使司机可以努力工作，为乘客提供更多次数的服务获取高额的补贴。

（3）在适当时机退出

2016年，滴滴出行与Uber两家公司正式宣布合并，这也是我国共享驾乘服务平台方面两大巨头的合并，这种情况从表面上看来似乎是在很多人的意料之外，但是经过仔细的推敲和分析，就可以发现这种情况也十分符合正常的逻辑。在市场竞争环境中，任何企业都无法进行长久且非常大规模的恶性竞争，并且基于对股东利益最大化方面的考虑，类似这两家公司的合并，可以说是所有投资人共同的期许。当这两家公司通过合并之后，就可以有效降低或者说节约大量的机会和时间方面的成本，进而有效提升协同效应，并且还可以整体性提升平台的盈利额度和水平，更为可观的是，通过两个平台公司的合并，从而使我国产生一家超级大型的共享经济公司成为可能。因此，这种整合的行为在当今的“红海”之中属于无法避免的必然结果，但是必须要在恰到好处的时机中，才可以顺利进行，同时还要在合并的过程中，充分照顾股东、员工等多方面的切身利益。

3.2.2 国家层面的建议

（1）构建并完善国内个人信用体系

首先，我国应该在信用制度方面构建并完善相关的法律体系，如果发现违法者、失信者，应该给予更大力度的惩罚，通过提高违规成本的方式来完善处罚机制，避免由于违规成本过低而增加违规率。在信用体制建设中，当前我国还缺乏针对性、足够具体的法律法规来处置这些信用破坏者，并且执法人员、相关主管部门也没有足够的惩罚力度，从而促使这些失信人员存在侥幸心理，并肆意妄为。除此之外，还应该通过多种媒体对信用体制建设进行宣传，树立遵纪守法、保护公物的意识，还要通过共享信息平台公布违法者的信息，起到一定程度上的警示作用。另外应在政治、文化、社会等多个领域中引入诚信机制，引导市民可以从自身做起，在全社会形成良好的社会风尚。以构建完善的信用制度和法规为基础，不仅可以严惩失信者，还可以激励守信者，从而在全社会之中形成有法可依、违法必究的良好氛围。

其次，应该加快培养信用市场的主体进程，有效发挥政府的力量，通过政府提议加上企业的配合，打造出更为全方面、全方位的征信机构和信用评级机构。政府应该在这些机构中加大财政的投入支持力度，特别是对于那些非营利性机构，应该给予政策方面的一些倾斜，促使其可以更好地为社会服务，为构建良好的社会发展关系奠定良好的基础。

最后，扩大全社会对于信用产品的需求，进而促动供给方的发展，并且随着社会信用体系的发展，可以有效增强社会的主体信用意识，政府也应该通过信用背书，营造诚信的社会信用网，进而可以为信用社会提供体制方面的保障，促使人们的生活与信用产品高度结合，提升民众对于信用的重视，从而避免失信行为发生。

（2）创新监管模式

民众应该试着接受一种新的商业模式，而并非只是单纯的否定，并且应该与共享经济进行深度结合，从而构建完善的法律法规体系，构建出自由、开放并有规范的市场环境。相关主管部门应该结合以往经验，在经济较为发达地区先进行试点，基于实际发展情况和问题，评定对这种新型的商业模式的接受程度，根据问题进行相应的调整，制定出完善的监管制度。另外，针对共享经济企业中存在着一定的恶性竞争等问题，应制定相应的规范，特别是制定一定的准入规则和行业规范，严厉处罚恶性竞争等一些违法行为。政府部门也应该出台问责机制，明确责任，进而可以进行明确的追究。

（3）加强共享平台信息安全管理

用户在使用共享平台软件时，首先需要注册信息，其中就包括用户的基本信息如身份证号码、手机号码、银行卡号等，而用户通过对平台的使用就会将这些个人信息暴露出去。而共享平台一旦将这些数据汇总、分类，进行深度分析，就可以总结出这些民众在交通出行、消费结构、生活习惯等方面的大致偏好并形成庞大的数据库，如果这些数据被违法分子所利用，将会给社会带来巨大危害。这就需要监管部门必须建立健全信息安全的监管机制，首先，需要各部门共同制定统一的网络信息安全的监管政策，各部门之间相互配合，并建有应急方案和预警机制，在遇到信息泄露时能及时地做出应对。

其次是培养公民的网络信息安全意识，在平时进行网络购物或者使用网络平台注册信息时，注意保护自己的个人信息。政府也可以在各大信息门户网站显著位置以及通过发送短信提醒等形式提醒公民强化自身的网络安全意识，宣传网络安全的自我保护方法，全面提高公民自我保护的意识。

第三，加大我国对计算机和网络方面的软件以及核心部件的自主研发，在国际通用标准基础上，制定我国的信息安全技术的评估、监督管理体系。对产品技术从研发到使用过程中的每一步都有监管。同时，可与高校和科研机构合作，加大对于加密解密技术、病毒反病毒技术以及相关产品技术的研发力度。

第四，建立健全网络信息安全相关的法律制度，完善互联网的相应行为规范，并成立相应的行业协会，对本行的健康运行进行监管，形成行业自律。

结语：本文对共享经济进行了深入地分析，首先是从共享经济的起源、构成、理论基础和发展动力等方面进行了分析；接下来，全面介绍了共享经济在各个领域的体现和在生活中的应用；最后，分别分析了房、车和金融领域的三个典型的共享经济案例，从而对共享经济有了更加深刻的理解。由于共享经济在我国和国外有着不同的社会环境和基础，最终可能存在不同的发展模式，多种模式一起存在并与传统模式形成不同的竞争格局。从发展眼光看，共享经济一定会改变中国经济运行的模式，并帮助中国和全世界解决各类社会和经济问题。

参考文献

[1] 朱林聪.共享交通工具引发的社会治安问题及治理[J].中国经贸导刊（中），2020（04）：141-142+176.

[2] 龚坚刚，曹枚根，刘欣博，楼佳悦，周文俊.高压输电线路共享资源分析及共享铁塔供电技术方案探讨[J/OL].浙江电力：1-9[2020-04-19].https：//doi.org/10.19585/j.zjdl.202004001.

[3] 王文君，胡美琴，付庆玖，刘洪颜."共享经济"视域下高校大型仪器设备市场化运营模式探究[J/OL].实验技术与管理，2020（04）：253-256[2020-04-19].https：//doi. org/10.16791/j.cnki.sjg.2020.04.058.

[4] 涂科，杨学成.共享经济到底是什么？——基于个体与组织的整合视角[J].经济管理，2020，42（04）：192-208.

[5] 任本燕.基于创新驱动背景下的数字经济发展路径研究[J].经营与管理，2020（04）：6-9.

中国与“一带一路”国家贸易潜力研究

摘要：“一带一路”包含了“海上丝绸之路”和“丝绸之路经济带”，其包含的区域有亚洲、欧洲、非洲、大洋洲等，“一带一路”概念最早始于2013年9月，在党的十八届三中全会以及中央经济工作会议等重要会议中，“一带一路”开始正式快速上升到战略决策的高度，在很多国际场合开始被提及，是实现亚洲、非洲、欧洲大陆和平繁荣的共赢之路。我国提出的“一带一路”是寻求经济可持续增长过程中，倡导互利共赢的创新合作理念，“一带一路”与贸易合作伙伴国家之间具有巨大的潜力，基于此，文章就中国与“一带一路”国家贸易潜力进行分析和实证研究。

关键词：中国；“一带一路”；国家贸易；潜力

“一带一路”属于重要的开放对策，同时也是一种全新的经济合作理念。针对“一带一路”倡议过程中所开展的贸易增长影响因素及贸易合作潜力方面进行深入细致的研究具有非常重大的意义。近年来，无论是在媒体还是在有关文献之中，关于“一带一路”的报道屡见不鲜，但其中多为唱好的定性分析，还没有系统性针对“一带一路”贸易潜力实证方面的研究分析。众所周知，贸易是“一带一路”的核心意义和重要组成部分，但贸易却不能代表“一带一路”的全部内涵。“一带一路”是集合了责任、命运、利益于一身的共同体，带来的不仅是市场化的合作、竞争，同时也是制度、规则方面的磨合与对接。基于此，文章针对中国与“一带一路”国家双边贸易潜力进行实证分析。

1. 中国与“一带一路”国家贸易潜力及影响因素实证研究模型设定及变量说明

在传统的引力模型中运用随机前沿分析法，以此为基础，构建相应的前沿引力模型，将短期不会发生改变的因素，引入到前沿引力模型之中，并对这些因素进行归纳，视为影响国家之间贸易的自然因素，其中包括距离、经济规模等多方面内容，继而进行测算，在自然条件下，国家之间达到的贸易量；另外在国家之间，进口国自由度、是否签订自由贸易协定等方面的内容，都可以归入到非效率模型中，从而就可以对国家之间贸易阻力进行估算，进而建立出前沿引力方程如下：

$$\ln \mathrm{TR}_{ijt} = \beta_0 + \beta_1 \ln \mathrm{PCGDP}_{it} + \beta_2 \ln \mathrm{PC}GDP_{jt} + \beta_3 \ln POP_{it} + \beta_4 \ln \mathrm{POP}_{jt} + \beta_5 \ln \ \mathrm{Dist}_{ij} + \beta_6 \ \mathrm{Border}_{ij} + v_{ijt} - u_{ijt}$$

式（1）

$$\ln \mathrm{EX}_{ijt} = \beta_0 + \beta_1 \ln \mathrm{PCGDP}_{it} + \beta_2 \ln \mathrm{PC}GDP_{jt} + \beta_3 \ln POP_{it} + \beta_4 \ln \mathrm{POP}_{jt} + \beta_5 \ln \ \mathrm{Dist}_{ij} + \beta_6 \ \mathrm{Border}_{ij} + v_{ijt} - u_{ijt}$$

式（2）

在上述方程式之中，TR_{ijt} 主要代表中国对处于“一带一路”沿线国家的总贸易额，其中用 i 代表中国，j 代表沿线国家；$EXijt$ 则表示 t 年中国对沿线国家的出口额；$PCGDP_{it}$ 用来表示在 t 年中国的人均 GDP，而 $PCGDP_{jt}$ 表示贸易伙伴国家的人均 GDP，同时也表示两个国家在经济规模、预期与 T_{ijt} 有着明显的正相关关系。

之所以在文章中采用人均 GDP 而没有采用 GDP 来表示国家的经济规模，究其原因，主要是因为如此考虑不仅可以充分将一个国家的经济规模体现出来，同时还可以体现出经济发展水平的高低，另外还可以体现出这个国家的代表性需求水平、要素禀赋等多方面的内容；POP_{it} 用来表示 t 年中国的人口，POP_{jt} 则表示贸易伙伴国的人口，另外，还可以用以上两者来表现不同国家的市场规模，但是无论是出口还是进口国家，其贸易影响各有不同，主要体现在如果出口国具有很多的人口，这个国家就具有非常大的国内市场需求，从而就会降低对外贸易；但在进口国还要根据具体影响具体分析。

首先，如果进口国的人口数量较大，同时国家具有可以满足消费需求的生产力，从而就会减少进口、贸易方面的需求，如此就与 T_{ijt} 呈现反相关；其次，如果进口国的人口多，随着消费需求及收入水平的提升，进口能力也随之提升，从而与 T_{ijt} 呈现正相关；Dist_{ij} 则用来表示国家之间的距离，同时还可以表示国家之间运输过程中所产生的成本，预期与 $Tijt$ 呈现负相关。Border_{ij} 属于虚拟变量，主要是两个国家如果存在共同边界，取值则为 1，如果没有共同边界，则取值就为 0。预期与 T_{ijt} 呈现正相关。

在本次研究中，笔者采取我国在 2014 年吞吐量最大的舟山港作为中国与海上丝绸之路各个国家之间的距离的起点，而将其他国家的最大港口作为终点。另外，由于“丝绸之路经济带”上与中国有双边贸易的其他国家大多属于内陆国，所以研究过程中所依据的结算方式主要采取的是铁路运输的计算方式。

笔者根据文章研究的实际需要，以及获取相关数据的全面性，在其中加入可以对中国与“一带一路”沿线国家贸易产生影响的非效率因素，建立如下非效率方程：

$$u_{ijt} = \delta_0 + \delta_1 WTO + \delta_2 FTA + \delta_3 LPI_{jt} + \delta_4 PP_{jt} + \delta_5 BC_{jt} + \delta_6 TF_{jt} + \delta_7 IF_{jt} + \delta_8 FF_{jt} \left(+ \delta_9 SHP_{ijt} / \delta_9 TRM_{ijt} \right) + \varepsilon_{ijt}$$

式（3）

在上述方程式中，虚拟变量用 WTO 表示，同时 WTO 也表示世界贸易组织，如果 j 国已经成了 WTO 的成员，则在取值的时候就为 1，如果不是 WTO 成员方，则取值为 0；FTA 仍旧是虚拟变量，如果与 j 国之间已经签署自由贸易协定，取值则为 1，如若没有签署自由贸易协议，则取值为 0；对于两国之间的贸易来说，上述两个虚拟变量属于促进性因素，其与 u_{ijt} 呈现负相关。LPI_{jt} 主要用来表示在 t 年，j 国运输、基础贸易设施的质量，可以以此为基础，反映出不同国家在港口、道路等方面的基础设施实际情况，可以在 1 到 5 之间取值，如果取值越高，就代表质量越高，其与 u_{ijt} 呈现负相关。PP_{jt} 则用来表示国家的货币购买力；BC_{jt} 表示国家海关手续负担，一般取值从 1 ~ 7，其与 u_{ijt} 呈现负相关；t 年 j 国的贸易自由度指数为 TF_{jt}、投资自由度指数为 IF_{jt}、金融自由度指数为 FF_{jt}。

2. 中国与“一带一路”国家贸易潜力影响因素实证研究

2.1 贸易效率及潜力分析

根据中国与“一带一路”沿线国家贸易的效率方程式：

$$TE_{ijt} = \frac{f\left(X_{ij};\beta\right)\exp\left(v_{ijt} - u_{ijt}\right)}{f\left(X_{ijt};\beta\right)\exp\left(v_{ijt}\right)} = \exp\left(-u_{ijt}\right)$$

式（4）

可以得到沿线 68 个国家的出口效率、总贸易效率两方面的估计值。在贸易效率 TE 计算中，取值范围为［0，1］，其中 1 表示贸易效率已经达到 100%，如果取值为 0 的情况下，就可以将贸易率看作 0%，贸易率与数值之间成正比关系。但是，如果具有较低的贸易效率，则代表实际两国之间的贸易量与贸易潜力具有较大差距，通过已经设置的时变随机前沿引力模型，并根据模型的回归结果，得到每一年不同的贸易效率，并且通过计算，就可以得到我国与"一带一路"贸易国家之间的效率平均数。按照贸易实际情况，文章划分为 21 世纪"海上丝绸之路"和"丝绸之路经济带"两个区域，两个区域的出口和贸易效率如下表 1 和表 2 所示。

表 1　中国对"一带一路"国家平均出口效率

贸易伙伴国	贸易效率（%）	贸易伙伴国	贸易效率（%）
21 世纪"海上丝绸之路"	21.21	"丝绸之路经济带"	20.77
新加坡	79.52	吉尔吉斯斯坦	88.41
马耳他	70.53	荷兰	62.55
马来西亚	54.31	约旦	55.60
柬埔寨	42.89	匈牙利	34.01
泰国	28.83	乌克兰	31.84
菲律宾	25.17	卢森堡	30.63
也门	24.08	比利时	30.16
印度尼西亚	22.00	叙利亚	25.63
孟加拉国	21.54	捷克共和国	23.91
澳大利亚	20.85	塔吉克斯坦	23.78
斯里兰卡	20.24	德国	21.98
越南	18.65	爱沙尼亚	21.26
巴林	15.87	伊朗	20.87
巴布亚新几内亚	15.12	沙特阿拉伯	20.12
新西兰	14.82	拉脱维亚	19.90
塞浦路斯	14.11	以色列	19.55
西班牙	11.63	英国	18.87
意大利	10.78	乌兹别克斯坦	18.66
科威特	10.26	波兰	17.97

续表

贸易伙伴国	贸易效率（%）	贸易伙伴国	贸易效率（%）
阿曼	10.14	立陶宛	17.80
希腊	8.77	土耳其	17.66
马尔代夫	7.81	斯洛文尼亚	16.94
葡萄牙	7.39	克罗地亚	16.85
卡塔尔	5.88	丹麦	15.35
巴基斯坦	5.51	罗马尼亚	15.32
印度	3.99	土库曼斯坦	15.20
黎巴嫩	2.05	保加利亚	14.93
/	/	格鲁吉亚	14.79
/	/	芬兰	12.94
/	/	斯洛伐克	12.65
/	/	蒙古	12.63
/	/	爱尔兰	11.83
/	/	法国	11.60
/	/	哈萨克斯坦	10.32
/	/	瑞士	10.25
/	/	阿塞拜疆	9.21
/	/	摩尔多瓦	7.80
/	/	白俄罗斯	6.21
/	/	俄罗斯	6.12
/	/	亚美尼亚	4.93
/	/	奥地利	4.42

表 2　中国对“一带一路”国家总贸易平均效率

贸易伙伴国	贸易效率（%）	贸易伙伴国	贸易效率（%）
21 世纪“海上丝绸之路”	26.44	“丝绸之路经济带”	23.96
阿曼	89.12	吉尔吉斯斯坦	87.98
马来西亚	70.81	沙特阿拉伯	56.26
马耳他	69.04	荷兰	53.78
新加坡	63.23	约旦	51.54

续表

贸易伙伴国	贸易效率（%）	贸易伙伴国	贸易效率（%）
也门	52.85	伊朗	43.15
澳大利亚	37.49	匈牙利	36.17
泰国	32.62	比利时	35.30
柬埔寨	29.32	乌克兰	35.07
巴布亚新几内亚	28.79	德国	33.73
科威特	27.25	土库曼斯坦	30.31
印度尼西亚	23.88	卢森堡	27.04
越南	23.24	塔吉克斯坦	26.00
新西兰	22.82	捷克共和国	24.07
孟加拉国	21.54	叙利亚	22.67
斯里兰卡	20.24	乌兹别克斯坦	22.38
巴林	14.74	以色列	21.59
菲律宾	14.38	斯洛伐克	20.09
卡塔尔	13.80	爱沙尼亚	20.06
意大利	9.81	爱尔兰	19.63
西班牙	9.53	蒙古	19.42
塞浦路斯	8.73	英国	18.77
马尔代夫	7.81	芬兰	18.21
葡萄牙	6.74	保加利亚	17.81
希腊	5.68	丹麦	16.72
巴基斯坦	4.92	哈萨克斯坦	16.49
印度	3.99	拉脱维亚	16.46
黎巴嫩	1.56	土耳其	16.40
/	/	波兰	16.37
/	/	斯洛文尼亚	16.03
/	/	罗马尼亚	15.39
/	/	法国	15.36
/	/	瑞士	14.95
/	/	克罗地亚	14.90
/	/	立陶宛	14.67

2.1.1 出口效率

根据表 1 中给出的实证结果对出口效率进行分析，不难发现，随机前沿引力模型的残差之中完全可以将地理距离等信息剥离，因为在贸易伙伴国家中，像短期内距离不会发生重大变化等方面的因素总是客观存在，基于这些因素的影响，无法通过残差计算得到贸易过程中的有关效率数值，同时也说明，如果两个国家认为阻碍会随着贸易效率的提高而减少，于是就会想方设法降低贸易阻力。本文中，笔者选取的出口效率一直排在前十名的国家其中有六个国家属于“海上丝绸之路”的国家，由此可以看出，我国与东盟国家之间存在着悠久的传统友谊，并有着非常宽广的共同利益和语言。

从上表中还可以看出，我国与吉尔吉斯斯坦在“丝绸之路经济带”中的出口增长率高达 504.590%，中国与该国属于邻国，并且吉尔吉斯斯坦属于“丝绸之路经济带”中重要的国家，两国之间共同点很多，从而两者之间的合作也较少受到人为因素的阻碍。在“海上丝绸之路”和“丝绸之路经济带”出口效率排名后五位的国家出口率都没有达到 10%，中国对这些国家的出口额占总数的 5.67%，其中对印度出口额为 2.31%，对俄罗斯为 2.29%，由此可以分析出，我国对这些国家的出口受到的人为阻力较多，进而对这些国家仍有较高的出口潜力。但是区域平均水平方面，“海上丝绸之路”和“丝绸之路经济带”区域平均水平分别为 21.22% 和 20.77%，由此可以看出，我国与“一带一路”沿线国家之间还有很高的出口潜力。

2.1.2 总贸易额效率

如果从总贸易效率的角度对表 2 进行分析，可以看出我国与“一带一路”沿线国家之间还有很大的总贸易量潜力，在 21 世纪“海上丝绸之路”总贸易率为 26.44%，“丝绸之路经济带”总贸易率为 23.96%。在“海上丝绸之路”排前七名的国家的总贸易效率都超过了 30%，再综合“丝绸之路经济带”效率排名靠前国家的数据可以看出，如果国家的出口效率较高，则总贸易效率也会较高。但我国与葡萄牙、印度、俄罗斯等国家之间，仍然维持较低的贸易效率，由此可以看出，在整体贸易及出口方面，我国与这些国家的贸易效率都非常低，因此应该减少与这些国家合作的人为阻力，从而挖掘和发挥贸易的潜力。

2.2 非效率影响因素

通过分析中国与其他处在“一带一路”沿线国家的贸易潜力，在出口额和贸易总额方面还没有达到最大潜力，从而并没有较高的贸易效率，因此可以看出影响和造成贸易非效率的人为因素分析具有重要意义。在验证的过程中，引入具有适应性的变量，然后针对不同的变量进行回归，通过似然比明确在回归方程中，是否需要将变量加入其中，对结果进行检验，所有变量都通过了似然比检验，具体回归结果如表 3 所示。

表 3 贸易非效率影响因素回归结果

变量	出口模型		总贸易模型	
	系数	t 值	系数	*t* 值
常数	1.74***	4.55	1.63***	2.71
WTO	−1.93***	−7.51	−2.03***	−8.58
FTA	−0.05	−0.27	−0.90***	−2.31
LPI_{ji}	−0.48*	−1.45	−1.64***	−7.23
PP_{ji}	0.30	0.49	2.49***	4.85
BC_{ji}	−0.49***	−3.53	−0.18	−1.02
TF_{ji}	0.02***	2.28	0.03***	4.46
IF_{ji}	0.01*	1.59	0.01	1.21
FF_{ji}	0.02***	2.82	0.02***	2.33
σ^2	0.47***	14.14	0.62***	0.23
γ	0.11***	2.54	0.29***	3.42
对数依似值	−624.64		−619.91	
LR 统计值	163.57		264.97	

注：*、** 和 *** 分别表示在 10%、5% 和 1% 置信水平下显著。

在两个模型之中，非效率项与 WTO 两者之间呈现明显的负相关。对 WTO 的宗旨进行分析，主要目的在于可以将各个成员方的关税尽可能地减少，并且还可以实现将存在于非关税之间的贸易障碍消除，最终可以在各个员国之间将贸易歧视消除，因此，两个同样属于 WTO 成员方的国家，必定会降低贸易非效率的影响，从而提升两国贸易效率。

两个模型的 FTA 明显可以对两国贸易产生促进作用，并且均为负数的估计值，并且，通过 1% 的总贸易模型具有显著性检验，由此说明，我国与各国自贸区之间，应该通过加强谈判的方式，有效提升国家之间的贸易往来。

在运输方面、贸易方面，与两者相关的基础设施质量所产生的变量，在式中用 LPI_{jt} 来表示，并且 LPI_{jt} 与贸易非效率之间，呈现非常明显的负相关关系，基于此，如果与运输相关的基础设施、贸易等具有较高的质量，就可以在两国之间达到促进贸易的作用，并且伴随“一带一路”政策的不断推广和深入，我国应该加速高铁建设输出，与各个国家之间可以形成良好的贸易。

3. 中国与“一带一路”国家贸易合作政策建议

3.1 优化我国对“一带一路”沿线国家进出口商品结构

我国与“一带一路”各区域国家出口的主要优势产品包括皮毛及相关制品、鞋帽制品、金属、机械等制品，因此，要充分发挥我国在这些商品方面出口的优势，但经过实际统计发现，我国在所有进出口商品中，多为集中在纺织服装、金属制品等这一类具有劳动密集型的商品之中，特别是在出口方面主要是因为我国过去劳动力成本很低，但是，近些年来，我国的劳动力成本呈现不断上升的趋势，从而导致很多国外的制造业工厂陆续从我国迁出，并在此之后，这些工厂在东南亚等地区相继开设，基于此，我国必须想方设法降低劳动力方面的成本，也就是说，我国应该充分认识到现实情况，改变传统的中国制造发展思路，向中国创造进行转型和发展，在此过程中，尽最大努力强化我国自身的品牌，加强自主科技创新，并且在其中积极进行加工贸易转型和升级，不断优化我国与“一带一路”国家之间的贸易商品架构，加强制造业方面的贸易合作。

3.2 推进我国与“一带一路”沿线自由贸易协定

如果两个国家都是 WTO 组织的成员，并且签署了自由贸易协定，就可以对两个国家之间的贸易形成良好的促进性作用。通过分析我国与“一带一路”相关国家之间签署的自由贸易协定，以及正在谈判的情况，可以明确发现我国签署的 FTA 对象，基本上都是属于周边的地区或者是国家，如与东盟、新加坡、澳大利亚等国家签署的自由贸易协议，而与巴基斯坦已经进入了第二阶段的谈判，东盟的 10+1 升级也已经完成，由此可以看出，多数国家都是来自东盟、南亚、南太平洋，而很少有国家是来自欧盟，尤其是发达国家。因此，我国应该与西亚、中亚、独联体等多个地区，尽最大努力签署自由贸易协定，从而推进我国“一带一路”建设，加强我国与沿线国家的贸易合作。

3.3 完善贸易及运输相关基础设施

在进行研究非效率影响因素中可以发现，在影响贸易因素中，其中最重要的因素之一就是贸易及运输相关的基础设施，在“一带一路”建设过程中，其中最为关键和优先的工作就是实现基础设施互联互通，国际贸易如若想要实现良好发展，必须要用物流产业的发展作为支撑，如此才可以让国内的货物走出去，并且交通基础设施的完善程度，会对物流产业的发展产生直接性的影响。基于此，与中欧国家之间，我国应该加强铁路国际运输方面工作的建设，与此同时，中蒙俄、中越之间的国际道路、联运通道、陆水运输等方面也要加快建设的速度，“一带一路”沿线国家及地区之间要将力量资源集中，从而进行共同建设，最终实现具有较高效率的运输通道，从而为“一带一路”贸易合作提供良好的基础。

3.4 提高我国班轮航运连接度

我国的班轮运输指数以及全球航运联通程度，直接会影响到与各国之间的贸易增长方面的工作。我国班轮运输指数之所以不断提升，究其原因，主要是由于航线、港口等多方面的原因所致。当前我国主要港口具有相对较好的港口条件，但我国的航运服务、综合环境的软实力仍然有待提升。再者，在金融、保险、航运服务等方面，我国港口的产业链条与其他发达国家相比，仍然存在些许差距。另外通过相关研究发现，世界航运中心的构成要素关键是两国的海运距离，尤其是对于“海上丝绸之路”的各国来说，这是最重要的贸易阻碍因素。因此，如果通过提升全球航运网络联通程度，就可以降低由于距离导致的负面的贸易影响，如果班轮运输连接度提高了，就可以将因距离因素而导致的贸易额降低问题有效解决。

3.5 完善海关服务和提高我国海关手续效率

海关手续负担是影响我国贸易效率中最重要的因素之一。根据世界银行统计的数据研究发现，一般情况下，我国海关手续负担基本上保持在 0.04 元左右，因此，可以通过“一带一路”建设提高我国海关服务质量。我国海关总署在 2015 年总计出台了 16 条措施，如沿海城市通关一体化等；在 2016 年由征税、监管等多个部门共同出台了《2016 年海关落实“一带一路”建设战略规划重点工作》相关文件，这些规范的出台为我国开展“一带一路”建设工作打下了坚实的基础，并且提供了良好的前提条件。当前我国“一带一路”建设工作已经进入重要的实施阶段，因此海关不仅要加强 16 条支持措施的执行力度，还要进一步落实“一带一路”的其他各项支持措施，以此为“一带一路”发展提供全面支持和服务。

3.6 妥善解决边界争端问题

一般情况下，两个邻国应该有更为频繁的贸易，我国与“丝绸之路经济带”的沿线各国的贸易实践也充分体现了这点。但经过实际研究发现，在我国与“海上丝绸之路”沿线各个国家的贸易中，结果正好相反，究其原因，主要是我国与这些国家之间或多或少都存在一些边界争端方面的问题，基于此，我国以及相关国家，必须要秉承和谐共处的原则，强化合作和磋商，积极解决两国边境事务问题，要积极丰富和完善可以对两国边境和平、安全起决定性作用的措施。

4. 中国与“一带一路”沿线各个区域贸易的建议

中亚、南亚、欧盟、独联体、东盟、西亚、蒙古七个区域中，每个区域都有自身独特的资源禀赋，并且每个区域都有各自不同的优势商品，除此之外，我国与不同的区域之间具有完全不同的贸易潜力，因此，在与不同的区域进行贸易合作过程中，应该秉承区别对待的方式进行。

在“21 世纪海上丝绸之路”中，东盟地区是其中最重要的枢纽，同时，东盟地区也是华人华侨聚集的地区，多年来，我国与东盟之间的合作基础非常深厚，并且文化纽带也十分牢固，我国与东盟各国之间具有非常大的合作潜力，重点体现在双方外来贸易、投资等多个方面。在我国进一步加强贸易往来的区域中，南亚地区是其中最重要的区域之一，近年来，我国与南亚地区之间贸易增长量巨大，已经超过了 17 倍，在贸易过程中，有效发挥出我国云南省“货运集中仓”的汇聚、发散作用，进而将我国与南亚地区之间的贸易潜力有效激发出来。除此之外，应与印度之间加强边界问题谈判，尽量减少争端，对已经出现的边界争端问题应该予以重视和妥善处理，同时对斯里兰卡在“一带一路”倡议中的作用与地位应于高度加强和重视。

结语：在“一带一路”沿线国家中，多数国家属于发展中国家，或者是属于新兴市场经济国家，这些国家在受到金融危机的影响，以及通过外贸转型升级、产业结构调整等作用下，逐步削弱了我国与欧、美等老牌的经济发达国家之间的贸易关系，反之，与“一带一路”沿线国家之间，正在不断增强外贸联系。

参考文献

［1］张桂梅，李晓璇. 中国与“21 世纪海上丝绸之路”西线国家贸易潜力研究［J］. 山东工商学院学报，2019，33（06）：22–35.

［2］许阳贵，刘云刚. 中国与“一带一路”沿线国家贸易及其影响因素［J/OL］. 热带地理：1–14［2019–12–30］.https：//doi.org/10.13284/j.cnki.rddl.003201.

［3］彭冬冬. 中国援助“一带一路”国家的贸易促进效应研究［C］. 新兴经济体研究会、中国国际文化交流中心、广东工业大学. 新兴经济体研究会 2018 年会暨第 6 届新兴经济体论坛人类命运共同体论文集（上）. 新兴经济体研究会、中国国际文化交流中心、广东工业大学：广东省新兴经济体研究会，2018：302–314.

［4］《“一带一路”贸易投资指数报告》联合课题组，刘勇，陈文玲，吴志峰，顾春光，孙远根，房婷婷，彭禹翔，庞超然 .“一带一路”贸易投资指数报告［J］. 开发性金融研究，2017，16（06）：81–96.

［5］张珺. 增加值贸易核算下中国与“一带一路”沿线地区的贸易关系分析［C］. 中国新兴经济体研究会（China Society of Emerging Economies）、中国国际文化交流中心（China International Culture Exchange Center）、广东工业大学（Guangdong University of Technology）.2030 可持续发展目标与一带一路建设——中国新兴经济体研究会 2017 年会暨 2017 新兴经济体论坛（国际学术会议）论文集（下）. 中国新兴经济体研究会（China Society of Emerging Economies）、中国国际文化交流中心（China International Culture Exchange Center）、广东工业大学（Guangdong University of Technology）：广东省新兴经济体研究会，2017：152–164.

［6］肖维歌. 中国与“一带一路”支点国家文化产品贸易发展研究［J］. 绍兴文理学院学报（自然科学），2017，37（02）：39–47.

产业政策、资本市场定价与企业研发投资

摘要：随着市场经济的快速发展，我国经济建设呈现出高速稳定的发展态势，人民群众的生活水平也在不断提高，自从改革开放以来，我国一直都十分重视企业的发展，并且将产业政策作为我国政府参与资源配置调整和优化结构的重要手段之一。当前产业政策被广泛地应用在我国的各个领域，在生产发展过程中，产业政策可以通过市场准入、目录指导、政府补贴的方式来对相关的产业发展进行鼓励和支持，通过这样的方式能够促进我国相关企业的结构逐渐完善升级，从而促进我国国民经济呈现出长效可持续性的发展态势。从当前的实际发展情况来看，企业的研发投资决策不仅对于整个企业的发展会产生影响，同时还会影响企业的未来发展方向，因此企业在发展过程中应该重视研发投资的相关内容，做好研发投资的相关工作，这样才能对我国相关企业的产业结构进行不断的优化和调整，使得企业的发展更符合当前社会的实际发展情况，从而促进我国社会经济得到更加快速的发展。我国目前正处于社会经济发展转型的重要时期，想要促进我国经济得到更好的发展，就必须要在产业结构优化升级的背景下，对我国当前的产业政策进行重点研究，将产业政策的作用和意义充分发挥出来，进而促进我国经济得到更加快速的增长。

关键词：产业政策；资本市场；定价；企业研发；投资

自从改革开放以来，我国一直都十分重视市场机制的发展，并且不断强调市场机制对于社会资源配置的作用，在党的十八届三中全会的决议中，明确提出在发展过程中要将经济体制改革进行不断地深化，并且要处理好政府和市场在发展过程中的关系，使得市场在发展过程中的资源能够得到更好的配置，同时将政府的作用充分发挥出来，促进市场得到更好发展。

当前我国正处于经济转型的重要时期，因此需要对传统的经济结构进行

不断的优化和完善。面对当前激烈的市场竞争，如果在转型时期无法对整个经济结构进行科学有效的调整，将会影响我国未来的发展方向。我国在发展过程中一直都十分重视政策的推行，政府通过宏观调控的手段来对资源进行科学有效的配置，能够引导和控制产业的投资方向，推动我国产业结构的优化升级，最终实现国民经济的快速增长。我国为此也提出了以五年规划为核心的发展规划，其目标就是通过调整我国的产业结构来满足国家的经济发展需求，使每个行业、每个企业尽可能地在激烈的市场竞争中脱颖而出。

1. 概念的界定和理论基础

1.1 概念的界定

不同国家在发展的过程中会提出不同的发展政策和理论基础，提出的发展政策和理论基础都是为了促进各国的经济得到更加快速的发展，当前产业政策的概念在国际上并没有一个统一的规定，我国在对产业政策进行解释的过程中，可以这样理解产业结构：首先是产业政策是由国家统一制定的，制定产业政策的目的是实现和引导国家产业朝着正确的方向不断推进，在推进过程中使产业结构得到不断的优化和升级，并以此协调国家产业结构和国民经济的协调发展，必要时可以对产业的发展进行科学有效的政策干预。

从当前的实际发展情况来看，我国的产业政策与先进国家的水平仍然有较大的差距，政府在对一些产业或企业进行政策干预的过程中，没有充分考虑企业的实际发展情况，而是采用直接干预的方式，这在一定程度上会影响企业的发展进程，因此在具体的发展过程中仍然存在一些问题，相关部门只有针对问题提出一些切实可行的解决策略才能将产业政策的作用充分发挥出来。

产业政策的实质简单来说是一种政府的干预，在发展的过程中主要是强调政府参与资源配置和优化产业结构的服务功能。同时产业政策是对经济的直接性干预，通过对经济的干预能够更好地优化和完善产业的组织结构，进而给产业的快速优化升级提供前提和基础。国外在发展过程中会将产业结构划分为两种，分别是功能性产业政策和选择性产业政策。功能性产业政策主要是给一些产业创造良好的生产发展环境，让更多的企业能够进入到市场中，形成一种良好的市场环境。在具体的发展过程中通过建设产业发展需求基础设施的方式，来对一些设施进行不断的优化和完善，并且根据实际情况采用市场准入和相关的目录指导方式来对产业的发展进行直接性的干预，政府还可以通过后期补贴的方式来达到经济发展的目的。

我国在具体的发展过程中提出了一系列的指导规划，不同的地方政府会颁布一些具有地方特色的产业政策，在具体的发展过程中，通过指导审批市场准入的方式来对相关措施进行不断地强化，从政策的实施手段上来看，我国在进行产业政策实施的过程中是典型的选择性产业政策。

1.2 理论基础

在进行研究的过程中，经常会提到一个理论就是政府干预理论，政府干预理论是指政府通过制定相应的指导方针，来对经济进行科学有效的干预。政府干预从实质上来讲是一种宏观的经济政策干预，从 20 世纪 30 年代开始，国外的相关研究人员就提出了政府干预这一理论。如果不具备科学合理的政府干预，则会直接导致经济在发展过程中出现不平衡的发展情况，整个市场的机制将会失去效力。由此可见，市场在发展过程中并不是万能的，需要依靠外界的相关机制来达到资源合理分配的目的。通过政府的干预能够对产业结构进行科学合理的规划，从而推动经济能够得到更加快速的发展。

在具体的发展过程中，如果仅靠市场机制的作用来对企业的投资进行管理则会出现潮涌现象，潮涌现象简单来说就是会有大量的投资机会和投资资金涌向某一个产业，这样就会直接导致市场机制出现失灵的情况，无论是在市场较为发达的欧美国家还是在一些发展中国家，都会对整个国家的经济发展造成十分严重的影响。为了避免这一情况的出现，则需要采用政府干预的方式来对整个产业结构进行优化和调整，通过这样的方式能够对市场机制失灵的情况进行有效的弥补，政府在发展过程中可以根据自身的优势来掌握多方面的信息内容，这些信息内容主要是为了更好的判断企业的未来发展情况，充分发挥出政府的引导作用。

从当前的实际发展情况来看，我国正处于经济转型的重要时期，资本市场的管理体制及相关法律法规较为欠缺，在发展过程中很容易出现效率失控的情况，面对这样的问题，政府应该充分发挥扶持的作用，以此来弥补市场发展过程中存在的一些缺陷，制定科学合理的产业政策，这样才能推动产业得到快速的升级，整个市场的经济稳定性也能得到有效的保证。

2. 文献综述

2.1 产业政策的经济后果

在具体的发展过程中，当前相关学者的主要研究重点放在了产业政策是否能够推动国内经济的产出以及效益与质量的提升。如果在发展的过程中无法达到这两个要求，整个产业政策的作用将无法充分体现出来，如果是这样的话，制定任何发展目标都显得毫无意义。在具体的发展过程中可以根据实际情况，将产业政策分为功能性产业政策和选择性产业政策。从当前的实际发展情况来看，我国绝大部分产业政策都是选择性产业政策，在利用选择性产业政策的过程中会产生一定的经济后果，但是当前学界并没有对经济后果得出一个统一的结论，市场在发展过程中，通过建立产业政策的方式，能够有效弥补市场失灵以及产业结构发展不平衡的情况。当前学者主要分成了两派，支持者主要是从产业政策的引导作用方面入手，认为产业结构可以及时弥补市场在发展过程中存在的一些问题，认为产业政策具有正面的经济后果，而反对者则认为，采用产业政策会产生一些不良的经济后果，直接影响社会经济的快速发展。

2.2 产业政策与企业研发投资

相关调查研究表明，通过提出相应的产业政策能够有效提高企业的资本投资规模，但是在具体的发展过程中，虽然提出了相应的产业政策，但是整个投资资本的效率并没有得到有效提高。有关调查资料显示，产业政策具有一定的激励功能，能够推动非国有企业获得更多的银行信誉资源，但是投资效率会不断下降。产业政策的推出会对企业的融资情况产生不同程度的影响，而地方政府的产业政策出台并没有缓解公司融资困难的情况，而且会在不同程度上降低企业的投资效率。

2.3 产业政策与资本市场定价

在具体的研究过程中，从产业政策的信息价值角度出发来制定当前的产业政策，从资本市场定价的影响能够看出，产业政策的推出不仅能够提高产业政策制定的科学合理性，同时还能有效提高投资者对于整个产业信息分析的评估能力。近几年我国相关学者一直在对产业政策进行深入的研究，在具体的研究过程中主要分为两个方面，首先是对产业政策对股价的收益影响方面进行研究，其次是从信息传递方面分析了产业政策影响资本市场定价的具体路径。研究结果显示：资产政策对于股价同步性会有一定的影响，产业政策能够有效降低公司的股价同时还能有效提高资本市场的定价效率，从而促进资本市场能够得到更加快速的发展，企业在发展过程中的效率也能得到有效的保证。

3. 研究假设及研究设计

3.1 研究假设

在进行具体的假设研究过程中，首先要进行科学合理的假设。产业政策不仅仅是表现国家未来产业发展方向和投资方向同时也包含了企业的未来发展前景，从当前的实际发展情况来看，产业政策会通过税收机制及市场竞争机制以及政府补贴机制来对产业的实际发展情况产生影响，但具体的发展过程中一定要充分发挥产业政策的实际作用，这样不仅能够促进企业得到更加快速的发展，同时整个市场的产业结构也能得到有效的优化和升级。产业政策中包含很多信息内容，在具体的发展过程中，信息价值会通过参与资本市场定价的方式来改变企业的股权融资成本，通过这样的方式能够有效缓解当前企业在发展过程中面临的一些融资约束。

为了能够给企业创造更好的融资环境，从而促进企业得到更好的经济发展，产业政策可以通过政府补贴的方式来对相关企业进行扶持发展，可以通过参与资本市场定价的方式来影响当前企业的整体融资环境，为企业的发展营造一个良好的发展环境，进而影响企业的研发投资。

3.2 样本选取和数据来源

在进行样本选取的过程中，本文主要选取了 2007 年到 2017 年某上市公司作为样本，并且在选取样本的过程中去除了金融类、ST 类和 PT 类的上市公司，同时还删除了大量的变量缺失的样本，整个样本的选取十分科学有效，能够保证整个研究数据结果的科学有效性。

在对样本进行收集的过程中主要是从 CSMAR 数据库和 wind 数据库中进行数据收集，专业人员将收集到的数据通过 Excel 的方式进行数据统计分析，最终形成一个较为完善的数据结果。

3.3 变量设计和研究模型

在进行变量设计和模型研究的过程中，需要科学合理的对变量进行设计。在具体的研究过程中，企业研发投资是被解释变量，在对被解释变量进行衡量的过程中，需要采用企业的研发支出和初期的经营收入比来进行衡量，其次还可以通过研发支出和初期总资产的比例进行衡量。除了被解释变量以外还涉及解释变量，产业政策是本文在研究过程中的解释变量，选取的产业政策主要是我国提出的五年规划中的一些数据信息，除了以上两种变量另外还包括一种中介变量，资本市场定价是本文的中介变量，关于资本市场主要是通过两个方面进行衡量，首先第一步需要建立相应的模型，在建立模型的过程中，需要充分考虑当前的实际发展情况，将多个影响因素充分考虑在内，其中包括资产收益率、资产负债率以及收入增长率，并且对这些影响因素进行科学合理的控制，其次需要借用相应的托宾 q 值减去基准 q，通过这样的方式就能够得到相应的资本市场定价。

4. 实证结果与分析

4.1 描述性分析

本文在具体的研究过程中，对于相关的解释变量进行了数值的控制，对解释变量产业政策、被解释变量企业研发、投资中介变量资本市场定价进行了分组的检验，并且对一些关键的变量进行科学有效的约束，采用先进的技术方式来进行深入细致的研究，并且得到了相应的研究结果，具体的研究结果如（表 1）所示。

表 1　控制变量分析结果

变量	样本数	均值	中位数	标准差	最小值	最大值
RD	10,097	0.04	0.03	0.06	0.00	2.52
QS	10,097	–0.04	–0.46	2.02	–3.71	67.01
IP	10,097	0.44	0.00	0.50	0.00	1.00
SOE	10,097	0.34	0.00	0.47	0.00	1.00
SA	10,097	0.48	0.00	0.50	0.00	1.00

续表

变量	样本数	均值	中位数	标准差	最小值	最大值
HighTech	10,097	0.36	0.00	0.48	0.00	1.00
CF	10,097	0.05	0.05	0.08	–0.31	0.41
DZ	10,097	0.27	0.00	0.44	0.00	1.00

通过上表能够看出，在研究的过程中，企业研发投资的最大值为2.52，均值在0.04，标准差为0.06，这一数据明确说明不同企业的投资水平存在着较大的差异，产业政策的均值在0.44，这就说明在具体的研究过程中有超过44%左右的企业都受到了产业政策的支持，这就意味着在我国发展过程中，产业政策发挥了十分重要的作用，图中显示的融资约束程度值为0.48，这一数据说明企业在发展过程中面临着较大的融资约束，企业如果仅仅依靠内部的融资很难进行规模的扩大和经济的快速发展，因此需要外界对于企业的融资情况进行干预，此时就可以充分使用产业政策进行干预。

4.2 相关性分析

从相关的调查研究数据中可以明显看出，企业研发投资和产业政策在发展过程中有着十分紧密的联系，其相关系数始终保持在1%左右的水平，这足以说明产业政策在发展过程中，通过鼓励的方式能够促进企业得到更好的发展，企业的投资额能够得到显著的提高，产业政策对于企业的研发投资有着正向的促进作用。资本市场定价和产业政策的发展也呈现出相关的发展趋势，而且关系系数也在1%左右，这足以说明，产业政策是一种很好的评估信号，能够大大降低企业在发展过程中的成本投入，缓解企业所面临的融资压力。企业研发投资和资本市场定价也呈现出正相关的发展趋势。

通过相关的调查数据显示，资本市场定价会对企业的投资行为产生一定程度的影响，当企业的融资成本下降，企业的融资约束会得到有效的缓解，资本市场定价的信息可以给企业的研发投资提供良好的环境，让企业能够更好地进行融资，从而促进企业得到更加快速的发展。

5. 研究结果与启示

5.1 研究结果

本文在具体的研究过程中，选取了 2007 年到 2017 年的相关数据，对某一个上市公司进行了深入细致的分析和研究，并且在研究过程中建立了明确的研究路径，重点考察资本市场定价是否在产业政策和企业政策投资之间存在着一种中介效应，并且根据企业的实际发展情况，对企业的融资约束程度以及股权性质进行了差异化的分组检验。

通过细致的分析和研究，得到了相应的研究结论。资本市场定价是产业政策和企业研发投资之间的中介变量，产业政策在具体的发展过程中会发挥自身的作用，来影响企业的研发投资，由于产业政策本身就存在一定鼓励性的功能，在对企业进行影响的过程中，会向企业传递一些信号，这样能够有效降低企业的股权融资成本，同时企业可以通过良好的融资活动来更好地缓解融资压力。产业政策能够给企业营造一个良好的融资环境，从而促进企业得到更好的融资。与融资约束程度较低的企业相比，融资程度较高的企业在发展过程中，资本市场定价在产业政策和企业投资之间的中介效应则会更加明显，由于受到股利政策的影响，产业政策在具体的发展过程中会根据实际情况来对当前企业的融资环境进行科学有效的改善，这对于一些面临严重融资约束的企业来说，能够进行科学有效的缓解，这样能够使得整个企业的研发投资得到大大的提高。

5.2 研究启示与建议

随着时代的快速发展，我国科学技术在不断进步，自从改革开放以来，宏观调控一直是我国发展的重要手段之一，通过宏观调控的方式能够对我国市场经济进行有效地把控，政府在发展过程中发挥着十分重要的作用，政府的广泛参与能够对资源进行科学合理的配置，并且优化产业结构，促进我国国民经济得到更加快速的发展。在未来的发展过程中，我国应该充分发挥产业政策的作用，并且为当前的企业发展营造一个良好的融资环境，不断优化和调整产业结构，促进我国国民经济能够得到长效可持续性的发展。政府在制定产业政策的过程中，应该综合全面的考察多种影响因素，并且将影响因素充分考虑在内，这样才能制定科学合理的产业政策，产业政策的作用也能得到有效的发挥。

在考虑因素的过程中，除了要考虑政府的补贴税收因素以外，同时还要考虑到利好信息是否可以通过资本市场定价的方式来对相关企业的投资行为产生积极影响，政府在选择扶持产业的过程中一定要严谨，要全面考虑产业是否具有较强的升值空间，不能盲目地进行扶持。通过政府的外在干预，能够形成一个良性循环的发展模式，从而促进我国社会经济得到更加快速的发展。

结语：综上所述，在进行发展的过程中，政府应该发挥其强大的宏观调控能力，不断对当前的产业政策进行优化和完善，在制定政策的过程中做到透明化和规范化，通过这样的方式能够使得整个产业政策变得更加科学合理，产业政策的作用得到有效的发挥以后则能促进我国社会经济得到更好的发展。宏观调控的作用能够让我国社会经济的发展变得更加平稳。在制定政策的过程中，应该充分考虑当前的实际发展情况，广泛征求专家的意见，使得整个政策在制定过程中能够变得更加规范。政府在发展过程中应该不断完善当前的资本市场制度，为企业创造良好的融资环境，当前我国企业在发展过程中都面临着较为严峻的融资问题，如果无法处理好融资问题，将会严重影响企业的快速发展。解决好融资问题，不仅能够扩大企业的发展规模，同时还能促进我国经济得到十分快速的发展，因此政府在发展过程中一定要发挥其宏观调控的能力，千方百计为企业的融资创造良好的环境，从而促进我国社会经济得到更加快速的发展。

参考文献

［1］李娜，隋静. 产业政策、资本市场与实体经济转型［J］. 会计之友，2019（22）：70–75.

［2］洪根姿. 产业政策、资本市场定价与企业研发投资［D］. 华东师范大学，2019.

［3］林志刚，李杉杉. 经济新常态下我国多层次体育产业资本市场政策体系构建与发展路径研究［J］. 北京体育大学学报，2019，42（04）：99–111.

［4］陈卓，陈林华. 体育产业政策的发布对资本市场的普遍有效性研究［J］. 体育科研，2018，39（02）：62–68.

［5］朱启莹，黄海燕. 体育产业政策对体育类上市公司资本市场价值的短期影响［J］. 上海体育学院学报，2016，40（06）：1–7+15.

［6］张露，古小刚. 战略性新兴产业前端培育与风险资本市场政策设计［J］. 南方金融，2014（03）：10–14.

产业转型升级对经济高质量发展的影响研究

摘要： 在党的十九大报告中明确提出，在当今时期，随着我国经济的发展，已经开始进入到高质量发展的关键阶段，在此阶段中，通过何种方式来实现新旧动能转换，继而可以实现我国经济的高质量发展，这是我国经济学研究工作中的重点和热点内容。在过去的数年间，我国为了加快经济发展速度，一般采用的都是粗放式的高耗能发展方式，这种发展方式直接导致我国经济发展出现不平衡的同时，还出现了生态环境不断恶化的趋势。除此之外，低端产能过剩、产品滞销等一些问题也随之而出，成为社会发展中的大问题。要实现我国经济高质量发展，其中最重要的途径之一就是对传统产业进行转型升级，本文针对我国当前产业转型升级对经济高质量发展的影响机理进行探讨和分析，并提出相应的对策建议，以期可以为各地产业转型升级工作提供参考。

关键词： 产业转型升级；经济；高质量发展；影响

习近平总书记曾在 2018 年对“两会”报告进行审议的过程中明确指出，要加大推动产业结构转型升级的力度，积极推进我国经济实现高质量发展，积极发展和做强我国的实体经济。对传统产业进行现代化的转型升级，将直接促进我国经济向高质量方向发展，另外还可以大幅度增强我国产品的国际竞争力，增加我国的总体收入。

通过实现我国经济高质量发展，可以促使我国摆脱多年来经济总量排名第二的局面，摆脱我国人均经济水平落后的现状，为我国建设小康社会，以及实现中华民族伟大复兴战略奠定良好的基础。因此，进行经济高质量发展中产业转型升级的影响相关研究工作，对于推进我国经济实现高质量发展、实现产业转型升级具有非常重要的促进作用和现实意义。

1. 产业转型升级对经济高质量发展影响机理

1.1 产业转型升级对创新驱动影响的作用机理

创新驱动理论已经被提出了一百多年，其在各国经济发展中所起到的作用也有目共睹。古典经济学家所提出的相关创新驱动理论认为，创新具有重大影响，但并非经济的组成部分。创新一词是熊彼特于1912年引入，并且他还将创新与发明之间作出过明确区分，时隔一百余年，熊彼特的《经济发展理论》一直在全世界各国发挥着其应有的作用。具体来说，可以从三个方面体现产业转型升级对创新驱动影响的机理作用。

1.1.1 以产品生产过程改造为目的的质量驱动

在促进质量驱动的过程中，产业转型升级是其中的核心目标，因为其不仅可以优化不合理的地方，还可以解决既有生产中的问题并有效提升产品的整体质量，进而可以实现投资—要素—创新的驱动转换过程。应该以民众的产品体验作为低级产业转向高级产业的基础和出发点，从而可以对产品生产中的设计、制造、流程等多方面进行转型、升级和改进。一般情况下，传统产业部门或企业如果想要优化企业的资源配置、组织、吸收和应用相关的技术，提升企业产品质量，都需要不断地学习、积累相应的知识和技术，并且与技术相关的机构、高校进行合作。在传统企业中，这种在初期的阶段中，由于市场没有完全成熟，通过这种野蛮式的增长会取得一定效果，但基于长远发展的角度来分析，通过产业转型升级，才可以提升企业自身的产品质量，促进企业在发展过程中更深层次的挖掘市场，逐渐升级到产业链的高位之中。

1.1.2 以高新技术产业为目标的新产品开创驱动

新产品开创驱动具有明显的特征，在开创新产品的过程中，主要侧重于新型的技术、材料等多方面的研发工作以及开拓工作。企业在生产过程中，以产业转型升级为基础，可以有效拓宽企业的主营业务，将企业的业务拓展到相近业务领域中，或者是进入到全新领域之中，但是，在此过程中，必须要以全新的资源配置方式、管理方式、新市场、新旧产品相互支撑等为基础，从而才可以对企业的生产方式进行优化，有效扩大企业的市场占有份额。十九大报告中曾对高新技术产业发展作出明确界定：高新技术产业主要涵盖大数据、人工智能、互联网三方面，我国的传统产业领域，例如工业领域、制造业领域等都要向以上三个方面进行不断的升级改造，实现传统领域向高新技术领域的升级和过渡。在农业方面，我国农业已经开始转向规模化经营生产的阶段，因此，我国传统农业如若想要适应当今时代发展的需求，必须要进行技术改进和结构调整，并且通过人工智能、大数据互联网的应用，可以解决传统农业发展中的深层次矛盾、提升我国农业整体竞争力、为农产品稳定安全寻找新渠道、新方法。

1.2 对协调发展影响的作用机理

1.2.1 产业转型升级促进破解城乡二元结构推动城乡协调发展

我国的城乡二元结构在 20 世纪 50 年代就已经形成，但在这个时期，人力资源及资本要素都无法形成自由的流动，另外，基于我国城乡资源禀赋方面的原因，以及城乡区位方面的原因，先天性差异非常明显，进而致使不断增加我国城乡之间的距离，同时我国农民的收入增幅方面也开始逐渐放缓。而如果应用产业转型升级战略，就可以促使我国人力资源、资本要素，以及管理经验形成良好的流动。而如果要从经济层面颠覆我国城乡二元结构，完全可以采取将农村剩余劳动力进行转移的方式，引导农村剩余劳动力主动加入城市生产活动之中。与此同时，城市也应该合理性降低农村剩余劳动力进城的相关标准和要求。

在雁阵理论中曾有这样的观点：在一个国家内部，产业会形成梯次迁移，例如相比我国西部落后地区，我国东部经济发达地区的过剩产能仍具有先进性，因此，如果对这部分过剩产业链按照需要选择进行转移，就可以提升我国西部地区产业转型的整体成效和效率。另外，我国城市之中也存在明显的二元结构现象，例如，棚户区和城市内部居民之间的矛盾，基于此，应该以产业升级转型为出发点，从生活、就业等方面，全方位推动城市发展，采取积极的政策惠及棚户区居民，从而将城市的生活成本合理性降低，有效提升城市的城镇化率，在产业转型升级中，主要是通过经济落后区域承接发达区域的产业梯度。

1.2.2 产业转型升级促进区域协调发展

在十九大报告中明确指出，在当今时期，要加大建设更有效的区域协调发展新机制，国务院在相关的文件中也指出，在建设区域协调发展新机制中，要形成绿色协调、共享共赢、竞争有序的新格局。在当今高质量发展阶段之中，应该倾向于均衡性的区域发展战略，尽管非均衡发展仍然存在，但是非均衡激励政策应该完全服从于均衡性安排。区域间协调发展的核心问题在于将均衡性和非均衡性发展进行平衡，但并非将非均衡发展方式进行全面否定，究其原因，主要是因为非均衡发展在特殊的时期、区域之中仍具有一定的积极作用，非均衡发展可以在整体经济发展过程中起到“探明方向”的作用，就是以“试错”的办法为经济发展选择合适的方式。不同的区域经济部门，通过产业转型升级，改变了自身的生产方式，由于相关技术的进步和发展，分工方式也变得更为精细，与此同时，对新兴产业、产品的发展形成良好的促进性作用，不仅增加了就业机会，而且大幅度扩张了生产领域。

一般在新兴产业中，具有更先进、更高效的生产技术，在新兴产业的相关部门之间，以产业转移的方式，可以带动更多区域经济部门发展，从而引导不同的区域经济部门融入统一的产业链之中，将资源要素、人力资本进行重置，有效提高落后地区的经济发展质量。与此同时，随着发达地区资源要素流动程度的不断加深，以及相关技术不断的成熟化，从而实现不同区域的协调发展机制。

1.3 对绿色发展影响的作用机理

1.3.1 产业转型改变高能耗生产方式

我国完成工业化的时间比起西方国家来说更短，虽然取得了巨大的成就，但是实现的代价却是生态环境的严重恶化，这种促使我国经济增长的方式，不仅对我国经济可持续发展有着严重的不良影响，而且还会加剧经济发展、生态环境两者之间的矛盾，基于此，在十八届五中全会上，我国首次提出五大发展理念，其中绿色发展是未来我国发展过程中重要的发展战略。基于此，在我国积极推动产业转型升级的战略发展过程中，最主要的目标就是摒弃传统生产中，依靠要素驱动的生产模式，转变为绿色发展、低能耗的生产方式。

我国的雾霾污染多年来一直没有得到良好治理，尤其是在入秋入冬季节的供暖周期内，严重的雾霾造成了出行的极大困难，并且雾霾还在向我国南方城市蔓延。因此，有必要通过产业升级，投入和应用更多的新技术和生产方式，将 GDP 耗能、污染物排放等不断降低，摆脱传统的经济发展模式，积极控制我国市场经济活动的破坏范围，将经济活动破坏范围控制在生态环境所能承载的能力之内，如此，就可以有效避免由于经济活动导致的负外部性。

实施严格的控制和监控，保证耕地面积红线不被逾越，将传统的高污染性农业生产方式进行改进。

近年来，国家秉承将落后产能淘汰、无效产能减少的原则，使很多的高污染钢铁厂陆续被国家治理、关停，从而有效推进了我国节能减排工作的推行。但在淘汰落后产能的过程中，必然会产生不同层次的负面影响，例如GDP暂时下滑、失业工人剧增等，如若实现可持续发展，粗放式发展并不可取，因此必须要以绿色发展为核心，进行产业升级转型。在高能耗方面，由于产业转型升级的影响，传统工业企业表现得更为突出，这些企业不仅通过转型升级改变了企业的生产方式，升级了相关设备，同时还转变了企业的经营和管理的理念，最终实现降低能耗实现绿色发展，以此为基础，带动全社会、全产业实现绿色发展。

1.3.2 推动企业绿色发展观念形成

企业需要转变传统的生产方式，才可以真正意义上实现节能减排，而企业必须要转变思想，才可以实现绿色发展。从20世纪80年代开始，我国经济进入飞速发展阶段，但同时我国的生态环境污染也越来越严重，虽然在此之后我国很多企业在实际生产过程中，都陆续采用了ISO14000环境管理体系标准，但在实际运用过程中，不同的企业存在不同的环境管理差异，从而无法形成系统的管理体系。而通过产业转型升级，有效促进我国提升了对环境污染的重视，从而改进了企业的加工方式、工艺流程等，提高了企业对于能源的总体利用率，在资源消耗方面，尤其是不可再生资源的消耗方面实现了大幅度降低。另外，通过产业转型升级，使企业的经营方式、理念都实现了转变，在初期阶段，企业一般都较为抵触绿色发展方式，而现今企业都普遍达成绿色发展的共识，产业升级在其中发挥了非常重要的作用。

让同一生产链之中的所有节点形成良好的联结，从而使资本、要素、信息形成良好的循环和流转，对于每一个需要转型升级的企业来说都是十分必要的。企业通过污染治理和处理工作，可以有效避免生产过程中产生的生产废物，并且，如果企业形成正确的绿色发展理念，不仅不会阻滞企业的发展，还会促使企业形成可持续发展。企业还可以在转型升级的过程中，将绿色管理融入管理系统中，促使企业形成更为深刻的绿色发展理念，进而形成系统性的绿色管理体系，形成更为环保的企业生产行为。

2. 促进经济高质量发展的建议

2.1 促进产业部门进入全球中高端价值链

当前我国很多产业部门的资本要素投入、利润回报两者之间不成正比，在全球价值链之中也处于较低的位置，具有较低的资本收益率，进而致使很难提高我国劳动力的收入和就业结构水平，从而很难实现消费驱动。随着经济全球化的飞速发展，以及国际贸易的发展，在这个关键阶段中，我国迎来了提升全球价值链位置的重要机遇，但同时也面临挑战。首先，我国应该强化对外开放和合作，在全球化生产过程中，应该以更积极的姿态融入，并且积极建设与不同国家的自由贸易区，积极汲取国外先进的管理经验和技术，从而提升我国劳动生产和产品产出的整体效率，激发产业部门的生产积极性，提高生产效率，加强我国在全球产业链中的综合竞争力。

其次，各个产业部门在面对挑战的过程中，应该以挑战倒逼改革，切忌不能故步自封，唯此才可以促进产业转型升级。企业应该加大研发力度，并综合考虑实际生产情况，促使企业研发的产品可以拥有较高的市场认可度，并且提升服务的质量，进而就可以更好地实现跃升到价值链顶端的目标。另外，我国应建立健全贸易法律法规，形成系统性的贸易法律体系，但在实际贸易过程中，贸易摩擦不断增加，从而导致诸多不良影响产生。如果无法良好地处理摩擦，就会造成经济发展的不良影响。如果要提高国际贸易的质量，法律环境是基础保证，同时也是转型升级的主要保障。

最后，在参与全球价值链角逐的过程中，高端人力资本是其中最为重要的元素之一，因此，我国应该积极建设高端人才储备工作，从而才可以营造出全社会尊重知识和人才的氛围。

2.2 经济高质量发展中将创新驱动作为新动能

我国经济高质量发展还不具备完善的创新驱动功能，同时也没有摆脱经济增长驱动，其中在生产方式方面一直存在着的高耗能、高污染、技术含量低等多方面问题仍有待解决，因此，在我国经济高质量发展中，要想抢占经济发展新高地，必须要尽快实施创新驱动发展战略。

2.2.1 强化“互联网 +”应用

随着我国互联网产业的飞速发展，其所产生的经济发展动能已经发挥出巨大潜力，不仅有效降低了不同产业部门的成本，提升了交易的效率，同时也加强了不同产业部门之间的联系，有效促进了我国经济的发展，为经济发展注入了大量活力。我国传统生产和销售模式，在需求侧及供给侧两方面都发生了明显改变，基于互联网的独特作用，我国传统产业部门已实现“JIT”生产，提升了获取市场及消费者反馈的速度，有效地控制了产品的质量，综合性提升了产业部门的整体水平。

2.2.2 加强监督体系建设

在进行创新活动中，需要通过知识产权的手段来保护，但我国的知识产权保护仍然比较落后，侵权行为屡见不鲜，从而对个人、组织、产业部门的创新积极性形成较大打击和削弱。因此，应该形成完善的创新保护体系，不仅需要给予完备的保护，同时还需要给予一定的奖励，对于剽窃行为，需要加强打击的力度，从而在全社会中树立并完善版权、产权的意识。

2.2.3 规范知识产权标准，强化行业自律

国家在制定法律的过程中无法做到面面俱到，因此在法律边缘地带如若想要实现创新保护和激励，必须要促使社会自觉形成规范合理的创新保护体系。不同的产业、行业都应该深入研究，以自身发展规律为出发点，出台相应的激励体系和创新保护体系。

2.2.4 做好创新人才储备工作

要加强个人的文化知识学习，从而为我国创新驱动人才储备工作提供保障，个人应该站在长期发展的视角，建立多元性的基础，从而促进社会、个人的长期发展。

2.3 注重发展成果由全民共享的机制建设

大量研究证明，我国的基尼系数非常高，从 2003 年开始，我国基尼系数始终处于 0.44 以上并且居高不下，这说明我国贫富差距仍然非常明显，因此，我国民众还没有享受到发展所带来的丰硕成果，要实现高质量经济发展，必须要以民众更好享受发展成果为基础。

2.3.1 强化减税降费政策

在提升低收入者人群的生活水平过程中，财政补贴、转移支付等是其中

有效的措施，但这些措施都是要通过国家税收进行资源再分配来实现的。基于此，如果要降低低收入人群的生活成本，减税降费是重要的举措。与此同时，基于减税降费政策的推行，可以有效提升我国民众的可支配收入，促进消费，进而就可以在促进我国经济发展的同时，降低相关产业部门的运行成本，增加消费方面的实际需求。

2.3.2 提高低收入群体生活保障

在多年的精准扶贫过程中，已经帮助超过千万低收入人群脱贫，这些低收入人群主要是因为环境、自身等多方面因素导致没有办法融入市场经济社会中，或者是无法自食其力，因此，要想提升我国人力资本、社会稳定发展、经济发展质量等多方面的水平，其中最重要的工作之一就是加强低收入人群的生活保障。

2.3.3 解决“三农”问题

由于依然存在着城乡二元结构，在农村人口自由流动过程中依然存在着诸多的阻碍因素，所以必须要通过户籍制度改革工作来摆脱这种阻碍，在城市中，应该健全农村人口在就医、就学、生活等方面的保障工作，促使农村人在进入到城市生活、工作过程中，能够与城镇居民享受相同的待遇。除此之外，应该侧重于提升土地流转的速度，从而促使整体实现农业集中化生产，有效提升农业生产效率，增加农民收入。

2.4 强化资源要素在我国东中西部之间的流动

在经济发展质量水平方面，我国东、中、西部之间仍然存在非常明显的差距，究其原因，主要是因为区域间没有形成协调发展格局，因此，必须要针对区域发展不协调问题采取有力的措施予以解决。

2.4.1 强化第三产业与城镇化联系

城镇化是区域协调发展中的重要影响因素，第三产业是我国产业转型升级中的重要组成部分，基于此，要想充分发挥带动效应、连接效应，必须要将第三产业与城镇化进程有机结合。在第三产业发展中，通过城镇化进程可以拓宽市场，通过两者结合，城镇化带来产业配套、产品支撑。因此，通过两者相互之间的作用，就可以缩小地区发展、收入方面的差异，颠覆地区保护壁垒，最终实现协调发展。

2.4.2 区域节点城市应该加强带动能力

明确国家区域协调发展思路，同时充分发挥出中心城市的引领带动作用，将区域节点城市延伸到城市产业链当中，在节点城市相关的产业链之中，将卫星城等纳入其中，发挥各自所具有的不同的优势，从而形成良好的互补性作用。

2.4.3 加强中小城市建设

“城市病”在特大城市建设中普遍多见，但同时也降低了城市运行的效率，因此如果要缓解大城市的问题，需要加强中小城镇建设，加快完成城镇化建设步伐进程。在城镇化建设进程中，包括大中小城市的发展，对居民都有着良好的惠及作用，应通过联动式发展方式，在政策方面、资金方面予以大力扶持。同时，三类城市也应该充分认识到自身所具有的优势，与大中城市建设遥相呼应，达到优势互补、绩效统筹的效果，并且要统筹兼顾三类城市的服务设施建设，将中小城市的枢纽、服务功能发挥出来，有效促进区域协调发展。

结语：综上所述，在加快经济发展、提高经济运行质量过程中，产业结构转型升级是其中重要的途径和方式，是推动城市科学发展的重要动力。在党和政府的领导下，未来必然会提升结构调整任务的速度，在发展中促进转变，并且在转变中找到发展的道路，这样才能有效推动我国经济转型升级，实现提速增效，最终实现集约化、跨越式发展。

参考文献

[1] 本报记者刘坤. 民企转型升级对经济高质量发展至关重要 [N]. 光明日报，2019-12-24（016）.

[2] 张永恒，王家庭. 高质量发展下中国产业转型升级方向研究——基于中美两国数据的对比 [J]. 科技进步与对策，2019，36（23）：53-62.

[3] 牟剑钊. 加快产业转型升级助推经济高质量发展——关于遵义市播州区发展铝产业的思考 [J]. 绿色环保建材，2019（09）：255-256.

共享经济发展中的政府监管问题研究

摘要：随着我国移动互联网技术的飞速发展，共享经济应运而生。在当今“互联网 +”的创业浪潮中，共享经济已经超出物质交换的范畴，并衍生出了服务行为共享等方面的内容。传统经济的运行方式，也因为共享经济的发展而发生了深刻的改变，并明显影响了传统经济的发展。对共享经济发展进行支持，不仅可以提供更多的工作岗位，而且可以有效配置社会资源，大幅度提升社会资源利用率。共享经济是当今飞速发展的新型经济模式，虽然给社会带来巨大福利，但也给政府监管带来前所未有的挑战。基于此，文章结合共享经济发展过程中政府监管的问题分析，提出共享经济发展中政府监管的对策，以期可以充分引入社会力量、共享经济企业等协调共享经济发展汇总的问题。

关键词：共享经济；政府监管；问题

在当今互联网时代，共享经济已经成为人们经济生活当中一个重要的组成部分，共享经济属于新生事物，因此，关于共享经济方面的研究成果还比较缺乏，相关文献也很少，虽然我国在社交网络、终端设备、互联网技术等方面的更新速度已经超过了共享经济理论的发展速度，但是仍然没有构建政府在共享经济发展中的相对完善的监管体系。再者随着大数据网络时代的发展，共享经济是未来我国经济发展的主要方向。2019 年 3 月，李克强总理在《政府报告》中明确指出，在我国各个领域之中，必须要加快推进“互联网 +”的进程，并且在其中要秉持包容审慎的原则，以新兴产业为基础，构建相应的监管措施，从而促进和支持我国新业态、新模式的发展，对共享和平台经济的发展进行政策方面的鼓励。

1. 共享经济发展中政府监管存在的问题

1.1 政府对共享经济合法性确认不明确

1.1.1 无法扩大共享经济企业规模

政府还没有对共享经济企业的合法性有明朗的态度，因此企业在经营管理中不免会有很多方面的担心，从而不能大范围地扩张业务模式，这种情况无疑对共享经济的发展会产生明显的阻滞作用。如果企业的合法性不明确，就不能将共享经济模式确定，长此以往，对这些行业的发展必然产生不利的影响，并且会阻滞这些行业变成我国经济发展的突破点。当前，很多共享经济企业在规模扩张方面受到的最大的限制就是政府的规章制度不足够清晰，企业始终保持迟疑的立场。

1.1.2 企业为了合法化运营徒增成本

共享经济企业为了使企业自身合法化，逼不得已采取额外措施，但通过这些措施的应用，导致共享经济及经营更加繁杂和重复，如果政府依旧不能明确共享经济的合法性，相关企业则不能进行精兵简政，从而也就无法形成高效配置共享经济特有的资源优势。例如，在我国共享出行行业突出的滴滴平台公司，在经营管理中采用了“四方协议”的方式，主要是为了应付政府管理部门对非法经营车辆、责令停止运营等方面的规定。

1.1.3 企业无序发展产生的一系列问题

由于我国在共享企业是否合法方面还没有清晰的法律界定，因此，一些共享经济的经营者秉承“法无禁止即可为”的思想，在共享经济市场中进行无序的发展，从而必然会导致这种扰乱公共秩序且有违法犯罪嫌疑的行为一次次地发生，产生了一系列不良的社会影响。例如，一些企业以“共享经济”为名头却从事传销违法犯罪，这种新型的犯罪形式通过利用共享经济概念，采取全新模式引诱投资人上当受骗。多种屡见不鲜的新型犯罪行为都对我国政府的督促机制提出新课题，因此，必须尽快加速制定适应共享经济发展的法律法规，从而将有利于我国社会发展的共享经济尽快纳入法律允许的范畴。

1.2 政府对共享经济参与者信息的安全真实保障不足

1.2.1 共享经济参与者信息安全性不够

通过“互联网 +”技术的应用，共享经济中的参与者个人隐私信息等在共享经济企业平台中形成汇总，从而才可以形成高效的资源配置和服务，但也正是基于此，由于信息的聚集，以及网络企业中的信息容易暴露等特性，参与共享经济人群的信息安全问题就显得尤为关键。如果没有良好的措施监管保护这些信息，就会给不法分子留下可乘之机，如果不法人员或不法机构对这些信息进行滥用，就会破坏共享经济行业的健康可持续发展势头，甚至会对国家和社会的安全产生严重危害。除此之外，共享经济网络信息平台生成的信息有着很大的差别，在共享经济中的信息，无论从加工、传播、创立都存在相互交叉的特点，并且没有明确的权利限定，共享经济原创者在进行信息权利维护、信息来源等方面都综合应用了很多的现代化信息技术，从而监管共享经济信息技术安全工作也大幅度增加了难度。因此，要想使共享经济实现可持续健康发展，其中信息安全问题是重中之重，需要构建出完善的监管体系和措施，保障参与者的信息安全。

1.2.2 共享经济参与者信息真实度不足

在共享经济健康发展过程中，需要通过建立良好的信用机制来保障其发展，在线上的共享经济交易过程中，需要参与者提供信息，这是共享经济的先决条件，信息足够真实才能保障共享经济业务顺利进行。共享经济设置相应的准入机制，目的在于筛选出符合限制条件的人群参与，同时要求参与者的诚信度，从而才可以为参与者提供产品信息、服务等。而如果参与者捏造假信息参与活动，或者是共享经济企业提供了假冒伪劣产品、服务，都会对共享经济真实性造成破坏，促使人们更加怀疑共享经济的真实性，降低人们参与共享经济的积极性。例如，短租民宿产业发展缓慢，究其原因，主要是因为平台中展示的房源信息不真实，从而用户对于网络中的民宿信息没有信任度。再者，参与者为了增加自身信用值，不惜用恶性交易的方式进行高频次刷单、刷好评，从而累积了虚假的信用值。除此之外，共享经济企业具有非常多的服务名目、产品，并且都各有特色，于是便有了非常大的产品性能差异，很多产品、服务都没有标准化的审核和权衡制度，如此很难开展对共享经济企业信息真实度的审核。基于此，应该强化共享经济参与者的真实信息，政府主管部门应该构建完善的、高效的信用考评体系，制定并出台精准的衡量产品、服务的标准，从而可以为共享经济参与者的信息真实性提供保障。

1.3 政府对共享经济发展方式管理规范化不足

1.3.1 共享经济与传统产业发展融合度不足

由于新兴产业的发展对传统产业造成了一定的冲击，从而两者在发展进程中难免会产生不融合的现象。例如，出租车行业中，过去出租车需要缴纳一定的费用才可以运营，但网约车只需要携车在软件上注册就可以运营，进而运行成本肯定会比出租车要低很多，但这也就造成了共享经济对于传统出租车行业的冲击和不公平竞争。基于此，全国各地陆续出现传统行业集体抵制共享经济发展的案例，如 2015 年，很多出租车司机围攻滴滴平台总部，从而导致滴滴办公总部没有办法进行正常办公。因此，在传统产业与共享经济两者之间的竞争问题日趋严重，迫切需要政府主管部门出台相应的法律法规，协调两者之间的矛盾和冲突，为两者之间融合发展提供良好的条件和基础。

1.3.2 共享经济发展中缺乏安全性保障

共享经济发展的最终目的是集中共享信息与资源的优势，从而提升整合社会资源的效率，提高资源配置的效率。与传统产业资源相比，共享经济的资源存在明显差异，在传统产业资源中，多数都是由企业直接提供，而共享经济资源则由个人提供，在共享经济资源利用过程中，并没有企业可以为其提供质量、安全方面的保障。当前在我国社会中已经形成各种各样的共享资源，将各种各样共享资源的优势形成巨大集合，其中包括技能、知识等不是实物的资源，同时还包括服务等实体共享经济资源，在当今社会中的各个角落中都已经被覆盖，由于对这种共享经济资源进行反复性的利用，与传统销售的产品比较，资源安全性和质量保障都有明显差别。因此，在共享经济的发展过程中，仍然需要各级政府相关监管部门不断革新监管模式，从而为共享经济发展提升其安全性和品质。

当前，针对市场所具有的自动调节功能，共享经济还不具备规避的能力，还没有相对完备的共享经济监管制度。在实际运营过程中，共享经济企业更加侧重于将共享经济的数量增加，扩大共享经济企业的经营范畴，但同时却将质量监管、安全监管进行忽视，从而在共享经济企业的产品、服务的质量和安全方面留下安全隐患，甚至对人们的生命、财产安全都构成威胁，这种实例近年来屡见不鲜。例如，在2017年的江苏无锡，一个不到12岁的孩子自主破译了共享单车密码，然后进入主干道骑行过程中与三轮车发生交通事故，不只双方的车辆受损，同时双方都造成受伤。因此，在监管共享经济企业的产品、服务过程中，必须要创新监管方式，才可以保障共享经济资源的安全、质量，从而提升共享经济企业的服务声誉、可信度、服务质量、产品质量，逐渐消除消费者对于共享经济企业所提供的服务、产品方面的质疑，同时吸引更多的参与者，共同实现共享经济企业的可持续发展，最终实现高效配置社会资源。

2. 加强政府监管促进共享经济发展的策略

2.1 健全法律法规，加强立法保障

2.1.1 立法是监管的根本

一个国家的法律，是一个国家意志的表达和意志的形成途径与方式，在维护社会秩序和关系的过程中，法律法规总是会起着十分重要的作用。除此之外，法律同时还具备对未来进行指导、预测的功能，是我国社会主义形成制度化、民主法律化的前提和保障，是建设法治国家的基础保障。再者，法律也是政府处理相关事物、工作过程中最重要的基础，因此，要想做好共享经济监管工作，最重要的就是建立健全相关法律体系，强化法律制度配置，从而才可以保证在监管过程中有法可依，进而提升共享经济发展监管工作的有效性。

2.1.2 共享经济中的立法问题

对共享经济的实质进行分析，主要是规整社会中的闲置物品和服务资源，从而可以让民众以较低的价格获得相应的服务、产品等。共享经济发展至今，很多类型的行业都发展到了瓶颈期，因此必须要通过政府立法才能得以保障，通过规范化法制工作促进共享经济发展。例如我国的网约车业务，这是我国共享经济发展中交通运输方面新兴的产业模式，明显方便了我国民众的出行，但在网约车业务成长过程中，不断产生新的矛盾。因此，我国在2016年出台两个重要文件，首先是《网络预约出租汽车经营服务管理暂行办法》，其次是《关于深化改革推进出租汽车行业健康发展的指导意见》。各地政府为了配合

这两个文件，也出台了诸多的系统性政策措施，目的在于可以对共享经济的发展形成良好维护。

当前，我国在30多个省区市都颁发了履行建议等，通过这些规定的实施，从政策方面支持了共享经济的发展，并且为监管运营提供了法律依据。但一般情况下，我国政府监管共享经济发展主要从事前、事中、事后三个方面进行，但上述政策都属于常规性的条例，并没有对具体的监管过程中出现的纠纷问题做相应的认定，如果无法可依，无论是司机、乘客还是平台，一旦在执行过程中发生纠纷，都无法保证任何一方的利益。因此，必须要提高共享经济相关法律法规的制定和出台，从而形成有效监管。

2.2 明确政府角色定位，发挥市场主导作用

2.2.1 明确政府的角色定位

政府在共享经济发展监管工作过程中，必须要充分重视市场经济的作用，明确自身的定位、角色，科学、合理地运用监管工作相应机制，从而有效增加社会发展的活力，为社会发展稳定发挥作用，促使我国共享经济形成可持续健康发展。政府应该充分认识到自己的角色定位，朝着间接监管发展，应摒弃传统的直接监管的方式，与此同时，采用有效的措施完善政府自身调控功能，尽可能缩小政府干预的范围，对自身的权力进行约束。

首先，政府应该充分考虑市场发展规则，从而采用适应市场规律的监管措施，在自我调节和政府监管两者之间寻找平衡点。如果市场可以实现较为良好的自我调控，政府方面应尽可能发挥正常的主导性作用。对我国共享经济的合理竞争实现充分的尊重，在共享经济的发展中，由市场自行调节趋势，对市场决定性的影响要有充分的信任，让市场自主抉择消费者在数量、价格等方面的问题。特别是注意政府只是根据市场的形式，制定合理、合规的价值区间，而具体的市场定价则由共享经济市场保持，主要避免出现恶意高价侵害消费者利益的情况发生，以及避免恶性竞争事件的发生，从而促使我国共享经济市场形成和谐发展的局面。

再者，政府要根据市场情况，对自身的监管理念进行及时的更新。在当今时代中，传统的行业监管模式已经不再适用。因此，对于共享经济产业所产生的新问题来说，要提高处理这类问题的能力，对这类新兴行业的具体情况有充分的了解，从而可以有效发挥市场机制、社会大众的作用，最终构建

具有科学性、可操作性、有效性的监管模式，同时积极提升政府的监管效率，实现共享经济和谐、健康的可持续发展。

另外，在新兴产业发展过程中，政府相关管理部门应该鼓励其进行健康发展，从而可以为我国共享经济行业提供良好的发展所需的制度环境。在设计制度过程中，要保证其合理性、科学性，对共享经济健康发展起到引领的作用。与此同时，政府还应该尽最大努力强化城市基础设施方面的建设，将城市统筹规划放到核心工作内容中，从而为共享经济发展提供良好的发展空间，构建公平的竞争环境，提供开放的平台，从而引导共享经济和谐发展。

2.2.2 发挥市场主导作用

政府应该充分发挥市场在资源配置中的作用，以市场优先为核心对共享经济发展形成监管。优胜劣汰是市场经济环境的主要发展规律，因此，新兴经济业态取代落后经济业态属于必然趋势。共享经济是顺应当今时代发展趋势的产物，因此，国家还没有足够的共享经济监管经验，在监管过程中，如果通过发挥市场主导作用，就可以对共享经济形成良好的市场调节。政府要为共享经济营造良好的公平竞争自由环境，有效利用市场局定性的功能，营造出优良的市场氛围，对共享经济发展提供有效支撑。在实际运用市场调节作用中，政府应该尽可能控制自身的管控职能，从而促使共享经济发展拥有更为宽松的市场环境，但是这并非意味着政府可以放手不管，因此，政府应该以市场发展规则为出发点，为共享经济构建公平、优质的竞争环境，维护共享经济市场有序发展。

2.3 完善共享经济从业人员考核制度

2.3.1 完善上岗考试内容

在上述文章中提到的网约车企业客服人员泄密问题、网约车行业司机的素质问题等都是日常运行中较为常见的普遍性问题，因此必须采取相应的措施对这种局面加以改善。网约车从业人员涵养过低，业务标准差，侵犯乘客的行为屡见不鲜。因此，应该有针对性地提升网约车司机的素质和服务质量。我国在 2016 年出台的《网络预约出租汽车经营服务管理暂行办法》中明确指出，网约车司机必须要经过上岗考试后方可获得从业资格证书，并进行网约车服务。并且各级政府针对当地情况，也都出台了不同的考核机制和上岗限制。通过全面的从业资格考试，可以有效提升网约车司机的整体素质和能力，提升乘客满意度，从而促使共享经济形成健康、有序发展。

2.3.2 建立长效考核机制，实行积分制

通过取得从业资格证的考核虽然可以解决一部分问题，但仍然有明显的局限性。因此，应该建立系统性的网约车司机审核体系，同时采用积分制度对从业者进行约束，要定期或不定期对网约车司机进行审核，但需要注意积分制度的灵活性，需要给网约车司机改正的机会，不能过于苛刻。例如，设置的考核中，不能简单按照一次考试成绩就作为结论，而是综合整年考核平均值作为基准，还可以累加多年的考试成绩，形成长效考核机制，根据积分进行排名，以此来评价网约车司机的素质，从而促使网约车司机更为注重形象、素质，有效提升整体共享经济行业素质。

2.4 规范共享经济平台的运行方式

首先需要将支付方式、盈利模式进行规范。在发展的过程中，共享经济支付方式存在一定的缺陷，其中最为明显的就是安全问题，因此，政府应该对线上交易方式进行合规的管理，无论是使用何种线上支付方式，都应该在享受共享经济服务时进行支付，都要保障支付系统的安全性，并且都不能与共享经济企业平台纠合，垄断支付方式，从而会造成扰乱市场的情况。

其次，要保证共享经济健康可持续发展，其中重要的因素是诚信。诚信对行业的发展情况有重要影响，随着市场经济竞争日渐激烈，不同的参与主体都有着相同的原则，也就是利益最大化原则，为了提高市场占有份额，很有可能做出有违诚信的事情，共享经济拥有非常大的发展前景，因此必须要提高对信誉问题的重视，同时需要保障行业的诚信水平。

结语：综上所述，共享经济模式是借助于信息社会技术应用得以发展的，也是在信用社会的基础上所形成的。通过推行共享经济模式，对于闲置资源进行充分开发，不仅充分调整了市场结构、重塑了出让方与消费者的经济关系、社会关联，而且在很大程度上影响了社会生活方式，有效改进了社会闲置资源的利用效率、降低了社会平均成本。但是由于共享经济对于各种社会配套条件要求较高，该行业在我国的推行需要一个完善的过程，所以共享经济在我国快速发展的同时，也出现了一些问题，在既有的社会治理模式下效果有限，这就需要社会各界群策群力，共同推进共享经济的发展。

参考文献

[1] 刘玮，王宝亮. 共享经济发展中政府监管的挑战与展望 [J]. 嘉应学院学报，2019，37（05）：53–56.
[2] 吕维琰. 共享经济发展中的政府审慎监管问题研究 [D]. 山东师范大学，2019.
[3] 胡小兰. 共享经济中的政府监管困境与治理创新研究 [D]. 南华大学，2019.

共享经济视阈下的新型就业方式及其稳定性研究

摘要：近年来，我国的经济已经进入非常高速发展且稳定的状态，但是社会中就业的问题也日益突出，而就业一直是人们十分关注的问题。就业不仅能够解决人们的日常生活问题，同时还能提高人们的生活质量。传统的就业模式已经无法满足当前社会发展的需求，共享经济是从合作消费概念提出后的热门话题，并且在当今时代中，在我国总体经济中，共享经济已经是其中最重要的组成部分，它不仅改变了当前的商业组织模式，同时还转变了传统的就业形势。当前我国的就业呈现出一种全新的发展形势，在市场经济的作用下，传统的就业模式被打破，同时劳动关系也因为共享经济而发生明显变化，以对信息化技术的匹配效应为基础，形成一种近似于模糊的雇佣关系，对外包收入保障以及稳定性方面都会造成不同程度的影响，因此相关部门需要根据当前的实际发展情况，对问题进行科学有效的解决，在保证高效就业的前提下，还要保证就业的稳定性。

关键词：共享经济；新型就业；稳定性；研究；策略

近几年，我国各级政府一直对劳动就业问题予以足够的重视，并且在经济领域投入大量的人力、物力和财力千方百计寻找就业渠道，提升就业率。通过相关的调查研究显示，从 2015 年起，我国在共享经济领域已经为全社会提供了 5000 多万个就业机会，占到了总劳动力人数的 5%，而这一数据还在呈现逐年增长的趋势。我国共享经济领域呈现出十分快速的发展模式，这给我国传统的就业模式带来了巨大的改变。我国一直都十分注重共享经济的发展，相关部门对共享经济给予厚望，并且出台了很多政策来促进共享经济的发展。

共享经济在发展过程中需要有明确的方向作为指导，同时还要不断打破传统的经济发展模式，创造全新的就业方式和劳动关系，这样才能充分发挥出共享经济的作用。共享经济条件下必然会对传统的就业模式造成极大影响，尤其表现在就业的质量和稳定性方面。如果在发展共享经济的过程中，无法保证就业的质量和稳定性，任何发展都显得毫无意义。

1. 共享经济的理论与实践概述

1.1 共享经济的定义

共享经济这一概念早在 1978 年就被相关研究学者提出，当共享经济概念被提出以后，并没有迅速被人们所熟知。随着时代的快速发展，当互联网技术出现以后，共享经济在互联网技术的基础上得到了迅速发展，共享经济能够实现个人参与和协调消费，是一种全新的经济发展形势，这对于传统的经济发展模式会造成前所未有的影响。根据我国相关部门的规定，共享经济是以互联网为依托，是当今时代下的现代信息技术产物，共享经济将大量的数据信息进行整合，从而形成新型的经济组织模式，要想更好地理解共享经济，可以将其分为三个层面，首先，共享经济是社会发展的必然趋势，共享经济能够将互联网大数据以及移动支付充分结合在一起。第二，共享经济是匹配供需的一种高效配置手段，能够使各种闲散的资源进行充分的整合。第三，共享经济是适应社会发展的一种全新发展理念，在共享经济发展的模式下，能够使得我国社会经济呈现出高速发展的态势，是一种全新的消费观念和发展观念，从根本上来讲，共享经济是社会发展的必然产物，将共享经济充分运用在社会发展的过程中，能够促进我国社会经济呈现出可持续发展的态势。

1.2 共享经济发展的驱动力

虽然在 20 世纪 90 年代共享经济的概念就已经被提出，但是当概念被提出以后并没有受到人们的重视，因此共享经济也没有得到十分快速的发展，直到近几年共享经济才开始以迅猛的态势在全世界不断扩散，已经深入到诸多领域之中，并且科学技术的发展，已经形成共享经济发展和兴起的主要动力，在前期之所以没有得到快速的发展，是由于受到技术水平的限制。如今，经济和社会已进入高速发展阶段，这种发展格局能够给共享经济的发展奠定前提和基础。

共享经济发展的驱动力主要表现在五个方面，分别是人们对于灵活就业的追求、对于提高收入的意愿、信息技术的推动力、消费理念的转变以及用户需求的提升，这五个方面能够促进共享经济得到更加快速的发展。共享经济的发展对经济和社会各个方面都产生了不同程度的影响，共享经济的出现改变了传统的经济发展模式，打造了低碳生活灵活就业的发展模式，这是社会发展的必然趋势，在具体的发展过程中创造了一种新功能新理念，新生活的发展目标，而且在逐渐的发展过程中真正实现了灵活就业。

2. 基于共享经济视阈的新型就业方式

2.1 新型就业方式诞生

在工业革命时期，为了促进生产力水平得到更加快速的发展，机械设备开始逐渐应用在劳动生产过程中，通过应用机械设备能够有效提高生产效率，在开始运用机械设备以后，传统雇佣关系产生，同时传统的手工生产模式也受到了传统雇佣关系的明显冲击，新型雇佣关系的出现，传统的家庭手工业发展模式，有机结合了生产资料与劳动者。但是这样的发展模式已经无法满足当时社会发展的需求，雇佣关系的出现有效分离了劳动者和生产资料，进而实现了新型的劳动关系。基于此，劳动者工作就需要在固定的场所、时间内完成，并且整个工作过程会受到管理人员的统一管理和安排。随着科学技术的快速进步，共享经济的出现转变了传统的雇佣关系，在共享经济快速发展的情况下，劳动者可以不在固定的工作地点和固定的时间进行工作，而且整个工作状态较为灵活，可以根据自身的实际需求来提供相应的服务，在展开工作的过程中往往都是以个体为组织单位。全新的经济组织形式替代了原有的经济组织形式，这使得传统的劳动力环境被改变在全新的背景下，劳动关系也发生了转变。

2.2 共享经济企业的新型组织形式

从当前的实际发展情况来看，共享经济企业的新型组织形式一共可以分为三种，第一为完全竞争化的劳动组织形式，第二为最小化成本的经济组织形式，第三为个性化服务的供给形式。随着科学技术的快速发展，共享经济模式下的经济组织模式，会进行管理模式以及组织模式的改变，市场劳动力组织模式处于完全竞争的状态中，在共享经济发展过程中，企业不再主动筛选从业人员，劳动者只需要登录共享经济平台，就可以采用主动参与的方式开展相应的工作。在整个平台上，劳动者的数据信息完全透明化，相关企业可以根据当前的实际发展情况对劳动者的薪酬进行调整，直到完全接近于市场的水平，从当前的实际发展情况来看，共享经济模式的企业在劳动组织上，几乎是完全竞争市场模式的组织形式。

最小化成本是经济活动组织形式的主要展开方式，而成本主要包括生产和市场协调两种成本。以高效的市场协调成本为基础，能够有效降低企业的生产投入成本。共享经济在快速发展的过程中，凭借其综合的业务实力能够将业务扩展到全球范围内。之所以能够达到这样的水平，是因为在发展过程中始终保持个人独特的风格，与传统的发展理念明显不同，在传统的发展理念中，全球化品牌必须要具有非常高的标准。例如肯德基一类的全球性品牌或全球化企业，但是在共享经济的发展过程中，一些独特性和个性化的理念逐渐凸显，尤其是在旅游行业发展的过程中，一些旅游者在旅游过程中会寻求刺激，更喜欢真实性和冒险性。因此，需要对部分住所的装饰风格进行改变，了解当地居民的生活方式，这样才能更好地对房屋进行装饰，从而给游客带来不一样的住宿体验，整个旅游水平也能得到有效提高。

2.3 共享经济劳动者的新型就业形式

在共享经济快速发展的背景下，劳动的就业形势发生了转变，产生了新型的劳动关系，并且城市人口的增加和人们生活水平的提升，使城市拥有更多的经济发展机会，人们之所以选择在城市居住，是为了更好地获得商品和体验服务。在传统的经济发展模式下，会出现信息不对称的问题，这样会严重影响劳动关系的转型，基于共享经济可以有效解决信息不对称问题，从而促使交易双方通过平台的方式实现快速的匹配，提高闲置资源的利用率，有效优化资产，提高资源使用率。在实际交易的过程中，包括转移使用权，但不包括改变所有权，进而通过共享经济交易实现多元化的社交模式，而且整个社交形式的价格会变得更加低廉，社交环境也会得到不同程度的改变。

在共享经济的时代背景下，人们的工作呈现出独立性的发展趋势，虽然呈现出独立性的发展趋势，但是并不代表可以取代传统严格的时间表的工作模式，只是在共享经济的时代背景下，工作人员可以采用另外一种方式来代替传统的工作模式。对于一些生完小孩的妇女来说，不再适合于选择全职工作，而如果没有共享经济，部分女性可能会完全放弃工作，选择当一个全职太太，但是在共享经济的背景下，很容易在市场中找到适合自己的工作机会，并且可以在家中就能赚取一些额外收入，这样既能增加家庭收入同时还能给妇女带来一些认同感。

人们可以在共享经济发展过程中，通过多种平台实现自身价值。在实现价值的过程中，不仅仅可以通过全职工作的方式同时也可以通过兼职的方式。共享经济的劳动力供给是可以按照需求进行波动的，在对供需进行匹配的过程中，需要采用特殊的技术手段，共享经济下的劳动供给比传统商业模式的需求匹配更具优势。

当前部分行业在发展过程中，满足供需是企业发展的一大难题，如果无法满足供需的快速平衡，则会严重影响企业的快速发展，例如部分餐厅只有特定数量的桌子来为顾客提供空间，在暑假寒假淡季会造成严重的收支不平衡问题，但是在共享经济的平台下，能够有效实现经济活动的快速匹配，从而有效解决企业收支不平衡的问题。

3. 共享经济视阈下的就业稳定性

3.1 就业稳定性

所谓就业，是指人们从事自己能力、技术、知识相关的职业，从而获得合乎法律规定的收入，所谓就业的稳定性，就是离职率的高低。而员工的就业稳定性主要取决于是否拥有固定合同，就业稳定性会直接影响社会经济发展的速度以及市场的供求关系，从当前的实际发展情况来看，如果社会的就业稳定性得不到有效保证将会严重影响人们的生活质量，社会的经济发展也会受到不同程度的影响。相关研究学者在早期对就业稳定性进行了深入的研究，并且从宏观角度提出了一些具体的研究结论，在张琦的相关研究中提出，所谓就业稳定性，主要是指劳动者在固定的时间段内，持续参与劳动力市场，基于此，将就业、劳动力实现转化，劳动力就业时间长则能有效保证就业的稳定性。其他相关人员提出了就业的稳定性和劳动市场的竞争程度有着十分紧密的联系，如果市场的总体竞争较为激烈，就业稳定性就会越低，如果市场竞争不激烈，整个就业稳定性都能得到有效提高。

以上两个理念是从宏观的角度进行研究的，如果从微观的角度来看，就业稳定是指工人参加工作以后，能否在一段时间内稳定工作。在稳定工作的同时，工人的自身生活也能得到有效的保证。在研究就业稳定性的过程中应该将工作人员的个人影响因素充分考虑在内，部分工作人员之所以就业不稳定，是因为其自身的因素，就业稳定性可以有效反映出工人就业及社会总体就业量的变化。

3.2 就业稳定性的影响因素

从当前的实际发展情况来看，相关研究人员对就业稳定性的影响因素进行了深入的分析和研究。在研究过程中可以将影响因素分为五大类，分别是经济因素、福利因素、企业归属感、灵活工作方式以及社会交友的追求，这五个影响因素中的任何一个因素都会影响劳动者的就业稳定性，经济是其中最关键的影响因素，所谓经济因素，就是劳动者在就业过程中取得的报酬，对于一些经济压力较大的人来说，如果从事的本职工作无法满足基本的生活开销，则很难稳定地待在该岗位上，对于刚上班的年轻人和已经有家庭的已婚人士来说，经济因素是最为重要的影响因素。对于一些未婚人士来说，日常的房租以及生活成本开销都较大，尤其是在一些一线城市工作的年轻人，房租可能已经占到工资的四分之一左右，部分人可能还会承受房贷和车贷的压力。对于一些已婚人士来说，虽然不用承受租房的压力，但是个人家庭开销仍然不可小视，部分人可能会在做本职工作以外从事一些副业工作，目的就是通过赚取额外收入的方式来补贴家用。

当前越来越多的劳动者重视企业的福利待遇，例如社保，五险一金等。福利待遇是对劳动者的一种保障。部分企业为了节省生产成本，没有建立完善的福利待遇体系，这样会严重影响劳动者的就业稳定性。部分劳动者可能更倾向于选择一些福利待遇较为齐全的企业。公司的归属感主要是指工作人员在工作过程中对公司产生的一种情感依赖。如果工作人员对企业的情感依赖较大，则能更加稳定地在该企业进行工作，但是如果员工认为自身和企业并没有太大的关系，则很容易影响自身工作的稳定性。想要不断提高工作人员对于企业的归属感，企业应该从多方面入手，加大外界因素和内部因素的影响，让工作人员意识到自身的发展和企业的发展息息相关，自身是企业发展的主体，当思想意识得到有效的改变以后，工作人员对于企业的归属感则能得到有效地提高。

随着时代的不断发展，当前越来越多的人喜欢从事一些较为灵活的工作，这里所指的灵活工作是一些不受工作场所限制和时间限制的工作，当前很多劳动者都喜欢从事出租车行业，出租车行业就是一种不受时间限制的劳动行业，由于人们的思想理念产生了改变，对工作方式有了全新的需求，这样会在不知不觉中影响劳动者的就业稳定性。很多劳动者非常重视提高生活质量和水平，以自身的实际能力为基础，找寻相应的工作，利用共享经济来改善自身的生活水平，从而选择更加适合自己的工作方式和时间。当前部分工作人员在工作过程中会有社交方面的追求，正常的社交不仅能够给人们的身心带来愉悦，同时还能提高就业的稳定性，但是，如果劳动者在工作中无法满足自身的交友追求，将会影响工作的稳定性。

4. 共享经济视阈下就业保护的政策建议

4.1 制定新的劳动力分类标准

在全新的经济发展模式下，想要不断提高就业的稳定性，就需要转变传统的发展理念，根据实际发展情况制定一些具有针对性的解决措施，这样才能营造一个良好的工作环境，整个就业的稳定性也能得到有效提高。

首先在发展过程中应该制定全新的劳动力分类标准，传统的劳动力分类，主要是将工作人员分为员工和独立工人。这样的分类方式是根据国家相关规定进行分类，员工和独立工人的概念会涉及从业者的独立性。在进行区分的过程中，是否存在劳动关系是一个重要的区分理念。传统的区分方式已经无法满足当前社会发展的需求，而且这样的区分形式已不再适用于当前共享经济的发展背景，因此面对全新的经济发展形势需要对劳动力进行全新的分类。

在进行劳动力分类的过程中，需要国家进行全力的支持，就是要从法律层面上给予劳动群体相应的职业身份，当对劳动力进行分类以后，需要提出一些切实可行的保障制度来对新型的劳动群体的权益进行保护。在对权益进行保护的过程中，需要谨慎的确定新类别的界限，并且根据当前的实际发展情况，对各个部门的权责和责任进行分类，将分类做到细致化，这样能够更好地实现权益和责任。

4.2 制定新的福利制度

当前很多劳动人员都十分重视企业的福利制度，因此企业应该根据实际情况的需要建立相应的职工福利制度，这样能够使劳动者有一个最起码的工作保障。在共享经济中，实行最低工资法是对共享经济平台的从业者进行科学有效的保障措施之一，根据从业者的从业年限，对从业时间进行长短划分，这样能够达到相应的服务质量和标准。为了避免传统最低工资标准存在一些弊端，可以让从业者根据自身的从业性质来获取最低工资，这样就能在保证自身福利待遇的同时还能避免出现一些由于福利待遇而产生的问题，除了企业要加强自身的福利保障外，社会应该建立相应的福利保障体系。例如健康保险、带薪休假以及工伤保险等，只有将这些福利待遇落到实处才能有效提高就业的稳定性，在对工作人员的基本权益进行保障的过程中，工作人员对于企业本身的归属感也能得到有效地增强。

4.3 确保共享经济平台的优越性

共享经济平台在具体的发展过程中能够有效保证就业的质量，共享平台在具体的发展过程中一定要具备较强的优越性，这样才能将共享经济平台的作用充分发挥出来，在具体的发展过程中，要支持员工的独立性。共享经济平台的优越性主要是来自当前先进的信息技术水平，共享经济平台的优越性，能够打破传统信息不对称的窠臼，能够给更多的人带来新的就业机会。共享经济平台能够对大量的数据信息进行及时有效的匹配，从而实现劳动力划分标准方面的科学化及劳动力使用方面的人性化，能够将需求和供给进行更加科学合理的精准匹配，这样能够帮助更多的人找到符合自身特点和自身需要的工作。

结语：综上所述，在共享经济视阈下，出现了全新的就业方式，想要提高就业稳定性则必须要深入了解当前在发展过程中存在的一些问题，并且根据问题提出一些具有针对性的解决措施，这样才能有效提高就业稳定性，促进我国经济得到更加快速的发展。

参考文献

［1］徐辉，刘天宇，孔令成．新型职业农民就业能力实证研究——基于 7 省 679 个样本数

据［J/OL］. 重庆大学学报（社会科学版）：1-14［2019-12-29］.http：//kns.cnki.net/kcms/detail/50.1023.c.20191218.1325.003.html.
［2］郭悦雯. 共享经济对新型就业模式的影响［J］. 中国就业，2019（12）：46-47.
［3］杜沙沙. 新型大学生就业服务机制的时空社会学探究［J］. 宜宾学院学报，2019，19（10）：56-64. 新经济新思维 .indd 175 2
［4］许航. 共享经济视阈下的新型就业方式及其稳定性研究［D］. 烟台大学，2019.
［5］韩立英，刘丽娜，王璐，孙香珍，王鑫. 共享经济模式下构建河北省新型就业模式对策［J］. 纳税，2017（36）：147.
［6］共享经济平台的新型就业模式分析——以滴滴平台为例［J］. 国家治理，2017（46）：40-48.

金融效率对地区经济增长影响的实证研究

摘要：随着时代的快速发展，我国社会经济呈现出高速稳定的发展态势，在经济发展过程中，我国政府一直都十分重视金融行业的发展，在十九大报告中已经明确提出要建立现代化的经济体系，对传统的经济体系进行不断的优化和变革，这样才能推动我国社会经济得到更加快速的发展。而在发展过程中则要以金融作为整个经济发展的核心，只有把金融行业搞好才能在此基础上快速发展我国社会经济。虽然我国政府投入了大量的人力、物力和财力来对金融行业进行全面整合与扩张，但是在具体的发展过程中仍然存在许多问题。从当前的实际发展情况来看，虽然整个金融行业的发展呈现出逐渐上升的发展趋势，但是在发展阶段也暴露出相当多的问题，只有通过一系列科学的方法解决了这些问题，才能促进我国社会经济得到更加快速的发展。

关键词：金融效率；地区经济；增长；影响；实证研究

我国自改革开放以来，经济一直呈快速发展态势，这其中，金融行业的出现起到了不可替代的作用，例如资本市场的兴起与兴旺发达，一直被看作是改革开放最为成功的成果之一，因为资本市场在一定程度上带动了我国经济的发展，而资本市场的兴旺与金融市场的扩大有着密切的关系。金融行业一直是我国十分关注的行业，党的十九大报告中明确提出要建立全新的经济发展体系，在建立的过程中要以金融行业为经济核心，并且不断提高我国的综合竞争实力，要将经济效率直接体现在金融领域的发展过程中，保证经济的平稳健康发展。当然，金融行业在给市场经济带来发展的同时也带来了一些弊端，从近几年的发展情况来看，在经济快速发展的同时，我国各行业的发展规模也在不断扩大，其中以房地产行业为代表。在过去的几年里，许多实体企业将资产大量的投入到房地产行业中，虽然从表面上看，能够从中获取一些利益，但是如果深入分析其内涵就会发现这其中存在着大量的问题，其中最为主要的一个问题就是大量的资金都在金融体系中不断地循环，这样的形式会直接导致实体经济出现问题，相关行业的生产率会降低，最终将会严重影响我国经济的快速增长。

1. 理论分析

1.1 金融效率理论

从 20 世纪 60 年代开始，国外相关研究学者就将重点研究目标放在了金融和经济发展的关系上，并且通过多年的努力研究编写了一些著名的著作。早在 1969 年，国外相关研究人员在金融结构与金融发展一书中已经提到了金融的结构论理论。这一概念的出现，受到了人们广泛的关注，研究学者在编写该书前持续了长达三年的调查研究，通过对 35 个国家的实证分析发现：金融结构在不同国家存在的差异，但是从根本上来看，每个国家在发展过程中采用的方法基本都一样，并没有本质上的区别，各个国家在发展过程中会根据本国的实际情况得到一系列评价金融结构演变的指标，该指标对于后续的整个金融行业的发展有着十分重要的影响。

1973 年，国外的相关研究人员提出了金融抑制这一理念，这一理念在二战后的发展中国家得到了充分的体现，由于在战争以后，发展中国家需要快速发展本国的经济，但是由于当时的国家经济十分萧条，国家想要得到快速的发展，就必须使用国家主导型的进口代替工业化，想要采用这样的发展模式就必须要具备充足的资金，政府在发展中需要发挥十分重要的作用，需要充分考虑当前的实际情况，然后制定相应的措施来对金融机构进行控制，想要科学合理的解决金融抑制问题则必须要从实际的利率入手，将实际的利率尽可能地接近于均衡利率，这样才能有效抑制通货膨胀。发展中国家在发展过程中可以废除一些对利率的管制，实现利率的自由化发展，这样能够使得利率和市场机制变得更加协调，从而促进本国经济得到更加快速的发展。

金融抑制是由于各种不良因素共同作用下而产生的，想要避免出现金融抑制的情况，则必须要推行金融自由化的发展，政府对于金融体系以及金融市场的发展有着十分重要的影响，在传统的发展过程中，政府会采用一些强制性的干预措施，这样会对整个金融体系和金融市场的发展造成影响。面对这样的问题，政府应该更多地考虑现实问题，适当地减少一些没有作用和效果的干预，一些没有作用和效果的干预不仅会影响金融行业的发展，还会在一定程度上浪费政府的资源，减少一些干预能够逐渐形成自由化的发展。

随着社会的不断发展，我国提出了崭新的理论，该种理论称之为金融发展理论。该理论的重点可以概括为一句话，就是可持续发展理论。该理论在原先的基础上提出了一些具体的发展方向，可持续发展的理论是社会发展的必然趋势，在日后必定会逐渐成为核心内容。

1.2 金融效率对经济增长的作用机制分析

经济发展本身就是一个十分复杂的过程，在具体的发展过程中会受到很多不同因素的影响，要想促进实体经济得到更好的发展，则必须要建立在金融市场稳定发展的前提基础上，使二者在发展过程中呈现出相辅相成的发展态势。从当前的实际发展情况来看，一个国家的金融有效程度会对整个国家的经济发展产生十分重要的影响，在具体的发展过程中，需要采用全新的发展理念和发展措施来促进本国的经济得到更加快速的发展。

根据实际情况可以直接降低融资成本，直接融资主要是指实体企业在发展过程中通过获取本金的方式来对本企业的生产规模进行不断地扩大。在2017年，我国有关部门负责人就明确提出，在经济发展过程中要将直接融资放在发展的首要位置，应对当前的融资功能进行不断的优化和完善，从而形成一个多层次的资本市场体系，因为在具体的经济发展过程中离不开资金的支持，相关金融部门在具体发展过程中，不能盲目地为了获取资金而违背道德。要选择科学合理的方式来获得资金，不断降低外部融资的成本，这样能够使得整个企业在发展过程中更好地获得资金支持。

企业可以通过发行股票债券的方式，从市场获取一些资金，通过这样的方式不仅能够增强企业的综合实力，同时还能获得企业想要的资金帮助，企业的利润在增长的同时，还需要根据实际情况缴纳更多的税款，此时政府的收入也会不断增加。如果能够一直坚持这样的发展模式将是一个良性循环，不仅能够促进相关企业得到更好的经济发展，整个市场的经济发展也能随之带动，同时还可以通过增加投资效益的方式来提高经济水平。当前人们的生活水平在不断提高，部分居民的思想意识也在发生改变，越来越多的人开始重视投资，通过相关的调查研究显示部分城镇居民的可支配收入从2000年的6200元左右上升到了2017年的30万元左右，当居民的收入得到提高以后，除了保证日常的生活开销以外，会将多余的部分进行投资，一部分人会将资金投向股票或者是债券，当股票和债券行业的资金变得充足以后，市场的效率也会不断提高，整个金融市场会逐渐从不成熟走向成熟，从而出现良性循环，市场模式会日渐成熟，整个发展规模也会得到有效地扩大，企业在发展过程中也能得到长久性的发展。

2. 金融效率度量

2.1 指标构建

在研究金融的过程中，需要从多个不同的方面进行切入，其中最为重要的切入点应该放在金融效率的度量上，在研究过程中需要采用实证分析的方式来进行研究。本文在研究过程中，对于金融效率度量进行了深入的分析和研究。首先从指标的构建方面入手，从当前的实际发展情况来看，金融效率可以分为两个方面的内容，分别是金融市场效率和金融服务实体经济效率。实体经济在进行研究的过程中，主要是对实体经济和金融的结合程度进行研究，从当前的实际发展情况来看，对于现有的文献进行研究的过程中，可以分为虚实转化效率和间接融资效率，间接融资效率主要是指一些信贷资金在进入企业或者实体经济的效率，而金融市场效率则是指金融市场本身的运行效率，这两个效率对于整个金融市场的正常运行都会产生一定影响，因此，在研究过程中一定要进行重点研究。

根据当前的实际发展情况，金融机构和投资者在金融市场中获得的直接效益具体表现可以分为两个不同的内容，分别是直接融资效率和运行效率。直接融资效率指的是企业或者是相关机构直接从市场中获得的资金效率。运行效率主要是指一些金融机构的数量，从业人员的工资等情况。本文在研究的过程中主要收集了近几年的相关数据，并且对我国当前的金融效率进行了深入细致的分析，通过调查研究能够得到相应的结论。

分析表明，我国金融服务实体经济总体能力近年来呈现出逐步下降的趋势，金融深度和储蓄投资转化率则呈现出上升的发展趋势。近几年金融市场的水平虽然得到了有效的提高，但是在具体的发展过程中仍然存在一些问题，企业和个人都更愿意将自身多余的资金转化为投资，而在转化的过程中大部分都会转化为资产投资或者是房产投资。因此固定的投资和投资率会有明显上升的趋势，但是由于近几年实体经济并不景气，因此该种上升趋势会逐渐下降。

我国金融微观主体的效率呈现出上升的趋势，由于自身在发展过程中存在一些限制，股票市场的融资占比相对较少，在具体的发展过程中会呈现出波动的发展趋势，与其他指标相比，股票的发展总体趋势仍然处于下降的态势，而其他指标则全部呈现出上升的发展趋势。我国城镇固定资产投资呈现出逐年上涨的趋势。

近几年，我国投入了大量的人力、物力和财力来发展金融市场，使得金融市场的规模在不断扩大，对外开放能力也在不断提高。在具体的发展过程中，我国对当前的监督机制进行了不断的优化和完善，使得我国的金融监管体制逐步与国际上通用的体制接轨，形成了一行两会的监管格局，通过这样的方式能够促进我国金融市场得到更好的发展，整个市场的规范性也能得到有效提高。

在对实体经济金融效率进行研究的过程中，得到的数据资料较为平均，这样就很难判断因变量和哪些因子存在着直接性的关系，在无法确定关系的前提下，对于整个问题的分析会产生一定的影响。而且因子分析法的目的就是对密切关系进行深入的分析和了解，但是如果在无法确定因子的情况下，则并不适合采用因子分析法，面对这样的问题则需要对因子分析法进行旋转，当前最为常见的两种旋转方法分别是正向旋转和斜交旋转，二者的区别在于因子对称轴是否相互正交，如果是正交则是正交旋转，如果不是正交则是斜交旋转。在研究的过程中，主要是采用正交旋转的方式来对因子进行旋转，并且能够得到相应的实体金融效率指标的详细情况，具体情况如（表 1）所示。

表 1 实体金融效率指标的详细情况

成分	初始特征值			提取平方和载入			旋转平方和载入		
	合计	方差的 %	累计 %	合计	方差的 %	累计 %	合计	方差的 %	累计 %
1	4.586	57.322	57.322	4.586	57.322	57.322	3.808	47.604	47.604
2	2.63	32.88	90.202	2.65	32.88	90.202	3.408	42.598	90.202
3	0.331	4.143	94.346						
4	0.187	2.334	96.68						
5	0.168	2.105	98.785						
6	0.06	0.755	99.54						
7	0.03	0.374	99.914						
8	0.007	0.086	100						

当得到相应的数据资料以后，可以采用 SPSS 因子评分功能来对数据信息

进行科学有效的综合评判，通过这样的方式就能得到相应的结论。

2.3 各省市金融效率度量

本文在研究的过程中，对各个省市的金融效率度量进行了深入的分析，在研究过程中，分别研究了北京、天津、河北、上海、江苏、山东、广东等多个地区，具体的研究情况，如（表 2）所示。

表 2　2008—2017 年全国各省市金融效率情况

	2008	2009	2010	2011	2012	2013	2014	2015	2016	2017
北京	0.2348	0.0214	–0.1116	0.2227	0.4339	0.0493	0.1060	0.1344	0.7317	0.8170
天津	0.1022	0.0102	–0.560	–0.0340	0.3706	–0.0504	–0.1539	0.2139	–0.0706	–0.1104
河北	0.3835	0.4308	0.1150	0.1386	0.2648	0.1192	0.2516	0.1214	0.3051	0.4546
山西	0.2325	–0.995	–0.4174	–0.3445	–0.1797	–0.1818	–0.2387	–0.3747	–0.4044	–4746
内蒙古	0.2928	0.2896	0.4771	0.5636	0.5700	0.1052	0.0047	0.1196	–0.3548	–0.3137
辽宁	0.4253	0.9728	0.6585	0.4520	0.5262	0.4274	0.6169	0.2214	–0.1766	0.5952
吉林	0.2526	0.2779	0.1703	0.1850	0.0773	0.2288	0.0843	0.2931	–0.0069	0.1781
黑龙江	–0.1456	–0.2730	0.3778	–0.2502	–0.4358	0.0073	–0.0882	–0.4085	–0.2532	0.1633
上海	0.8001	0.7060	0.5698	0.4400	0.4741	0.2761	0.0196	0.1497	0.6012	0.6631
江苏	–0.0428	0.2173	0.2229	0.3741	0.4323	0.5012	0.3487	0.4612	0.6714	0.6689
浙江	0.2047	0.1483	0.1890	0.0497	–0.0261	0.3311	0.2014	0.3507	0.4809	0.5335
安徽	0.0978	0.0628	0.1209	0.0998	0.3712	0.3062	0.3256	0.2651	0.2618	0.4389
福建	0.0622	–0.0444	–0.0009	0.1299	–0.0747	–0.0481	0.0700	0.1132	0.1178	–。0245
江西	–0.1888	0.1723	0.4179	0.4572	0.0018	0.0217	0.0810	–0.0608	0.2805	0.2277
山东	0.3468	0.3697	0.2895	0.3279	0.3116	0.2730	0.3496	0.4633	0.5715	0.5693
河南	0.3121	0.2722	0.1572	0.1553	0.1822	0.0576	0.0401	–0.0128	0.0291	0.0238
湖北	–0.0356	–0.1683	0.0319	–0.0167	–0.0243	0.1199	0.2251	0.1499	0.1576	0.0095
湖南	–0.0924	–0.0108	0.0865	–0.0653	0.0754	0.2682	0.3990	0.2730	0.5797	0.5312
广东	0.2398	0.3129	0.0364	0.1561	0.0216	0.0837	0.0348	0.1073	0.5348	0.4666
广西	–0.2167	–0.3064	0.3284	0.2647	0.1310	0.2332	–0.0685	–0.0961	0.0026	0.1839
海南	–0.5453	–0.0827	–0.3280	–0.0837	–0.2729	–0.4602	–0.4047	–0.4181	–0.4802	–0.5230
重庆	–0.1000	–0.2970	–0.0032	–0.2807	–0.3852	–0.4162	–0.3366	–0.2823	–0.0048	–0.1522
四川	0.1336	–0.0680	0.0031	0.1228	0.1105	0.1210	0.0748	–0.1008	0.1437	0.1631

续表

	2008	2009	2010	2011	2012	2013	2014	2015	2016	2017
贵州	–1.0205	–0.6138	–0.1705	–0.5787	–0.3799	–0.6847	–0.4706	–0.4906	–0.3373	–0.3041
云南	–0.7406	–0.5469	–0.3086	–0.5822	–0.4994	–0.5411	–0.5331	–0.5598	–0.6101	0.5927
西藏	0.1907	0.0838	–0.9595	0.1739	0.2468	0.4610	0.4519	0.4347	0.1676	–0.1980
陕西	0.2115	0.0188	–0.1783	0.2643	–0.2082	0.1181	–0.0003	–0.0783	–0.1962	–0.1237
甘肃	–0.3432	–0.5233	–0.4173	–0.4620	–0.4552	–0.3627	–0.4386	–0.4409	–0.4746	–0.3448
青海	–0.6455	–0.7516	–0.0850	–0.5065	–0.5196	–0.3967	–0.2497	–0.1071	0.9121	–0.8626
宁夏	–0.0963	–0.3741	–0.0107	–0.2672	–0.1635	–0.3575	–0.3335	–0.1105	–0.7323	–0.7788
新疆	–0.3097	–0.1694	–0.4494	–0.3319	–0.4766	–0.3949	–0.3695	–0.3506	–0.6232	–0.6945

从表中能够看出，北京地区的金融效率得分最高，而新疆等地的金融效率得分则最低。沿海地区一直都是金融效率较高的地区。在位居全国前 10 位的省市中，只有湖南、安徽和江西不是沿海地区，从相关的调查研究图中能够明显发现，我国的金融效率发展极不平衡，整体的发展态势呈现出由东部向西部下降分布的趋势。虽然天津、山西等地区的金融效率在全国范围内属于较高水平，但是仍然出现了明显下降的趋势，这些地区对于实体经济的依赖度较高，因此，在具体的发展过程中需要对风险进行科学有效的防范。

从当前的具体研究调查能够看出，以金融转化为实体经济的效率来看，中部地区水平明显要高于西部地区，特别是中部地区的综合金融效率，主要是因为金融服务实体经济发展的能力较强。例如安徽、湖南等地区的实体服务能力要远远高于其他地区，这些省份的经济活跃度常年较高，对于一些中部地区来说，在发展过程中可以借助一些金融服务实体经济效率来加快本区域的经济发展速度。以江西地区为例，江西地区的金融服务实体经济效率从 –0.16 上升到了如今的 0.784，湖南的金融服务实体经济效率从原先的 0.325 上升到了如今的 0.722。这些数据都能够说明在当前的发展过程中，东部地区有着较强的金融服务实体经济发展效率。

对于一些沿海城市来说，金融服务实体经济的发展也呈现出较高的发展水平，但是与中部地区相比仍然有较大的差距。从金融服务市场经济的效率来看，沿海地区或者是邻近金融市场的中部地区效率较高，对于一些中部地区来说，发展效率则较低。各个省市在发展过程中的金融市场存在着明显的发展差异，北京在发展过程中的金融市场效率能够达到 1.258 的水平，但是青海地区在发展过程中却只有 -0.705，这样明显的差距会导致金融市场在发展过程中出现极为不平衡的情况。

3. 金融效率对区域经济增长的实证研究

3.1 国家金融效率与经济增长

在具体的发展过程中想要更好地研究金融效率对地区经济增长所产生的影响，则需要根据相关的数据信息建立一个研究模型。通过实证的方式来对当前的情况进行研究，相关技术人员可以利用 VAR 模型定量研究方法来对当前金融效率经济增长进行实证分析。通过这样的方式，能够高效地研究各个省、市以及自治区的金融效率对经济的影响程度。

在进行研究的过程中，首先需要对相关数据进行科学合理的统计，在统计过程中要保证数据的真实可靠性，并且要对数据进行及时有效地更新，防止数据出现失真以及不准确的情况。在具体的研究过程中能够发现 GDP 对自身有一个冲击力，在前期，GDP 会给出一个标准差，在受到冲击后会产生一个正的效应，但效应会在第二期就逐渐转变为负效应，随后在正效应和负效应之间进行来回波动，整个状态会在第八期之后呈现出一个平稳的发展态势，最终总会出现一个相关效应，而且整个状态会呈现出逐渐下降的趋势。当出现这种情况以后，说明 GDP 增长在短期内能够带动相邻的经济也得到增长，但是，从中后期的增长形势来看，整个增长并不明显，甚至还会出现逐渐衰减的情况。

从当前的实际发展情况来看，市场金融效率短期可以促进经济增长，从长期来看对经济增长也有一定的作用，但是，长期的作用要明显小于短期作用。在具体的研究过程中还可以利用相关的软件，对整个时间顺序进行方差分解，通过方差分解的方式能够更加细致到对当前的金融效率情况进行分析，通过相应的方差分解能够发现数据在第八期开始会呈现出一个下降的发展趋势。但是下降的幅度非常小，对于整个金融效率的影响并不高，但是从整体上来看，方差贡献基本上处于一个上升的趋势，从平均贡献率来看市场金融效率对整个经济增长有着较大的贡献，因此，在具体的研究过程中需要重点使用方差分解。

3.2 区域金融效率与经济增长

在研究区域金融效率对经济增长的影响时，可以构建相应的模型，并且建立相应的指标说明，通过这样的方式能够更加全面地考虑到各种条件在运行过程中产生的影响因素，整个调查研究结果的准确度都能得到有效保证，在进行实证模型分析之前，需要进行单位根检验。因为在具体的研究过程中，经济的变量会呈现出不稳定的发展态势，对于一些不稳定的数据，则会影响最终的研究结果，这样的研究则显得毫无意义。因此在建立回归模型之前，必须要对单位根进行检验，在检验的过程中可以通过多种方式进行检验，具体的检验方法选择要根据实际情况来进行选择，可以采用 eviews 数据处理，对样本指标进行检验，通过这样的检验方式，能够有效保证整个检验的效率和质量。

在对模型进行选择的过程中，可以根据实际情况选择固定效应模型和随机效应模型，二者的区别就在于分组变量会有所不同，其他功能并没有太大的差异。当研究对象的所有个体均在研究总体内部时，则可以选择固定效应模型，但是如果当研究对象不在所有个体内部时则需要选择随机效应模型，而且在前期还需要对部分对象进行抽样处理，这样才能获得更加准确的实证结果。

结语：通过相关的调查数据能够得到相应的结论，中部东部西部地区的经济增长对于本期的经济具有极大的促进作用，但是由于各个地方呈现出不同的发展趋势，因此产生的促进作用也会有一定的差异。东部地区的实体金融效率要远远高于全国其他地区的水平。西部地区的市场金融效率并不明显，实体金融效率却较高，部分西部地区的实体金融效率甚至要高于中部地区。

参考文献

[1] 彭镇华. 我国资本配置效率与金融供给侧结构性改革研究 [D]. 江西财经大学，2019.
[2] 王亚萍. 金融效率对地区经济增长影响的实证研究 [D]. 上海社会科学院，2019.
[3] 罗美薇. 基于区域差异的金融发展对农村经济增长影响分析 [D]. 哈尔滨商业大学，2019.
[4] 洪爽. 中国自由贸易试验区的成立对地区经济增长影响研究 [D]. 东北财经大学，2018.
[5] 彭镇华，廖进球，习明明. 资本配置效率、经济增长与空间溢出效应 [J]. 证券市场导报，2018 (02)：22-30.
[6] 周子栋. 西部地区县域金融资金流失与经济增长 [D]. 西北大学，2017.

精准扶贫背景下农村集体经济发展研究

摘要： 随着我国改革开放速度的不断加快，广大农村地区的集体经济也取得了巨大的发展，已经成为我国经济制度中一个十分重要的组成部分，在我国农村城市化进程中，集体经济发挥着重要的作用。随着我国新农村建设和乡村振兴战略的深入实施，集体经济将会发挥出越来越重要的作用。

为了促进农村经济的发展，特别是促进偏远落后地区农村经济的发展，党中央适时提出了精准扶贫的伟大战略，在精准扶贫战略战役中，农村集体经济当仁不让地承担着重要的使命和责任，因为农村集体经济可以带领广大农村贫困人口摆脱贫困，可以拉动农村地区内需，可以促进农村经济发展。党和国家一直以来都非常重视农村经济发展问题，每年都会出台各种各样的政策、方针，对农村集体经济发展予以特别关注和支持，政策的倾斜与措施的扶持为农村集体经济发展奠定了良好的基础，也为我国全面实现小康社会目标进行了战略性的布局。基于此，本文首先对我国农村集体经济发展过程中存在的问题进行分析，继而提出在精准扶贫背景下，农村集体经济发展的策略，以期可以为我国精准扶贫工作提供参考。

关键词： 精准扶贫；农村集体经济；发展

随着我国农村集体经济的深入改革，结合当前市场经济需求的飞速发展和变化，在我国整体经济发展过程中，农村集体经济发挥出重要的积极性作用，但其中仍然存在一定的问题和困境，因而对精准扶贫背景下农村集体经济发展进行相关研究，有着深远的意义和作用。

1. 精准扶贫背景下农村集体经济发展存在的困境

1.1 农村集体经济产权不清晰管理不规范

我国农村集体产权制度不断地进行着改革和创新，通过多年的改革发展，已经初步形成具有中国特色社会主义的农村集体经济产权制度。而在实际发展过程中，仍然存在集体产权不清晰等问题，其中主要包括所有权、收益权、资产处置权等多方面内容，这些方面因为产权都不够清晰，因此权责关系也不甚明确，如果没有明确的集体财产和集体收益权，即便有了相关规定，也无法保障每位集体成员都可以获得公平量化的利益。

在农村集体经济发展中，农民没有足够的话语权，而且一般都不了解产权制度，也没有较为完善的农村集体经济组织，农村集体经济组织的作用也没有发挥出来，从而对我国农村整体经济的发展产生了非常严重的影响。因此，必须要构建完善的农村集体经济组织，将该组织作为载体来促进农村集体经济发展，提高发展的速度和质量。

在市场经济发展中，经营管理制度是其中重要的影响因素，通过高效的经营管理制度应用，可以明显促进农村集体经济更好地适应市场经济发展。在当今时代中，我国农村集体经济在经营管理工作过程中，不规范的情况比较突出，既没有完善的村集体管理制度，资产管理也很混乱，制度执行过程中也不能严格按照流程进行，简化程序、政社合一管理体制仍然存在着多种问题。村两委干部对农村集体资产、资金不了解，账目的记录核算错误很多、收支情况掌握不清楚等问题依然存在。财务方面，主要是缺乏对集体资金流向的监督，没有良好的透明度等。

在农村集体经济积累的过程中，还没有固定的集体收入积累份额，从而在农村集体经济发展过程中，没有稳固的基础予以保障，除此之外，收益监管工作不到位情况导致农村集体经济发展受到影响。再者，没有明确个人、集体的集体资产利益分配比例，从而降低了农民参与集体经济发展的积极性。

1.2 政府对农村集体经济引导力不足政策支持不精准

从 2004 年开始，我国已经陆续出台多种可以促进农村集体经济发展的政策、文件，其目的是对我国农业发展形成促进性的作用，增加我国农民的整体经济收入，但其中出台的多数政策、文件，都是以原则性指示为主且主要集中在农村集体经济发展方面，这些政策、文件并不具备良好的可操作性。例如，农村集体经济扶贫项目发展和规划内容、资金的使用方式、扶持措施、优惠政策等方面的内容，有些过于笼统，有些偏重导向性。再者，由于没有针对性的政策支持，无法促使农村集体经济得到可持续发展。当前，还没有构建出支持贫困地区摆脱贫困的高效法律法规体系，从而没有强而有力的政府保护措施来支持农村集体经济发展。

基于当前我国精准扶贫的大背景下，对农村集体经济还没有足够的重视，主要体现在对农村集体经济没有一个完整的、科学的发展规划，加之管理不到位、权责不明确、产权不清晰等多种问题都还依然存在。对于资产核算没有足够清查力度，政策落实也不到位，从而导致“空壳村”现象屡见不鲜，大幅度降低了政策的落实质量。

1.3 弱化了农村基层干部能力和党组织能力

农村基层党组织是精准扶贫工作中的中坚力量，直接影响到农村集体经济发展的效果和质量。但农村基层党组织和两委干部的能力，都在不断地弱化，部分两委干部年龄都已经偏大，再者文化水平也不够高，在农村集体经济发展的过程中，村干部缺乏应有的长期规划，一般都是安于现状，不思创新，再者没有良好的办事能力，没有较强的凝聚力。

首先，基层村干部还没有形成对农村集体经济充分的认识，并且没有足够的集体意识，很多干部没有对村集体经济发展予以重视，认为在农村发展过程中，集体经济没有任何作用。在当前实行统分结合双层经营的体制下，很多村子和村民只看到了其中的“分”而没有重视“统”，在精准扶贫背景下，没有形成正确的农村集体经济发展观，也没有形成正确的认识，从而对农村集体经济发展的意义和作用无法形成深刻的理解，很多农村集体经济发展薄弱的村庄，干部没有享受过发展的成果，进而对农村集体经济发展漠不关心，没有信心，更无从谈起负责。

其次，在基层党组织内部，仍然应用传统的工作方式，没有构建完善的基层经营管理体系，部分地区虽然已经在发展农村集体经济，但还不具备完善的集体经济管理监督机制，村两委和干部都处于不懂的管理和无章可循的状态中，管理方案、制度严重匮乏，监督管理意识薄弱，无法形成到位的监督和清晰的资金用途等，诸如此类问题应接不暇，严重影响了农村集体经济的发展。

1.4 农村集体经济发展不平衡市场竞争能力不足

地理位置、自然环境、农村基础条件等，都会对农村集体经济发展产生影响，促使农村集体经济出现两极分化、地域性差距大等多方面情况。例如，我国东部地区拥有更好的交通、自然条件，相对来说这部分地区的农村集体经济较比中西部地区就会高出很多，即便在同一地区，如果农村的资源优势好并离乡镇距离近，就比远离乡镇没有资源优势的农村发展要好。一些村庄具有超过百万元、千万元的集体经济收入，一些农村利用承包租赁增加农村的集体收入，但这种收入并不稳定，还有一些农村集体经济收入甚至出现负债的情况，这种农村集体经济两极分化现象明显。这些没有集体收入或很少有收入的农村基本都存在没有明显资源优势、基础设施差等多方面问题。因此，如果要促进这些农村集体经济发展，必然需要投入大量的资金，但农村自身没有这样的经济实力，从而无法改善村中的实际情况，不断产生恶性循环。

农村集体经济的主要收入来源一般都是来自土地、房屋等方面的租赁或者补偿款项，一些农村已经对这种形式和额度的收入满足，因此并没有进行长远集体经济发展规划。这种单一的发展方式，无法突破农村集体的增收路径。在实际集体经济发展中，很少有自主经营的情况，无法对已有资产形成高效运转，不能将村庄集体资产变多、变大，从而出现资源搁置和浪费的情况。

再者，一些农村多以发展农业为主，很多都是分散的家庭经营方式，并且在各个农户之间，还没有形成良好的合作生产意图，组织化程度偏低，农业生产规模过小，从而无法形成一体化的加工与生产。如此，必然无法对农村集体经济形成附加值，并且在当今市场中也没有足够的竞争能力，并且农村的第二和第三产业发展也很薄弱。如此，农村集体经济发展必定会出现后劲不足的情况，农村无法承受任何市场波动。

1.5 农村集体经济发展中人才匮乏组织性较差

社会的发展与进步，必须要以人才为基础，同样，农村集体经济发展过程中，人才有着不可或缺的存在价值和作用，是农村集体经济发展中重要的组成部分，也是农村集体经济在市场竞争环境中的竞争核心。但在我国多数农村集体经济发展过程中，都十分缺乏专业性、知识性、技术性的全面人才，其中大部分有知识、有技术的人才都选择外出进城务工，这些人才更向往城市生活，不愿意留在农村发展，从而致使农村人才不断流失。由此可以看出，导致农村集体经济发展滞后的一个主要原因就是留不住也引不来专业人才。另外，农村集体经济发展中组织性欠缺，以家庭为单位的生产经营模式导致集体经济不断分化，进而生产资料、生产基础不断弱化，从而导致很多空壳农村经济的出现。有生产能力的农户自行发展，而贫困农民则依靠政府产业帮扶，形成一片零散的局面。再者，很多农民还存在思想误区，认为农村集体经济无法发展起来，还有些农民认为所谓农村集体经济，就是在村中办厂，没有认识到发展方式的转变；另外还有农民认为发展集体经济等于资产被分割，没有集体经济基础，还没有充分认识到对其他优势资源开发的意义。

2. 精准扶贫背景下农村集体经济发展策略

2.1 加强农村集体经济“三资”管理监督体系

在精准扶贫背景下，不仅要发展农村集体经济，同时也要加强“三资”管理，将相应的管理方法、监督机制不断完善，从而大大提升农村集体经济中资产的有效利用率。

首先，政府应该加大核查贫困农村集体资产、资金、资源的实际情况，对农村实际的“三资”情况做到切实掌握，例如总体的使用情况、总量情况等，如果在核查过程中发现不合理使用资源的问题，就应该立即收回资源，从而促进农村集体经济的精准决策和规划。

其次，要加强对“三资”的审计和监督工作，明确集体资产台账，进行全面的资产登记、收入，有效避免农村集体资产出现流失的情况。政府要定期对农村集体财务进行审计工作，加大审计的力度，如果在审计过程中发现问题，就应该及时复核，将复核的结果对外公开，定期展开村集体内部的审计工作，应用自查自审的模式，加强对“三资”的监督，提升农村集体财务经济收入的透明性度，同时要积极接受村民的监督，促使财务人员相互监督。

最后，建立健全如承包合同管理、管理制度等方面的集体经营管理制度，从而形成法制化、规范化的管理。

2.2 加强政府对发展农村集体经济政策支持的针对性

多年来，国家对于农村集体经济的发展一直给予高度的重视，并且还在不断加大扶持和支持的力度，但应该有更高的重视程度和针对性的政策支持。

首先，国家应该为了保证农村集体经济形成长效发展，尽可能加强顶层设计，加强统筹规划，积极大力协调财政、土地等多个部门，从而共同制订农村集体经济发展的方案和整体规划，明确各个职能部门自身的工作任务与工作目标，明确个人及部门的责任，以互相监督、合作的方式开展相关工作，将责任与考核奖励措施形成联动。政府主管部门要对辖区农业产业形成有效宏观调控，全面掌握产业规划大局，准确、实时掌握农村集体经济发展的动态，预防盲目竞争等恶劣情况出现。还要充分认识到辖区农村自然资源实际情况，与乡镇政府、农业相关部门形成联合，对所管辖区域的所有农村集体经济发展进行深入的调研和研究，从而以各村实际情况构建出相应的具有可行性的规划，乡镇政府工作人员应该深入农村，采用实地调研的方式，进行技术指导等方面的工作，切实落实农村集体经济相关工作。

其次，各级政府都要加大政策扶持的力度和针对性。

第一要切实落实优化农村土地政策。在农村集体经济发展中，土地是其中最重要的基础性条件，农村无论发展产业或旅游业，都离不开土地，因此，应将集体可支配的土地进行充分利用，作为农村集体经济发展的基础。

第二要增加政府财政支付力度。例如，增加信贷金融等形式，给予农村集体经济发展提供政策扶持。以农村集体经济发展前景等为立足点，调整资金，适当增加发展情况更好的农村的资金支持，如果村集体有意愿与龙头企业进行合作，政府应该给予足够的支持，例如在金融信贷方面等，积极发挥出在发展过程中金融杠杆的作用。如果农村的集体经济发展较差，不仅要给予大力的资金方面的支持，还要加大政策扶持，深入村落积极规划农村集体经济的发展方向和布局，引导农民摆脱困境，出台相应的针对性措施鼓励创业、创新，从信贷、土地、财政等多方面多个途径给予大力支持，从而为农村集体经济发展探寻出新模式，缩小农村之间的差距。

第三要积极建立健全农村集体经济发展的法律法规。虽然我国陆续颁布了涉及农村集体经济发展的一系列法律法规，但对于发展规范来说，仍然还存在不完善的情况，在农村集体经济运行过程中，应以健全的法律体系为基础进行管理。例如，明确农村集体经济法人的地位、村两委与经济组织间的关系，规范化农村财政资金拨付使用等，从而促使在农村集体经济发展的过程中得到法律的有力保障。

最后，根据农村集体经济发展需要，积极完善基础配套设施，为农村集体经济发展打下坚实的基础。如果农村在基础设施和公共服务方面都较为薄弱，政府就应该加大资金、人力、物力、政策多方面的投入，从而对农村的通信、网络等多方面形成支持，进而降低开支，减轻负担，有效推动农村集体经济发展。

2.3 加强农村基层队伍建设

在精准扶贫的背景下，需要具有头脑、有凝聚力的基层党组织和党组织领导班子成员，引导农村不断发展，将农村集体经济壮大，发挥基层党组织特别是模范党员的带头作用，引领农村在发展中拓宽渠道，打好脱贫攻坚战，促进农村集体经济发展。因此，必须要加强农村基层党组织队伍建设工作。

首先在各村中要加强村两委、党员干部领导班子思想建设方面的教育和建设工作，有效提升整体思想、认识水平。

第一，需要将基层党组织、村集体经济组织、村两委领导班子成员进行优化。选拔工作人员过程中，要充分考虑思想、观念、文化等多方面素质和能力，同时需要选拔的干部可以做到自律、廉洁，在实际工作中深入群众中，积极了解群众的需要和想法，进而提升整体基层党组织的综合水平。

第二，要强化培训和教育工作，从根本上强化基层党组织队伍的整体思想和认识。随着精准扶贫工作的深入，基层党员干部、领导，要对党的文件和政策进行深入的学习，时时关注最新政策，对政策中的要点要熟练掌握，重点学习涉及农村集体经济发展的政策。基层党组织、村两委及领导干部，要积极学习丰富的科学技术知识，定期组织针对农村集体经济发展相关的培训课程，培养基层党组织形成良好的市场观念。

第三，树立农村基层党组织成员形成良好的法制观念，从而在实际工作中，可以有法可依。同时，需要全面开展法律知识宣传工作，从而促使农村形成全面健康的发展。

其次，要侧重于强化村两委、基层党组织干部的行动能力。

第一，要组织村两委和基层党组织成员到集体经济发展良好的农村进行实地学习，实现跨地域经验交流，进而进行研究和总结，归纳出适合于自身村落发展的计划，拓展自身的思路。

第二，要积极争取政府给予资金支持，积极运用政府性的贷款，整合各地方优势资源，加大资金投入力度，挖掘本地资源发展潜能，提高资金使用效率，促进农村集体经济发展。

第三，根据本村实际情况，制定出合理的集体经济发展规划，充分认识到现有的不足，明确未来发展的思路，其重点是把握未来发展的方式、方向、步骤、风险预防等内容，从而在精准扶贫政策的指引下，促使农民收入快速增加。

第四，建立健全基层党组织奖惩措施，在基层党组织考核工作中，将农村集体经济作为重点考核内容，并与基层党组织的工作成效形成有机结合，利用完善的激励措施，引导基层党组织党员干部积极主动参与到农村集体经济工作中。

2.4 提高农村集体经济竞争实力

要推动农村集体经济发展，首要的条件是要在当今的市场环境中生存并占有一定的地位，在农村集体经济发展中，应该以市场核心为主要导向，加强产业、项目的经营和运作，以市场发展的规律和需求为原则，遵循此原则发展。通过如下两方面工作可以提升农村集体经济的竞争实力。

第一，选取准确的产业项目。传统的种植业在当今的市场经济环境中无法满足农民致富的希望，进而需要对农业结构进行调整。在选取集体经济发展方向的过程中，需要综合考虑经济发展增收、长远可持续发展、农村优势定位、产业方向等多方面问题。如果农村具有较好的自然环境优势，就应该充分发挥本地资源优势，充分利用土地、特色产业等，发展独具特色的绿色产品、产业，构建完整的生产和消费模式；如果农村具有便利的交通和位置，就可以积极开发旅游资源，除了传统的观光型旅游之外，还可以将农业与旅游进行有机结合，从而可以最大限度地发展集体经济。

第二，要探索丰富农村集体经济的实现形式，拓宽集体经济增收的途径。例如，可以采取股份合作制、股份制等多种形式，促进农村集体经济发展，鼓励农民以资金、土地等多种方式参股，最终形成共同经营，发挥集体资产的作用，提升集体资产的价值。

结语： 综上所述，精准扶贫是一项任重而道远的系统性工程，积极发展我国农村集体经济，对我国精准扶贫有着重要的作用和意义，同时还可以有效拉动我国农村经济发展，带领农村贫困人口脱贫，打赢精准扶贫攻坚战。虽然农村集体经济发展需要面临不同程度、不同方面的挑战，但是，这也是农村集体经济发展过程中的机遇。因此，政府要加大政策、资金等方面的支持和扶持力度，出台有效的政策，加强基层党组织建设的力度，并同时构建完善的农村集体经济管理监督体系，提升农村集体经济在市场环境中的竞争力，积极号召全社会、民众、政府都参与到农村集体经济发展工作中，深入探索农村集体经济发展的途径。

参考文献

[1] 朱志敏. 盘活资源，做好农村集体经济文章[N]. 湄洲日报，2019-12-30（B02）.

[2] 郭晓鸣. 创新发展集体经济补齐乡村治理物质短板[N]. 四川日报，2019-12-26（006）.

[3] 田奇晖宁乡市坝塘镇党委书记. 推进“四个创新”做强新型村级集体经济[N]. 长沙晚报，2019-12-26（011）.

跨境电商进口企业供应链管理优化研究

摘要： 在互联网信息时代，传统的国际贸易形势已经无法满足当前的时代发展需求，伴随贸易全球化进程的不断加速，越来越多的人喜欢在网络上直接购买商品，这样的消费趋势让跨境电商发展得越来越快速。跨境电商行业在近几年得到了十分快速的发展，在一定程度上促进了各个国家经济贸易的快速发展，一些中小型企业纷纷涌入到跨境电商行业。我国在发展过程中也不例外，近几年产生了大批中小型的跨境电商企业。跨境电商行业的出现让人们的眼界变得越来越宽阔，在传统的消费过程中，消费者需要亲自前往实体店进行挑选和购买，但是跨境电商行业的出现改变了这样的模式，人们可以在家中就随意挑选自己喜爱的商品，人们的行为习惯发生了根本性的改变。

跨境电商企业如果想要得到长效的发展，则必须要从供应链方面入手，不断提高供应链的可靠性，才能在激烈的市场竞争中脱颖而出。从当前发展趋势来看，虽然我国相关企业在发展过程中十分重视稳定供应链，但是在具体的发展过程中仍然存在一些管理问题，由于供应链管理水平不高，会严重影响我国跨境电商行业的发展。虽然当前跨境电商行业的总体发展情况较为良好，但是仍然需要解决许多的问题，企业必须要根据实际情况提出解决问题的措施，这样才能带动整个企业得到更好的发展，要将眼光放的长远一些，不能只注重眼前的利益。

关键词： 跨境电商；企业供应链；管理优化；研究

在信息科技时代，人们的购物模式发生了翻天覆地的变化，传统模式下，人们只能通过货币的方式面对面地进行交易，但是在互联网信息快速发展的时代下，跨境电商行业的出现能够让人们足不出户就购买到国门以外的产品。跨境电商是新时代下的一种全新产物，与传统的消费模式相比具有绝对的优势，从根本上讲，是属于一种国际贸易活动。在跨境电商发展的模式下，进口跨境电商是受到最多关注的主体之一。根据当前的相关发展数据来看，我国 2018 年的进口跨境电商市场交易额达到了 1.9 亿元，同比 2017 年增长了 26%。从这一数据就能看出，当前跨境电商产业已经成为我国经济发展的重要组成部分，跨境电商企业的发展离不开社会各界的帮助，其本身不仅要做出改变，还需要一些外界力量的帮助。

我国政府从 2013 年开始就出台了相应的政策来扶持跨境电商行业的发展，并且将多个城市作为试点城市，有关部门对一些试点城市提出了全新的发展战略，不断提高城市的通关率，对城市的电商企业进行严格的监管，例如上海重庆等城市就是首批试点城市。从实际发展情况看，重庆上海等地区的跨境电商行业发展得十分迅猛，并且已经取得了一定的发展成绩。虽然在国家政策的帮助下，跨境电商能够得到快速的发展，但是并不代表跨境电商的发展始终是一帆风顺的，由于受到内部因素和外界因素的影响，使得跨境电商在发展过程中会出现各种各样的问题，尤其是物流问题和支付问题，如果无法对这些问题进行科学有效的解决，将会严重影响我国跨境电商行业的快速发展。

1. 概念界定与理论基础

1.1 概念界定

简单来说，跨境电商是指分布在不同国家或地区的企业和消费者可以通过中间交易平台的方式来完成下单支付、配送的一系列商业活动的国际贸易新方式。进口跨境电商与出口跨境电商有着本质上的区别，进口和出口跨境电商无论是在商品的种类物流模式还是税收方面都有着极大的差别，进口的商品流通多是来自澳大利亚、欧美等国家，商品主要是一些母婴产品，而出口则是以国内的服装电子产品为主要的商品来进行流通，在运输过程中出口跨境电商和进口跨境电商则比较相似，一般都是采用直邮或者是海外仓的方式来进行邮寄，在税收方面，二者则有着本质上的区别。对于一些进口跨境电商来说，其主要的税收是依据进口国的相关政策为主，对于一些出口国的跨境电商来说，主要受出口国的各种政策影响。

跨境电商的进口主体有多种模式，其中最为主要的有 B2B，b2c，c2c 三种模式，其中 B2B 的模式是企业之间进行交易的主要模式，B2B 的交易模式和传统的贸易模式极为相似，在具体的交易过程中发挥着十分重要的作用。随着时代的不断发展，近几年我国的跨境电商企业越来越多，大部分都是一些中小型的企业，这些企业在进行发展的过程中主要采用自己采购、自己配送、自己售后维修的方式来进行。整个发展模式属于一条完整的工业链发展模式。c2c 的发展模式主要是消费者进行直接参与的模式，采用该种模式主要是各个国家不同的消费者通过互联网信息平台来进行自主的售卖，或者是自主买卖，本文在进行研究的过程中，主要是研究以 B2B 发展模式为主的跨境零售电商。

供应链这一概念最早是被一个美国学者提出，当时供应链这一概念被提出以后，并没有引起人们广泛的关注，供应链的主要概念是指在生产的过程中，上下游最终形成的一种网链结构，该种网链结构较为复杂，任何一个环节出现问题都有可能影响整个流程。供应链在进行管理的过程中会受到不同因素的影响，其中人为的干预是最为主要的影响因素，在进行人为干预的过程中可能会从最开始的采购环节就开始受到影响，进行人为干预的目的是不断降低投入成本，同时还要给用户提供最好的服务体验。在进行供应链管理的过程中一定要从供应链管理绩效这个概念入手，通过提高企业的供应链管理效率，能够有效提高企业的综合竞争实力，让企业在激烈的市场竞争中脱颖而出，从而促进跨境电商行业得到更加快速的发展。

1.2 基础理论

本文在具体的研究过程中最经常提到的一个理论就是协同理论，该理论是在 20 世纪 70 年代就被提出，主要讲的是各种不一样的系统放在一个空间时，各个部分会出现相互影响的情况，该种理论被十分广泛地应用在生产发展的各个领域，尤其是在跨境电商的发展过程中曾发挥了十分重要的作用。

协同理论能够让生产计划研发到整个支付物流，形成一个完整的协同流程，在具体的协同过程中数据能够进行高效的共享，整个产品和服务的推送功能也能得到有效提高。在具体的发展过程中，客户的响应力度会不断增加，而整个库存的压货量会不断减少。

除了协同理论以外，交易成本理论也是十分重要的一个理论，交易成本理论主要是指人们在进行交易的过程中，需要根据自身的需求去寻找愿意与自身进行交易的一方，双方在交易的过程中可以提出各自的要求，这里所指的要求是双方可以进行修改和沟通的要求，通过慎重的探讨以后最终达成一个满意的合约以后来完成整个交易。

2. 我国跨境电商进口企业供应链管理现状

2.1 进口跨境电商发展概述

虽然当前我国跨境电商行业呈现出十分快速的发展态势，但是我国跨境电商的发展历史并不悠久，在对我国跨境电商发展历程进行研究的过程中，根据跨境电商的发展特点，具体分为三个发展阶段，首先，第一个阶段是代购阶段，该阶段主要是在 2005 年到 2007 年，这一阶段是跨境电商发展的初期，在这一阶段消费者主要是委托在国外生活或者是留学的亲戚来购买一些产品，然后让亲朋好友将购买的产品通过邮寄的方式寄到国内，这样的方式一般停留在一些亲朋好友的交易过程中，但是也有部分群体会选择海外代购的方式来购买一些产品，但是由于消费群体较少，购买的产品种类也较少，而且购买的产品质量很难得到有效的保证，在购买过程中可能产品的价格并不是很高，但是整个邮寄的费用则较为高昂，很多消费者并不会选择这样的方式进行代购。

到 2007 年的时候，我国的进口跨境电商进入到第二个发展时期，这一时期称为海淘时期，这一时期主要是在 2007 年到 2012 年，在该时期消费群体开始迅速扩大，由于形成了较为规范的买方市场和卖方市场，商品的种类也变得越来越丰富，一些进口跨境电商，例如洋码头、小红书等平台开始逐渐成立，消费者可以直接在平台上购买自己所需要的产品。2013 年的时候，我国类似于这种跨境电商平台如雨后春笋一样开始涌现，使得我国的进口跨境电商逐渐呈现出快速的发展趋势。

从 2013 年至今，我国正式进入了跨境电商高速发展的时代，政府也推出了相关的政策来促进跨境电商的发展，并且在部分地区展开了试点工作，通过提高通关效率以及监督政策的方式来鼓励跨境电商的快速发展，在具体的发展过程中也取得了优异的发展成果。

2.2 跨境电商进口企业供应链管理现状和存在的问题分析

虽然从当前的实际发展情况来看，我国的跨境电商在发展过程中取得了良好的发展成果，但是在具体的发展过程中仍然存在一些问题，供应链管理问题是最为突出的一个问题，跨境电商进口企业的供应链涉及上游的供应商，中游的服务商以及下游的消费者，这三个环节环环相扣缺一不可，如果任何一个环节出现问题，都会对整个跨境电商的发展造成十分严重的影响。

从当前的实际发展情况来看，上游的供应商是跨境电商的第一个环节，同时也是整个流程的出发点，想要高效地完成整个交易过程，则必须要对上游供应商的质量进行严格的把控，如果上游的供应商出现问题，则会直接影响中后期的交易过程。从当前的实际发展情况来看，我国进口跨境电商的产品主要来自澳大利亚、新西兰、日本、韩国等国家，在进行产品进口的过程中，主要是进口一些母婴产品、食品、保健品、化妆品。我国跨境电商主要从韩国和日本等国家进口一些食品和化妆品，而在澳大利亚、新西兰等国家进口一些母婴用品和保健品。当前消费者的品牌意识较强，在选择一些商品的过程中会注重品牌效应的因素，各大平台在发展的过程中都会以正品作为保证来赢得客户的信任，从而和客户达成一个长久交易的模式。因此在具体的发展过程中，上游供应商的管理显得十分重要，如果供应商出现问题，那么后续一系列的交易过程都将无法完成。

中游服务主要是由提供商来完成，服务提供商是跨境电商进口企业供应链的第二个环节，贯穿于整个交易环节的始终，有着承上启下的作用，在具体的发展过程中要选择科学合理的金融发展模式以及支付方式，在选择交易平台和支付方式的过程中，可以选择一些跨境大额交易平台，例如阿里巴巴这样的交易平台，因为这样的交易平台有实力的保证，而且整个交易过程也十分安全，能够让更多的消费者信任，这种交易方式在选择交易的过程中可以选择多种不同种类的交易，不仅可以采用线上交易，还可以使用借记卡、信用卡等交易方式，通过增加交易方式能够更好地满足消费者的交易需求。

跨境电商的物流主要是以海关关境两侧为端点的实物和信息有效流动和储存计划，在跨境电商发展的过程中，物流服务显得十分重要。跨境物流一般都是选用国际快递的方式，先将物品运输到国内，然后再通过中转的方式送到客户手中，商品在流转的过程中一定要保证数据信息的完整性，让消费者能够随时随地对自己所购买的商品进行查询。由于跨境电商的物流时间较长，部分大型的跨境电商会直接将大量的商品购买到国内，放到国内的保税仓进行发货，这样能够有效缩短物流时间。

下游消费者是进口电商供应链的第三个环节，同时也是最后一个环节，跨境电商在发展过程中的最终目标就是为了更好地服务下游的消费者，如果消费者的满意程度能够得到有效提高，则能促进跨境电商更加快速地发展。从当前的实际发展情况来看，下游的消费者在选择购买商品的过程中更加注重产品的质量以及品牌效应。通过相关的调查数据显示，由于跨境信息的不对称，直接导致跨境网购的相对高消费，消费者在进行购买的过程中最看重的一个因素就是正品保障，其次是看价格是否有优惠，随后消费者会看配货的速度，一系列的流程会对消费者的购买体验有着十分重要的影响。因此，跨境电商在发展过程中，一定要重视各个方面的影响因素，不仅要保证商品的质量，同时还要在价格和物流方面做好工作，这样才能促进跨境电商行业得到更加快速的发展，同时也能给消费者带来更好的购买体验感。

3. 跨境电商进口企业供应链管理优化建议

3.1 采购管理优化

在具体的发展过程中，想要促进跨境电商得到更加快速的发展，则应从供应链管理方面入手，不断对当前的供应链管理进行优化，这样才能促进整个跨境电商行业得到十分快速的发展，在进行优化的过程中，首先要从采购管理方面进行优化，不断加强供应商的管理。

供应商是整个跨境电商发展过程中的第一个环节，如果供应商出现问题，将会直接导致后续一系列交易都无法完成。在对供应商进行管理的过程中也存在一定的难度，由于供应链较为复杂，可控性较低，供应链很可能会受到金融危机以及自然灾害的影响，一旦供应链发生断裂，将会直接导致整个跨境电商行业的衰败，因此一定要加强对供应链的管理。

对供应商的绩效进行评估的过程中，应该从多个方面进行考虑，并且按照不同时间段的不同发展情况进行科学有效的评分，通过这样的方式，能够有效提高对供应商的优化和管理。在对供应商的管理进行优化的过程中，应该建立合理的供应商关系。由于经过长时间的合作以后，供应商和企业之间的关系会逐渐深化，在发展过程中，需要对当前的关系进行不断的升级，建立科学合理的战略联盟关系，定期举办一些商业研讨大会，企业的管理高层可以通过产品分享以及心得分享的方式，来加强沟通和交流，在沟通和交流的过程中要将企业的发展核心作为沟通交流的重点，实施供应商库存等战略，这样既能够与供应商建立良好的合作关系，同时还能促进本企业得到更加快速的发展。

相关企业在发展过程中应该对货源进行严格地把控，从根源上控制商品的质量能够促进跨境电商得到更加快速的发展。企业团队在采购产品的过程中，应该直接深入品牌所在地，直接跟品牌商进行深入的洽谈，这样能够有效搭建起良好的供应链，国内一些中小型的跨境电商由于自身的规模问题，想要直接和品牌方进行洽谈，显然不切实际，在前期中小型的企业可以通过免费推广的方式来进行引流，这样能够让品牌方更愿意与其进行合作。

3.2 物流管理优化

物流配送的质量和效率直接影响了消费者的购买体验感，因此需要对当前的物流配送模式进行不断的创新。从当前的发展情况来看，跨境电商主要采用两种物流配送方式，分别是物流外包和建立跨国电商物流合作联盟。物流外包的方式主要是通过邮政小包商业快递的方式来进行商品运输，这样的运输方式一般会出现较为高昂的运输费用，而且在运输过程中，时间较长。对于整个运输过程也无法做到及时有效的监控，这样对于一些中小型的电商来说，不仅要承担高昂的物流费用，同时也会降低用户的购买体验感，面对这样的问题，中小型的跨境电商可以采用创新物流外包的方式，创新物流外包的方式就是指第三方物流，第三方物流不能拥有产品，也不进行交易，只是一个中间转化的过程，国内参与第三方物流的一般是具备大型货运能力和丰富国际贸易经验的代运公司，而且在运输过程中，只需要投入较少的运输成本就能完成高效的运输服务，因此很适合中小型电商的需求。

除了可以采用第三方物流的方式外还可以通过建立跨国电商物流合作联盟的方式，这样的方式主要适合一些大型的跨境电商企业。通过这样的方式能够有效弥补物流自身存在的劣势，同时还能搭建一个良好的合作伙伴关系，整个物流在运输过程中的效率能够得到有效保证，消费者的购物体验感能够得到大大提高。

3.3 售后服务优化

跨境电商在发展过程中面临最多的问题就是售后服务问题，之所以会产生大量的售后投诉，主要是因为各个平台上的商家良莠不齐，会出现真假货物掺卖的情况，这样就会直接影响跨境电商的高效发展。

面对这样的问题，相关部门可以制定专门的消费者权益保护法规，对一些卖假货的商家进行严肃处理，一旦商家被消费者举报卖假货，相关部门就要对商家进行严肃处理，可能是假一赔十或者是立即下架。除了对消费者的权益进行保护以外，还需要对产品的源头质量进行有效的控制，对产品的质量进行科学有效的检测，防止一些不合格的产品流入到我国境内，通过这样的方式，能够从源头遏制一些假货问题的出现。对于一些中小型平台来说，要建立相应的管理规范，需要将具体的责任落到实处，这样一旦出现问题也能进行第一时间的解决。

3.4 供应链整体水平提高

促进跨境电商更加快速发展的重要环节应是提高供应链的整体水平，当前人们处于信息化高速发展的时代下，在未来的发展过程中，供应链的信息化水平也会不断提高，人们消费水平在提高的同时，行业内的竞争压力也会越来越大，要想在激烈的市场竞争中脱颖而出则必须要提高本企业的供应链水平，将先进的科学技术充分应用在管理过程中，建立智能化、信息化的管理模式，对当前的管理理念进行不断地优化和完善，根据实际情况建立全新的管理模式。

相关部门还应该重点培养一批专业的供应链人才，重点对整个供应链进行管理，专业人才不仅要具备扎实的理论知识，同时还要具备较强的实践操作能力，能够很好地解决在供应过程中出现的各种问题，通过这样的方式才能促进我国跨境电商行业得到快速的发展。

结语：综上所述，在进行发展的过程中，跨境电商需要对本企业的供应链管理模式进行不断地优化和完善，针对当前在发展过程中存在的问题，提出切实可行的解决策略，从多个方面入手来对企业供应链管理进行优化和完善，不断提高供应链的整体管理水平，从而促进我国跨境电商行业得到更加快速的发展。相关部门应该重点培养一批优秀的管理人才，这样才能从根本上解决我国跨境电商在发展过程中存在的管理问题，专业的管理人才不仅要具备丰富的理论知识，同时还要有较强的实践能力，这样才能更好地开展管理工作，我国社会经济也能发展得更加快速。

参考文献

[1] 陈洁娜. 跨境电商进口企业供应链管理优化研究 [D]. 商务部国际贸易经济合作研究院，2019.

[2] 刘颖 .H 公司跨境电商供应链优化研究 [D]. 对外经济贸易大学，2019.

[3] 周伟 .Z 企业跨境电商供应链优化研究 [D]. 华中科技大学，2018.

[4] 牛锐 .S 公司基于跨境电商模式的供应链优化及评价研究 [D]. 天津大学，2017.

[5] 吴洁华. 七面贸易公司跨境电商进口贸易模式选择研究 [D]. 浙江工业大学，2017.

[6] 王亭亭. 跨境电子商务的供应链优化研究 [D]. 天津大学，2016.

区块链技术在企业财务体系中的应用研究

摘要： 随着互联网技术的快速发展，区块链技术被广泛地应用在各个领域，尤其是企业内部的财务体系中。将区块链技术充分运用在企业内部的财务体系中，能够使得企业会计数据的获取变得更加简单便捷，数据资料的可靠性也能得到有效提高。而且采用区块链技术获取的信息资料不容易被篡改。在传统的发展过程中，企业在生产发展过程中会产生大量的数据信息，财务数据信息对于一个企业的发展有着至关重要的影响，但是传统的管理模式已经无法满足当前社会发展的实际需求，因此应该将区块链技术充分应用在会计财务体系中，这样能够减少外界因素对于整个会计财务体系的影响。在具体的核算过程中，传统的方式已经无法适应当前的需求，因此注定会被代替。随着发展脚步的加快，会形成一个全新的立体式的企业管理体系。充分利用区块链技术能够减少一些审计等中介机构的参与，企业的发展效率能够得到有效提高。本文从区块链的概述入手，对当前区块链技术在企业财务体系中的具体应用进行了详细的分析。

关键词： 区块链；技术；企业财务；体系；应用研究

区块链技术简单来说是一种按照时间顺序将数据区块以顺序相连的方式进行组合的一种数据结构，通过应用区块链技术能够提高整个数据信息的可靠性。如今，区块链技术已经被广泛地应用在各个生产领域，其中应用最为广泛的就是企业财务体系中，区块链技术如今已经能够影响一个企业的整体发展情况，因此企业要想更快发展，更加与国际标准接轨，在管理制度、管理体系上更加符合现代化、信息化时代要求，就必须要充分运用区块链技术。

根据相关的数据显示，区块链技术在未来的发展过程中会越来越快速，各个行业各个领域在发展过程中都会使用区块链技术，在众多的行业中，会计领域会运用到大量的区块链技术，区块链的应用会从根本上改变会计的原有的工作模式。通过利用区块链技术能够让会计直接通过公钥的方式，对企业内部的财务数据进行实时查看，通过这样的方式能够有效避免公司在发展过程中财务出现一些状况。

随着区块链技术的快速发展，外部审计可能会被完全颠覆，区块链的智能发展模式会使得企业和企业之间形成一种自动支付的模式，并且在发展过程中不需要再额外建立任何的信任机制，从而对整个企业的借款以及应收账款信息数据进行更加科学有效的管理。

1. 概念界定

1.1 区块链的概述

从本质上来讲，区块链是一种数据结构，该种数据结构较为复杂，在整个过程中都是以顺序相连的方式进行。当前区块链技术已经被广泛地应用在我国生产发展的各个领域，将区块链技术充分运用在企业财务体系中能够使得数据信息变得更加真实准确，而且信息也不容易被篡改。区块链技术会对数据信息进行多次反复的验证，在验证的过程中最为重要的技术就是分布式账本的去中化防篡改特征，通过共识机制来对数据信息进行储存，在后期的管理过程，为了提高整个管理的安全可靠性，会采用相关的加密技术，通过一系列的安全保证能够使得整个数据信息在管理和应用的过程中变得更加安全，且数据信息的准确性也能得到有效地提高。

区块链技术在未来的发展会逐渐朝着智能化的方向过渡，利用智能合约可以提前预设一些条件，这样能够更加方便对数据进行更新，同时，数据信息的记录也能变得更加便捷。区块链系统由很多不同的模块共同组成，其中最为主要的包括数据层、网络层、应用层、共识层、合约层以及激励层，这些不同的模块共同组成了一个完整的区块链系统。其中数据层和网络层发挥着十分重要的作用，数据层主要是利用密码学加密的方式来对数据信息进行储存，网络层的作用主要是对数据信息进行传输，共识层主要是通过共识机制来对数据信息进行及时有效的更新，激励层是将激励条约通过植入的方式转移到区块链中，合约层简单来说就是在原有的基础上进行全面的拓展，应用层则是指在各个不同的场景进行科学有效的利用。

区块链其实是一个较为复杂的系统，在具体的发展过程中，内部的各个模块都发挥了十分重要的作用，其中任何一个细小的环节都会对最终的系统运行造成影响，因此需要充分重视每个环节的实际发展情况。

1.2 会计信息系统

会计信息对于一个企业来说十分重要，通过查看会计信息能够了解一个企业的实际发展情况，充分分析会计信息能够及时了解当前企业在具体发展过程中存在的一些问题，并且针对问题提出一些切实可行的解决策略，这样才能促进相关企业得到更好的发展。

会计信息系统其实是一种数据处理软件，会计信息系统属于财务管理体系中一个十分重要的组成部分，一共包括两个方面的内容，分别是会计核算以及分析决策。会计核算主要是对企业产生的一些账务进行记录汇总以及分析，会计核算包括很多不同的模块，分别是总账模块、薪酬模块、固定资产模块以及销售模块，在具体的分析过程中，需要对每一个模块都进行细致的分析。分析决策主要是对会计数据信息进行处理，分析决策也包括很多方面的内容，其中最为主要的有财务分析、预算分析及决策分析。会计信息系统是企业的业务部门，同时也属于职能部门，会计信息系统决定了一个企业的未来发展情况，会计信息系统可以接收和传递大量的数据信息，并且对数据信息进行充分的分析。从本质上来讲，会计信息系统其实是一个较为复杂的程序，相关部门需要对会计信息系统进行不断的优化和完善，传统的会计信息系统应用模式已经无法满足当前社会的发展需求，在对系统进行优化和完善的过程中，要充分考虑当前的实际发展情况，结合实际所需才能对系统进行最好的优化。

2. 区块链技术在会计核算中的应用研究

2.1 区块链对会计信息质量的影响

在具体的发展过程中，我国相关部门提出了明确的规范来要求会计信息质量，这也让企业在发展过程中有相应的科学依据，会计信息质量本身存在一定的复杂性，同时也具备许多特征，其中最为主要的包括可靠性、可理解相关性、重要性以及可比性，这些特征对于会计信息质量有着决定性的影响。

随着时代的不断发展，将区块链技术充分运用在企业财务体系中，能够改变会计信息的质量。相关性主要是指根据投资者相关信息，使用者科学决策的需要，并且根据实际情况来更好地满足使用的一系列需求。可靠性是会计信息最为重要的基础，相关性则是会计信息的依据，两者在发展过程中相互联系，相互影响，任何一个因素都会对最终的会计信息质量产生影响。在应用区块链技术的过程中，由于区块链技术需要在一个公开透明的基础上来完成，因此需要对公钥和私钥进行科学有效的分析，并且在此基础上进行严格的数据加密，每一个数据和链接都可以被需求者包括投资者等报告人随时进行调用，但是由于每一个数据和链接都是经过相应的加密处理，很难被别人进行随意篡改和干扰。

在传统的发展过程中，由于会计信息的及时性较差，很容易影响会计信息的质量，因此需要将区块链技术充分运用在企业财务体系的发展过程中，及时性会对会计信息的准确性产生十分重要的影响。随着时代的快速发展，市场和经济也会发生巨大的变化，为了更好地满足社会发展的需求则需要充分应用区块链技术，因为利用区块链技术能够使得交易账本具有不可逆转性，同时也不能进行随意篡改。得到的数据信息都是最为真实且准确的，而且信息不会具有延迟性，这样能够有效保证数据信息的及时性。

2.2 区块链技术下三式记账法的应用

应用区块链技术进行记账的形式称为三式记账法，三式记账法和传统的借贷记账法存在着本质上的区别，从当前的实际发展情况来看，绝大部分企业都是使用 ERP 系统来进行借贷记账，采用该种方式进行记账会耗费较多的时间和精力，在记账的过程中会计人员需要反复多次地对数据信息进行审核和校对，然后将正确的数据信息录入到系统中，通过这样的方式来对数据信息进行储存。

虽然传统的会计记账法能够对数据信息进行科学有效的处理，但是却无法反映客户和供应商的账本，这就是传统记账法的一大劣势。而且无法继续有效连续的追踪商品的各项信息，这就很难为企业的管理者提供最为全面可靠的信息，但是将区块链技术充分运用在企业财务体系中则能够有效解决这一问题。区块链技术下的三式记账法，能够将分布式的账本储存在每一个关键节点上，对每一个关键节点上的数据信息进行记录，并且能够对数据信息进行及时有效的更新，每一个节点的账本都是相同的，因此，具有防干扰和防篡改的特点。每一个节点上的分布式账本的计算单元和记账权限都是平等的，在每个节点以及计算设备的数据库上都可以通过复制的方式来对当前的账目信息进行分享，这样能够保证数据信息得到更好地利用，而且每个节点都需要得到整个区域的确认以后才能进行及时有效的更新，这样就能保证整个系统的科学性，同时安全性也能得到大大提高。

分布式账本技术主要是由中央机构来进行控制，因此，整个控制会更加高效合理。由于受到传统理念和技术的影响，三式记账法并没有得到十分广泛的运用，但是随着时代的不断发展，科学技术在不断进步，区块链出现以后能够使得三式记账法从理论走向实际，并且在逐渐地运用过程中得到优化和完善，区块链技术下的三式记账法会代替传统复式记账法，这是社会发展的必然趋势。

2.3 区块链技术下资金结算方式应用

区块链支付简单来说是一种中心化快捷的支付方式，可以科学有效地分布到每一个电脑中的节点上，区块链支付的方式具有平等的关系，能够使得电脑系统中的每一个节点都进行科学有效的连接，并且通过相应的技术来完成直接性的支付。通过这样的方式能够有效减少整个支付流程的繁琐性，而且整个支付过程十分安全，在支付过程中需要通过密码学加密的数字签名来确定各自的身份，这样远比传统的身份确认法更具安全性，而且在具体发展过程中不需要第三方的金融机构进行参与，能够实现点对点的数字货币支付。

区块链支付系统具有绝对的安全性和实用性，企业在进行资金结算的过程中，可以充分利用区块链技术来进行相应的账本核算，这样能够有效提高企业在交易过程中资金交易的安全性，交易效率也远比传统的支付方式更加高效，同时还能降低企业在支付交易过程中的风险。

3. 区块链技术在内部控制中的应用研究

3.1 区块链技术下内部控制过程与比较优势

从当前的实际发展情况来看，企业内部控制主要是指为了促进企业得到更好更快的发展，对人力财力以及资产进行科学有效的管理，通过对数据信息科学有效的管理能够提高整个企业的发展效率，企业的发展方向能够始终朝着正确的方向进行发展，企业在发展过程中出现一系列问题，也能得到及时有效的控制。相关部门可以根据企业的实际发展情况制定一些监督机制，这样能够做到事前预警、事中控制以及事后纠正。

事前预警主要是指企业的领导者可以根据一系列安全可靠的信息，以及当前的实际发展情况对相关数据进行总结和分析，对企业未来的发展情况进行提前的判断和预测，提出一些企业在未来发展过程中可能出现的风险，并且对风险进行深入的分析。事中控制主要是一种进行式的有效控制，在具体的控制过程中需要建立相应的方案和对策，在前期充分考虑企业的情况，找到真正的问题，并且对企业的制度流程等多个方面进行优化和完善，这样能够有效降低企业在发展过程中可能出现的一些运营风险。事后纠正则是指当企业在发展过程中出现问题以后，则需要采用一系列高效的解决措施，这样才能保证企业在生产发展过程中不会受到严重的影响。

在制定解决措施的过程中，要充分考虑当前的具体情况，对问题进行深入的分析，只有找到问题所在，才能有效地解决问题，从而不断提高企业的盈利水平。在具体的发展过程中，将区块链技术充分运用在企业内部控制过程中，能够使得企业的财务系统和会计信息系统进行科学有效的融合，二者在发展过程中相互影响，相互作用，能够将企业的人财物以及资源进行更加高效的整合，企业的现有资源得到高度融合以后，整个价值就能更好地体现出来。

区块链技术下的三式记账法能够使得企业的管理信息系统和会计信息系统进行有效的统一，区块链可以通过共识机制进行自动性的审核，不需要第三方机构进行参与，这样能够提高整个审核的效率，而且审核的准确性也能得到有效保证。利用区块链技术能够对数据信息进行自动性的对比，企业在发展过程中每一项业务都会产生大量的数据信息，需要对数据信息进行及时有效的对比，才能发现其中存在的一些问题。

传统的方式无法实现自动化的数据对比，人工化的操作会在一定程度上影响数据对比的准确性，而且对比效率也会受到影响，因此传统的发展模式已经无法满足当前的需求。因此需要将区块链技术充分应用在内，对数据信息进行自化的对比，通过运用区块链技术能够有效提高企业内部控制的工作效率，当企业内部的工作效率得到有效提高以后，整体的经济效益也能得到有效提高，与此同时还可以不断降低企业内部的控制成本，区块链技术中有一项十分重要的技术，就是共识机制，通过利用共识机制能够让企业更加方便快捷的获取到自己所需要的信息，而且在整个获取过程中，安全性也能得到有效的保证。

社会在不断地发展，一些传统的信息技术已经无法满足当前的实际发展需求，因此被全新的技术所取代是社会发展的必然趋势。智能化就是一种全新的科学技术，利用智能化能够有效减少人工投入成本，这样能够使得企业获得更多的经济效益，而且智能化的操作方式还能提高整个操作的效率和质量。对于一些在操作过程中不合理的问题，也能进行及时有效地纠正，相关人员只需要定期对系统进行优化和升级就能保证整个操作流程的合理性。

3.2 区块链技术下的内部控制——应收账款管理

传统的应收账款管理是通过应收账款设置明细对用户的信用级别进行评定，通过确定用户的信用状况以及付款能力来制定相应的应收款管理，在具体的发展过程中需要对整个应收款管理的水平进行有效地控制，需要对一些超期的应收款进行加紧催收。传统的管理模式会占用大量的时间，而且不利于企业的回收，企业的相关管理人员无法对整个过程进行科学有效的监督，对于一些尚未收回的款项，即使采取了相应措施，也很难进行有效收回，导致部分款项会成为坏账。因此需要对传统的管理模式进行转变，提高工作效率，促进企业得到更好更快的发展。

将区块链技术充分应用在应收账款管理过程中，可以全方位无死角地对供应链进行管理，整个企业和下游供应商之间的关系会变得更加紧密，区块链上的各个节点可以实时对数据信息进行更新，相关管理人员可以根据自身的需求来对数据信息进行查阅，这样能够保证所产生的业务信息都记录在区块链上，能够让相关企业在发展过程中第一时间找到问题所在，当出现一些数据异常情况以后可以立即采取相关措施来避免企业在发展过程中出现一些问题，数据信息一旦产生以后就不能进行随意篡改，这样能够有效提高数据信息的价值。内部控制当中的应收账款坏账将不复存在，能够有效提高企业的应收账款管理水平和财务的信息质量。

3.3 区块链技术下的内部控制——资金管理

传统的资金管理模式存在一定不足，会对企业的快速发展产生一定影响，因此，需要对传统的资金管理模式进行不断地优化和完善，将区块链技术充分运用在资金管理过程中，能够对传统的管理模式进行改革和创新，提高企业的资金管理水平。区块链技术最大的特点就是上传的数据不可以进行篡改，可以利用区块链技术的跟踪资金来源和去向对资金购买商品者或者是付给供应商都可以进行及时有效地追踪，而且在进行追踪的过程中，安全性也能得到有效的保证。利用区块链技术，能够有效实现不可篡改性和安全性的有效结合，能够使企业的数据信息变得更加透明，及时且准确，企业在发展过程中，款项的进出会变得更加科学合理。

3.4 区块链技术下的内部控制——企业自审计

企业在发展过程中都是委托相关机构按照国家规定来进行相应的审计，在审计过程中专业单位会根据企业的实际发展情况，并且结合相关规定来对企业的整个情况进行一个严格有效的审计，通过审计能够改善企业的生产发展水平和管理水平，使得企业在未来的发展过程中能够获得更多的经济效益。

将区块链技术应用在企业自审计过程中能够有效提高审计的效率，审计的科学有效性也能得到保证，在区块链技术下的审计，可以大大降低在审计过程中出现的一些误差，提高原始数据的可靠性，由于在利用区块链技术的过程中，需要对每个数据进行实时更新，因此，整个数据信息的有效性能够得到保证，审计的可靠性自然而然能够得到提高。

在传统的会计信息系统中，财务数据信息都储存在服务器中，如果对服务器的数据信息进行篡改，则会造成部分重要信息数据的丢失，情况严重还有可能导致数据信息无法恢复，这对于企业的发展将会造成十分严重的影响。但是利用区块链技术则能有效避免这种情况的出现，因为区块链技术是对每一个环节进行分布式的储存，即使数据信息的某一个节点发生故障，也不会导致数据信息的流失，更不会对其他环节上的数据信息造成影响，这样就能有效保证整个审计数据的可靠性，数据的安全性也能得到大大提高。

结语：在具体的发展过程中，想要促进企业得到更好的发展，则必须要转变传统的企业财务管理模式，将区块链技术充分运用在企业财务体系中对企业财务体系进行不断地优化和完善，将区块链技术的作用充分发挥出来，这样能够促进企业得到更加长效可持续性的发展，企业的生产投入成本能够大大降低，这样能够让企业获得更多的经济效益。

参考文献

［1］谢琦．区块链技术在国有企业财务信息管理中的应用研究［J］．商讯，2019（34）：55-56.

［2］何鸣．区块链技术在企业财务系统中的应用研究［J］．产业与科技论坛，2019，18（18）：70-72.

［3］温海燕．区块链技术在精益会计中的应用［J］．财会通讯，2019（19）：50-55.

［4］汤谷良，毋千．区块链技术在中国的应用与企业财务管理体系的转型［J］．航空财会，2019，1（01）：16-22.

［5］胡祥林．区块链技术在企业财务体系中的应用研究［D］．华中师范大学，2019.

［6］刘泉．探讨区块链在电商企业财务管理中的应用［J］．商场现代化，2019（06）：122-123.

中国软件产业与数字经济增长的关系研究

摘要：我国已经进入到数字经济引领经济发展的全新时代之中，经济结构不断优化，各种新兴产业也在飞速发展。软件产业是数字经济的核心组成部分，也是我国国民经济增长过程中增长最快的战略性新兴产业组成部分，在我国产业数字化转型过程中，软件产业是其中最主要的动力。通过对软件产业、数字经济增长两者关系的研究，可以明确两者之间相互促进的作用机制，有利于未来软件产业发展。

关键词：软件产业；数字经济增长；关系；作用机制

长久以来，在我国国民经济发展过程中，软件产业是其中增长速度最快的战略性新兴产业，软件产业对于推动信息技术革命有着决定性的作用，其拥有知识密集、绿色环保、能耗低、效益高等多方面的优点。再者，在计算机、数据、网络中，软件都是其中重要的基础支撑，同时也是数字经济的基础型产业，是数字经济发展过程中的灵魂所在，同时能够促进数字化转型的进程，以及促进数字经济增长，有效提升政府治理水平，创新社会管理模式。

1. 软件产业是数字经济的核心

1.1 软件产业是数字经济的直接组成部分

数字经济可以分为产业数字化和数字产业化两部分，其中数字产业化属于基础部分，产业数字化属于融合部分。我国的数字经济基础部分主要由软件产业、电信业、互联网行业、广播电视业多方面构成，数字经济发展过程中的基础部分一直都是该行业飞速发展的先导力量。我国的数字产业规模一直保持较高的增长速度和水平，在数字经济基础部分中占据着越来越重要的作用。在 2016 年和 2017 年，我国软件和数字技术服务业共完成相关收入 4.9

万亿元和 5.5 万亿元，2016 年同比增长 15.8%，2017 年同比增长仍然高达 13.8%。

我国数字经济基础部分中，电信业在初始阶段有很大的占比，但随着我国科技发展，其占比从 2010 年开始不断下降，一直到 2017 年才稍有回升。互联网行业是近些年才开始统计，在 2018 年收入突破 1.5 万亿元，具有较大的发展空间，而软件产业随着数字经济发展一直具有非常重要的位置，在近十年来所占比重不断增加，在数字经济发展中，属于贯穿始终的中坚力量。

1.2 软件产业促进数字经济融合部分

软件产业在世界范围内也属于飞速增长的高科技产业，与 IT 设备及服务相比较，软件的支出和出口拥有更快的增长速度。由 Gartner 咨询公司研究统计数据可以看出，软件支出增长率在 7.2%，而 IT 支出只有 2.9%。并且，随着我国大数据、人工智能、云计算等多项技术的飞速发展，软件的应用模式及应用场景也发生了巨大变革，在制造业、农业等方面，通过这些前沿技术的应用实现了良好的融合发展，促使传统产业的数字化转型，一改传统行业对软件服务和产品的需求。

通过经济社会与软件的快速融合，可以创造出全新的生活、管理、经济等方面的存在或发展新态势，并且每时每刻都在不断地加速这种趋势的推进和演变。在当今社会中，实体经济数字化转型是必然的趋势，其中大数据成为各企业生产的主要资源，互联网则在塑造全新的生产关系中发挥着独特的作用，而云计算已经成为许多行业生产过程中不可或缺的主要动力。在城市治理过程中，需要通过信息技术来提升治理能力，制度虽然凌驾于技术之上，但却不能脱离技术。另外，人类在日常生活中已经形成成熟的互联网生活方式，有明显的实质性依赖。

当前我国的经济高速增长已经开始转变为中高速，在此期间需要转变发展方式和动能，从追求经济增长速度转变为侧重于追求增长质量，在经济增长中，软件产业作为重要的基础和支撑力量，因此，应制定更加灵活的政策和措施促进软件产业实现高质量发展，特别是要着力促进传统产业与数字技术两者之间的深度融合，促进智能化、数字化、信息化的深度融合，发展和创新两者之间融合的手段和方式方法。

2. 软件产业对推动传统产业数字化发展的作用机制

2.1 软件产业发展催生出众多新业态

经济社会经历了从农业到工业经济，再由信息技术而产生的数字经济阶段，在不同的发展阶段中，数字化、信息化技术与水平都有所提高，通过信息技术、网络技术、互联网技术的融合催生出数字经济的飞速发展态势，基于此，需要将实体经济与数字技术深度融合才可以促进各产业提升数字化程度。

如果简单用信息业代替制造业、农业未免过于片面，对数字化的实质进行分析，应该是在传统的制造业、农业中普及数字技术，以该技术的通用性、基础性促进数字化在不同领域的渗透，促进传统产业领域实现数字化转型发展，尤其是通过传统产业与互联网的深入融合，形成“互联网 +”的全新产业模式，将互联网与零售业融合后发展电子商务，将互联网与传统教育行业融合出现在线教育。

由此可见，通过互联网与传统文化产业的融合，不仅实现了传统产业的自身变革，同时也为我国经济社会发展创造了更多的、全新的业态。在此过程中，软件产业有着不可或缺的作用，各个产业领域都随着我国信息化的发展、融合，最终实现数字化转型。因此，要想提升智能化水平，必须要以软件为基础，提高经济发展重构速度，加快政府治理模式的改革，形成新型经济形态，实现传统产业的数字化发展。

2.2 软件应用提升了传统产业的效率和质量

传统产业的信息化达到一定程度的时候，软件产业就可以从中发挥出应有的作用，不仅可以为传统产业信息化增加新技术，从而产生良好的创新效应和新模式，而且可以有效扩散效应。反过来新模式和技术的发展，必然会促使传统行业在发展的过程中，衍生出全新的产业生态，对传统制造业、服务业、农业等形成共同作用，有效提升原有产品、服务的质量，推进数字化转型工作发展，有效优化整体产业结构，具体的软件产业改造数字化作用过程如图 1 所示。

通过软件的应用，不仅提升了各种传统产业的生产效率和质量，同时还激发更多的技术创新，例如，通过新技术的引进，可以明显降低最小生产规模，形成规模经济效应。再者，通过深化普及软件的应用，可以有效深化传统产业数字化进程，释放出全新的创新效应，从而在整体生产、生活中受到技术的扩散效应辐射，衍生出更高级的生产方式和设备，进而提升传统产业的设计和研发水平及生产效率，同时创新企业的管理方式。例如 PLM（产品生命周期管理）等软件的应用，可以对生产销售过程实现动态监控，对产品的生命周期实现精确估算，进而对企业的资源进行合理配置和更新，实现最大化的资源利用，从多个环节来提升企业的经济效益和管理效率。

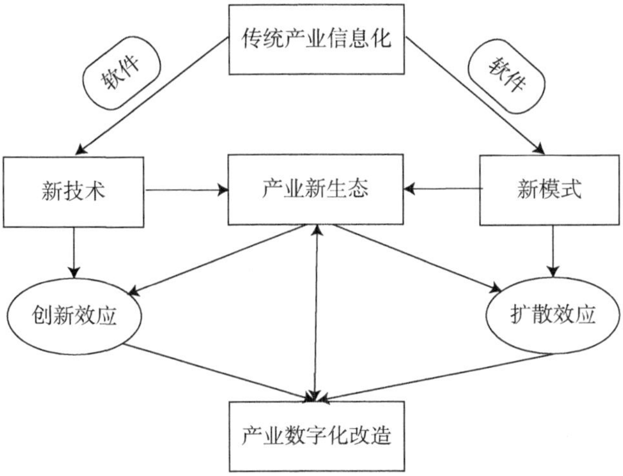

图 1　软件产业促进传统产业数字化改造路径

我国飞速发展的移动互联网体现出在传统产业数字化改造中的软件应用，例如，当今已经高度普及的智能手机、智能音箱、智能电视、平板电脑等，这些都在促使我国广播电视等传统行业必须要追求数字化发展、转型。再者通过与互联网连接的移动终端而形成的新应用，让传统产业产生全新的服务模式。例如，淘宝等电商软件对传统零售业的影响及美团等应用软件对传统服务行业的影响，“你我贷”等 P2P 软件对金融业的影响等等，都促使传统产业衍生出全新的商业模式。在同一平台中可以集合、集成交互互联网所有的生产要素，从而完成产品流通和交易，有效消除信息不对称的负面影响，促使传统产业生产从单一同质化特征，向着定制化、个性化发展，从而形成全新的经济形态。通过软件的充分利用，衍生出诸多的数字化新生态，对产业创新发展有良好的促进性作用，可以有效扩散和创新效应。

2.3 软件产业推动产业数字化融合

在传统工业技术发展过程中，专业分工促使不同的生产部门必须实现专精生产分工才能使生产得以延续，这种生产模式自然就划定了固定的产业边界。在产业与信息技术的融合过程中，如果仅在产业内部进行融合，就无法突破固有边界，从而无法应对其他部门的影响，更无法消除这种产业间的边界。但是如果通过数字经济的介入，完全可以促使它们进行更深层次的融合，其结果不仅颠覆了传统产业边界，也扩大了产业辐射的范围，同时也能够促使传统产业和相关产业共同发展。

软件应用具有非常强的亲和力，从而促使软件可以将以往割裂的不同产业连接起来，打破传统工业分工生产的界限，促使不同产业形成相互渗透和融合。如果从技术的角度出发，可以将这种融合看作为技术的融合，不同的传统产业技术原本独立，但随着我国经济的飞速发展，不同的技术之间开始形成交叉、重叠，从而衍生出全新的技术手段，改变了传统的生产方式、结构，形成产业融合，其中软件主要是帮助产业实现更为快捷、高效的传递路径，加速技术融合。

近年来，通过使用专业化软件，我国的仪表、航天等高新技术产业都增加了更多的附加值，增加了产品种类，进而有效提升了综合竞争力，衍生出诸多新兴业态，实现互相补充不同产业的功能。通过软件产业的技术融合，其中最主要的一个作用就是可以构建出数字化平台，同时平台还可以发挥出连接和网络效应，在平台中，不同产业可以发生重叠、互动，强化原本较弱的连接关系，缩短原本复杂的融和路径，有效提升了产业融合的效率。但这其中必须要以数字化平台本身开放的架构为依托，统一标准让数据储存，从而才可以促使平台中的企业实现资源共享，提升产业融合的可能性，可以说，数字化平台正在以它的强关联性、强渗透性等优势，不断增强着它本身所固有的连接效应，从而使各个产业、各个区域不断打破固有边界，大大缩短了产业之间的融合路径。

2.4 软件产业对三次产业数字化的影响机制

以三次产业分类法，可以将产业分成一次产业为农业，二次产业为工业，三次产业为服务业，软件对这三次产业都有着不同的影响。在一次农业产业中通过信息技术的应用，转变了传统的生产方式，促使农业生产朝着智能化、信息化方向发展，随着信息产业的发展，云计算、物联网等新技术、概念也在农业中不断应用，从而有效提升了农业产业产值和质量，构建出全新的经营方式、销售渠道，有效推进农业数字化转型升级。反之农业数字化转型升级，也提升了软件升级、应用的速度，从而给予农业供给、销售、生产等多方面准确的数据性支持，实现科学性生产、多样性发展，有效提升了农业生产效率。总体来说，传统农业由于软件的应用，主要从三个方面发生了巨大改变。

首先是传统农业的生产模式和经营理念，如网络化经营模式，提升农业生产活动的组织性，在农业领域的生产要素交换、资源配置方面的效果明显提升。其次，改变了传统农业的生产决策方式，一改传统农业埋头生产的状态，实现农业科研与农业生产的联系，形成生产决策数据化，提升了农业从业者的管理能力，以及相关部门的行政透明度、行政效率。最后，是改变了传统农业的服务体系，拓宽了农业从业者的信息渠道，丰富了信息量，从而为市场提供更为及时、便捷、精准的生产服务，构建综合型现代农业服务体系。

在工业领域方面，软件的作用在不断变化的状态中，从最开始赋值发展到赋能，再到当今的赋智，并且还在不断加深其作用。软件在信息技术时代初期，只起到工具性的作用，促使工业提升了生产效率和价值，发挥着赋值的作用。简单来说，主要是实现并提升了工业设备的智能化、自动化水平，推动我国制造业的发展，同时随着工业软件的广泛应用，加速了工业设备的更新频率，加快制造业设备更新迭代速度，有效增强了整体数控化水平，不断完善集成系统。

在当今的经济发展过程中，数字技术和互联网的发展，已经成为最重要的要素，不仅承载着工艺经验、工业技术，同时也承载诸多的制造方法和知识，有效促进工业领域产品、技术等方面不断走向成熟，继而形成诸多综合性的应用，为工业发展提供动能，有效发挥“赋能”的作用。例如，通过强化设备与用户之间的交互，软件可以实现将信息准确反馈给生产者，促使企业了解用户的真实需求，从而有针对性地进行服务或生产产品，提升消费和生产环节的融合水平，促进定制化工业软件的飞速发展。再者，通过软件的应用，促使数字化研发手段广泛应用，开发人员通过互联网实现了交流、合作开发、联合设计，大幅度提升产品研发设计协同程度，促进工业技术不断创新发展。

在万物互联时代中数字化程度不断加深，从而软件与数据、网络等都实现了深度的融合，构建出无处不在的智慧设备等，如自动驾驶等智慧应用，同时还有包括智慧医疗、智慧城市等，有效推动了我国智能制造的发展，有效发挥出“赋智”的作用。

在发展的浪潮中，我国制造业做大做强是必然的选择和趋势，将工业化、信息化形成完美融合，从而提升了制造业数字化发展的速度。我国制造业通过工业软件的应用，有效提升了整体数字化水平，实现设计、研发、销售、经营等多方面的数字化升级，为传统制造业的转型提供了源源不绝的动力和活力。

在现代服务业之中，软件产业是其中重要的组成部分，可以有效促进我国服务业整体数字化转型和发展，推进我国从工业经济向服务经济转型。现代服务业在我国数字经济发展中有着巨大的收益和改变，如人工智能、云计算等，这些技术的应用使服务业不断开掘出全新的业务模式，不断拓展着行业的生存和发展空间，不断使行业在生存和发展中找到新机遇。可以说，我国数字经济的发展，使现代服务业摆脱了既往在空间、时间等方面的束缚，从而使该行业形成更为细化的科学分工，同时行业的专业化水平也在不断提高，并由此可以为消费人群提供更为多元化、多样化、个性化的服务。

在现代服务业领域中，通过软件的应用以及诸多智能设备、数字技术的普及及应用，促使服务行业摆脱了层次、行业方面的束缚，向更深、更广维度延伸。例如，当今共享服务、体验式服务等诸多的智慧型服务模式应运而生，正是软件产业所带来的便利和可能性。现代服务业通过应用软件，整体性提升了自身数字化水平，使普通民众可以自主完成酒店预订、餐饮订购等服务，另一方面，服务主体也可以通过软件的应用从多角度全方位为消费者提供更多、更好的服务，从而对整体现代服务业的供给质量、结构都进行了良好的优化。通过软件的应用，在消费者、供给者两者之间搭建起良好的沟通桥梁，促使消费者可以提出自己的意见和建议，也可以让供给者及时收到反馈，优化自身的服务，促使整体服务业朝着精细化的方向升级。

3. 数字经济发展对构筑软件产业新生态的作用机制

3.1 数字经济促进软件产业转型升级

近年来，我国对数字经济发展有着极高的重视程度，政府方面不断出台各种战略、政策、措施，在我国经济转型升级过程中，数字经济是其中最重要的新型动力，促使当今的社会生产方式开始更新，在软件产业方面开拓了广阔空间。在我国软件产品的服务、开发领域中，多年来一直保持稳步上升的态势，并基于先进数字技术的应用，软件产品开发和服务都实现了平台化、网络化的发展和扩散。如下图 2 所示，截至 2018 年，我国在软件业务收入方面，已经超过了 6.3 万亿元以上，同比增长达到了 14.3%，并且仍然保持不断增加的趋势。其中尤为突出的就是云计算技术，其中有超过 8000 亿元的收入都是来自云计算，同比增长超过了 16.4%，主要包括平台运营、在线软件运营等诸多方面的服务项目。与此同时，近些年来，在信息安全服务方面不断增加需求，有效带动了我国信息技术服务行业呈现飞速发展的态势，截至 2017 年，我国在信息安全领域方面，软件业的业务收入已经超过 1000 亿元，同比上升 14% 左右。

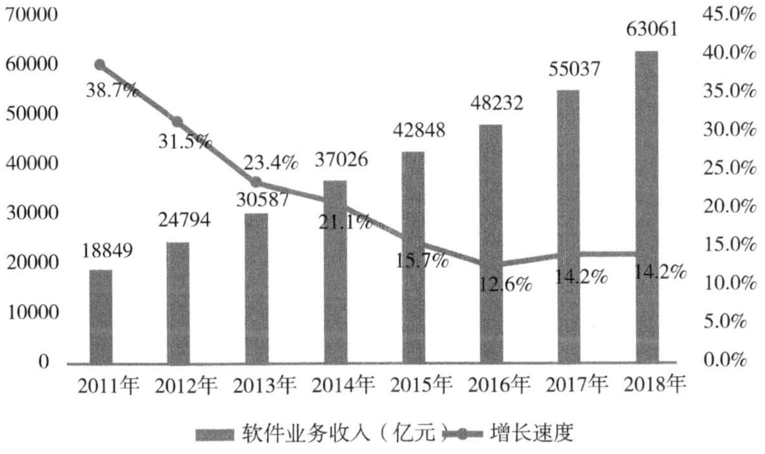

图 2　中国软件业务收入及增速情况

3.2 新型技术与传统产业融合成为软件产业新的增长点

经过不断努力，我国的数字基础设施建设工作已经比较完善，到 2018 年底，经过统计我国的光缆总长度已经超过 4300 万公里，我国已经全面建成光网城市，已经介入互联网宽带的用户达到 4.08 亿户，另外，使用移动宽带的用户也达到了 13.2 亿户，从而为我国大数据、云计算等方面的数字技术发展奠定了良好的基础，也同时拥有了巨大的资源优势，更是为我国移动支付等新业态的落实、应用提供了广阔的平台和市场空间。

在 2018 年软件增收之中，云计算方面的相关服务收入占比最高，达到 30% 左右，较比上一年增幅达到 21.5%，第二为电子商务平台技术相关方面的服务收入，达到总占比的 13.8%，较比上一年增幅达到 21.8%，这样的增幅的确是为我国软件产业的发展贡献出了巨大的力量。另外诸如云计算这类新型技术、业态的发展壮大，也为我国软件产业的发展开辟了新的出路并指明了方向，更多云计算测试公共服务平台的建立，促使软件产业在进行开发过程中，可以更好地运用云计算技术进行创新，于是为民众的学习娱乐、家居生活等提供优良服务的众多的云服务软件不断催生出来，同时也使得这些新的服务模式很有可能被培育为新的经济利润增长点。

随着区块链技术的不断完善和成熟，我国软件产业可以以不同的应用场景为基础，开发设计出具有安全性、可靠性的个性化的交易系统，从而在各个领域中都可以广泛应用到区块链技术。随着人工智能的成熟与发展，越来越多的智能硬件、设备都需要配置相应的系统，才能形成“赋智赋能”的态势。由此可以看出，很多传统业态必须要通过嵌入式软件才能使新功能得以实现。与此同时，传统产业、新型技术两者之间也要通过移动互联网的介入，才能形成良好的融合，例如，在快递、住宿等传统行业中，已经基于移动互联网的发展，形成如网络经济、分享经济等多种新型的模式和形态。此外，融合的发展深度与广度也为我国物流、能源、农业等传统行业“赋能、赋智”，并且还在朝着文化创意等多个领域不断拓展，并不断催生出如空间位置、创意设计、大数据征信等多方面内容，还通过智慧社区、智慧医疗、智慧城市等智慧系统开辟出崭新的市场需求，这些技术如今已经广泛地应用在我国的安防、交通等多个领域中。

可以说，新型技术与传统产业之间的高度融合正在逐步成为软件产业新的增长点，另一方面，新的业态、新的领域、新的需求等也明显增加了对于信息技术的需求，并最终促使我国整体软件产业融入这些全新兴起的领域，同时给广大民众提供更多更好更具针对性的服务。

结语：本文从三个方面对软件产业与数字经济增长两者之间的关系、作用机制进行分析，明确指出：软件产业不仅是数字经济的组成部分，也是促进数字经济融合发展的重要因素；软件产业可以有效促进我国传统产业数字化发展、数字化融合、数字化改造；与此同时，数字经济经过发展后，会为软件产业开拓更广阔的空间，促使软件产业不断转型、升级。因此两者之间相辅相成的关系可以促使我们在传统产业、新兴技术融合过程中探寻到新的经济增长点。

参考文献

[1] 颜晓畅，黄桂田. 政府在高新技术产业发展中的扶持效应——基于国家火炬计划软件产业基地的数据［J］. 经济科学，2019（06）：5–16.

[2] 梅文珊. 现代技术在软件工程领域的发展及策略研究［J］. 无线互联科技，2019，16（18）：35–36.

[3]. 推动软件产业高质量发展培育数字经济提质增效新动能［J］. 网络安全和信息化，2019（06）：4–5.

[4] 周舒. 中国软件产业与数字经济增长的关系研究［D］. 北京邮电大学，2019.

[5] 刘昭洁. 数字经济背景下的产业融合研究［D］. 对外经济贸易大学，2018.

[6] 李德升. 我国软件产业发展的财税政策研究［D］. 财政部财政科学研究所，2012.

图书在版编目（CIP）数据

新经济 新思维／张国斌著．--
北京：经济日报出版社，2020.8
ISBN 978-7-5196-0700-5

Ⅰ．①新… Ⅱ．①张… Ⅲ．①中国经济-经济发展-研究 Ⅳ．①F124

中国版本图书馆CIP数据核字（2020）第147209号

新经济 新思维

作　　者	张国斌
责任编辑	郭明骏
资料整理	杨凤梅　李天才
责任校对	薛银涛
出版发行	经济日报出版社
地　　址	北京市西城区白纸坊东街2号A座综合楼710（邮政编码：100054）
电　　话	010-63567684（总编室）
	010-63584556（财经编辑部）
	010-63567687（企业与企业家史编辑部）
	010-63567683（经济与管理学术编辑部）
	010-63538621　63567692（发行部）
网　　址	www.edpbook.com.cn
E-mail	edpbook@126.com
经　　销	全国新华书店
印　　刷	北京建宏印刷有限公司
开　　本	710×1000毫米　1/16
印　　张	14.5
字　　数	232千字
版　　次	2021年1月第1版
印　　次	2021年1月第1次印刷
书　　号	ISBN 978-7-5196-0700-5
定　　价	58.00元